基于利益相关者关系的
我国中小企业业绩转向成功
影响因素研究

关 健/著

武汉大学出版社

图书在版编目(CIP)数据

基于利益相关者关系的我国中小企业业绩转向成功影响因素研究/关健著.—武汉：武汉大学出版社，2011.8
ISBN 978-7-307-08681-4

Ⅰ.基… Ⅱ.关… Ⅲ.中小企业—企业经济—经济效果—研究—中国 Ⅳ.F279.243

中国版本图书馆 CIP 数据核字(2011)第 064958 号

责任编辑：唐 伟　　责任校对：刘 欣　　版式设计：马 佳

出版发行：**武汉大学出版社**　(430072　武昌　珞珈山)
　　　　　(电子邮件：cbs22@whu.edu.cn　网址：www.wdp.com.cn)
印刷：武汉中科兴业印务有限公司
开本：720×1000　1/16　印张：21.75　字数：309 千字　插页：1
版次：2011 年 8 月第 1 版　　2011 年 8 月第 1 次印刷
ISBN 978-7-307-08681-4/F・1507　　　　定价：40.00 元

版权所有，不得翻印；凡购我社的图书，如有质量问题，请与当地图书销售部门联系调换。

前　言

中小企业是市场经济体系中最活跃的、最具潜力的企业群体，在国民经济中占有重要的地位。目前对中小企业的研究主要集中在以下几个方面：治理结构与治理效率研究、财务结构和信息披露研究、融资环境研究、绩效评价和成长性研究。其中有关中小企业的成长性研究一直是关注的热点。但不可否认，中小企业的死亡率高、平均寿命短也是全世界范围内的共同现象。根据陈放的研究，中国中小企业的平均寿命仅有2.9年。同时，成长型中小企业户数比重不高，为30.5%，发展型中小企业的"发展性"不强。在成长型企业中，真正具有高成长性和渐进成长能力的企业不足3.32%。

在证券市场中，与大型企业相比，中小企业对投资者也有着特别的吸引力，因为其从小变大的成长潜力可能带来股票价值的大幅增值。然而，中小企业又经常被视为高风险、投资价值不高的投资品种，和大型企业相比，在竞争中也处于劣势地位。在我国A股证券市场中，约有一半的企业上市时为中小企业，其流通市值、资产总额超过证券市场的1/3。但中小企业持续经营能力较差，上市后非但未能继续成长，反而盈利能力出现退化，甚至下跌的趋势。因此不论是生长于民间的草根中小企业，还是培养在资本市场的上市中小公司，其"死亡"（发生亏损）的速度都显著快于大型企业，中小企业的经营风险显著大于大型企业，也即，中小企业会不可避免地比大型企业更频繁地遇到生存危机。

从以上中小企业的成长现状可以得出，中小企业要成长，首先要学会如何在成长受阻时对抗生存危机。进一步的，让企业学会在成长停滞、业绩下滑时，从生存困境中摆脱出来。这种从绩效困境中得到恢复，重新获得生长能力的过程被称为企业业绩的转向过程（Turnaround Process），企业实施和控制转向过程的一系列活动也被称为企业业绩的转向管理（Turnaround Management）。早在20世纪70年代，美国的一些研究者就开始观察到有的企业面临生存危机能够采取有效措施，让企业恢复活力。因此在这几十年间，美国、英国、德国的研究者们对此进行了持续的研究，研究的结果和相关的文献也非常丰富。尽管转向管理目前在研究中还存在着一些问题，但是丝毫也没有影响众多管理者和学者对这一问题的关注。

转向管理研究在西方国家进行得如火如荼，但对于处在特殊经济环境下的中国企业如何进行业绩转向管理的研究几乎是一片空白，更不用说专门针对频繁面临生存危机的中小企业的转向管理了。企业面临生存危机甚至破产，可能是因为遇到了突发的债务或其他不可测的问题，但大多数是财务状况的逐渐恶化所引起的。这类财务困境具有逐步发生、存在先兆性和可以预测的特点，因此财务预警研究一度也成为帮助企业应对经营风险的一个重要课题。但预警研究主要目的是识别企业的财务危机，具有事前预防的作用，却不能指导那些已经陷入财务困境的企业摆脱生存危机，进而重新获得竞争能力，也不能事后控制企业的财务恶化。况且财务预警仅仅研究的是财务比率的预测方法和技术，从这个层面上来说，预测的数字也不能代替企业的管理实践。

我国中小企业为数众多，但其寿命却不长，很多企业在经历了初始的成长后，就明显后劲不足，增长乏力，业绩持续下滑，但却苦于找不到合适的拯救措施，只有一步步走向终结的深渊。鉴于此，中小企业比大企业更迫切需要现实可行的业绩转向指导。因此，研究中小企业成功转向的影响因素，找到可以实际指导中小企业成功转向的转向战略、组织及行业特征才更有意义，也尤为重要。同时，中国企业有着和西方企业不同的生长背景和独特的企业文化，这些都会给成长中的企业留下深深的烙印，也会给面临转向的企业带来影响。尤其是对于数目众多、形态各异的我国中小企业，其成长过程中是否存在某些重要因素影响其在转向过程中的种种行为？就这一层面而言，基于中国本土的转向管理研究也更具现实意义。

本研究是在国家自然科学基金青年基金项目（70702016）资助下，基于前期博士论文完成的。本研究构建了影响我国中小企业转向成功因素的理论模型，并在此基础上，着重研究利益相关者与企业之间显性和隐性利益关系对陷入财务困境公司的转向战略以及转向业绩的影响。本书由四编内容构成。

第一编为导论及文献综述。其中第一章阐述研究背景，明确研究目的和意义，进行相关概念的界定，理清研究思路，提出研究内容，阐明研究方法和技术路线并简述行文结构。第二章总结我国中小企业的成长历程和特有的组织特点，同时从企业理论的角度理解中小企业发展模式，并对中小上市公司的生存和发展状况进行分析。第三章对转向管理研究的文献进行全面的回顾和综述，包括主要研究观点的归纳，研究方法的评述以及对整个转向管理研究体系的总结。第四章重点讨论了利益相关者理论及其利益要求，同时梳理了基于利益相关者关系的转向管理研究。文献综述为全书研究打下了理论基础。

第二编为中小企业业绩转向成功影响因素分析。此编在文献回顾的基础上，结合我国中小上市公司实际情况，构建转向成功的影响因素模型，提出研究假设，然后说明数据来源并进行自变量和因变量的测量。通过对规模变量的三种定义以及模型权变量的逐步引入，建立了九模型的实证方案，从而逐层揭示出影响转向成功的决定因素以及各模型之间的性能和关系，对多模型的研究结果进行整合，并给出此结果对于转向管理和不同实践主体的意义。

第三编为中小企业主要利益相关者显性利益与业绩转向关系研究。本编着重从中小企业主要利益相关者显性利益的视角进行分析，借鉴以前研究进行理论梳理，形成假设，收集中小上市公司数据为研究样本。在实证研究中，首先，单独分析各个利益相关者的显性利益与转向成功的关系；其次，逐步引入各主要利益相关者的显性利益指标，从动态的角度分析主要利益相关者的显性利益与转向成功的关系；最后，建立主要利益相关者显性利益综合模型，形成研究结论。

第四编为中小企业主要利益相关者关系质量、转向战略与转向业绩之间的关系研究。本编从中小企业主要利益相关者隐性利益即关系质量的视角来展开研究，基于文献回顾，先从理论上综合分析三者之间的关系，形成理论研究框架，继而细化，提出相关假设和概念模型，再利用调查问卷所获得的样本数据进行结构方程模型分析，得出结论，并探讨其理论意义和管理实践启示。

转向管理的研究可以视为企业战略变化的研究分支，本项目的研究成功既可丰富国际战略理论体系研究的理论成果，又可填补我国管理学界在该领域的空白。更重要的是，该研究实证分析结论对于帮助发展中的中小企业对抗经营危机、重获竞争能力具有现实指导意义。

本书的研究工作得到了多方面的研究基金和研究计划的资助。包括国家自然科学基金（70702016），湖南省哲学社会科学基金项目（2010YBB332），国家自然科学基金委创新团队项目（70921001），985工程哲学社会科学两型社会创新研究基地。

本书的完成还要感谢中南大学商学院以及我的学生藤琳、韩佩佩和宋小丹。

由于有关转向管理的理论和方法尚不够成熟，不同的学术观点也很多，加上笔者学识有限，错误与不当之处在所难免，欢迎批评指正。

关　健
2011年3月

目 录

第一编 导论及文献综述

第一章 绪论 ··· 3
1.1 研究背景 ··· 3
1.2 研究目的和研究意义 ····································· 8
  1.2.1 研究问题的提出和主要的工作 ····················· 8
  1.2.2 研究意义 ··· 10
1.3 相关概念的界定 ··· 11
1.4 研究思路和框架 ··· 14

第二章 我国中小企业的成长现状和特点 ················ 19
2.1 我国中小企业的成长历程 ······························ 19
  2.1.1 20世纪80年代中期以前处在生存边缘的中小企业 ··· 19
  2.1.2 20世纪80年代中期到90年代催生发展的中小企业 ··· 20
  2.1.3 20世纪90年代中后期日益提高的中小企业战略地位 ··· 21
2.2 我国中小企业的发展模式 ······························ 21
  2.2.1 中小企业的集群组织形式 ·························· 22
  2.2.2 中小企业的经营模式选择 ·························· 23
2.3 我国中小企业发展模式与企业理论的融合 ·········· 24
2.4 我国中小企业成长现状 ································· 27

1

第三章 转向管理文献综述 ····· 31
3.1 转向的定义及转向发生的原因 ····· 31
3.1.1 转向的定义 ····· 31
3.1.2 转向发生的原因 ····· 32
3.2 转向管理的执行者观点 ····· 34
3.3 影响转向成功的因素分析 ····· 37
3.3.1 转向战略与转向成功的关系 ····· 37
3.3.2 转向组织和外部环境与转向成功的关系 ····· 46
3.4 转向成功过程中的转向阶段划分 ····· 48
3.5 转向管理实证研究的主要方法和主要研究对象 ····· 49
3.6 对转向管理研究文献的评价 ····· 55
3.6.1 转向管理研究结论上的缺陷 ····· 55
3.6.2 转向管理研究方法上的缺陷 ····· 57
3.6.3 转向管理研究的空白和有待深入的研究专题 ····· 59

第四章 利益相关者理论文献综述 ····· 62
4.1 利益相关者理论的演进历程 ····· 62
4.2 利益相关者理论的研究基础 ····· 64
4.2.1 交易成本理论 ····· 64
4.2.2 Alchian 和 Demsetz 的团队生产理论 ····· 66
4.3 利益相关者的分类 ····· 67
4.4 利益相关者与企业绩效之间的关系 ····· 70
4.5 利益相关者的利益要求 ····· 71
4.5.1 利益相关者利益要求的合约基础 ····· 71
4.5.2 利益相关者的显性利益和隐性利益要求 ····· 75
4.6 利益相关者的关系质量研究 ····· 81
4.6.1 关系质量的研究范畴和定义 ····· 81
4.6.2 关系质量的维度 ····· 83
4.7 基于利益相关者关系的转向管理研究 ····· 86

第二编 中小企业业绩转向成功影响因素分析

第五章 业绩转向成功影响因素分析的理论模型和研究设计 …… 91
- 5.1 理论基础 …… 91
- 5.2 研究模型 …… 95
- 5.3 研究假设 …… 97
  - 5.3.1 转向位置 …… 97
  - 5.3.2 转向战略 …… 97
  - 5.3.3 组织背景研究 …… 101
  - 5.3.4 外部环境背景分析 …… 109
- 5.4 数据来源 …… 110
- 5.5 变量测量 …… 110
  - 5.5.1 转向位置 …… 110
  - 5.5.2 转向成功与转向不成功 …… 118
  - 5.5.3 净组织资本 …… 124
  - 5.5.4 战略变化 …… 133
  - 5.5.5 其他变量 …… 134

第六章 业绩转向成功影响因素的研究分析和研究发现 …… 138
- 6.1 多重 Logistic 回归结果 …… 139
  - 6.1.1 总体实证方案描述 …… 139
  - 6.1.2 不考虑 NOC 的分析 …… 141
  - 6.1.3 考虑 NOC，但不考虑其交互作用关系的分析结果 …… 156
  - 6.1.4 考虑了 NOC 和其交互关系的分析结果 …… 171
- 6.2 三组模型结果的总结分析 …… 184
  - 6.2.1 结论的整合 …… 184
  - 6.2.2 对于转向管理实践的意义 …… 193
  - 6.2.3 对于转向管理研究的意义 …… 195
- 6.3 研究结论 …… 196

第三编 中小企业主要利益相关者显性利益与业绩转向关系研究

第七章 主要利益相关者显性利益与业绩转向关系的假设和研究设计 ………………………………………… 205
7.1 主要利益相关者利益要求的理论分析和研究假设 …… 205
 7.1.1 以前的研究分析 ……………………………… 205
 7.1.2 本研究的分析及量化 ………………………… 206
7.2 样本的选取 …………………………………………… 211
7.3 研究变量的测量 ……………………………………… 213
 7.3.1 转向结果的测量 ……………………………… 213
 7.3.2 自变量的测量 ………………………………… 214

第八章 主要利益相关者显性利益与业绩转向关系的实证结果分析 ……………………………………………… 216
8.1 多重共线性检验 ……………………………………… 216
8.2 单个利益相关者模型分析 …………………………… 217
8.3 逐步 Logistic 回归模型分析 ………………………… 221
8.4 综合模型分析 ………………………………………… 227
8.5 研究结论 ……………………………………………… 231
8.6 管理建议 ……………………………………………… 232

第四编 中小企业主要利益相关者关系质量、转向战略与转向业绩研究

第九章 主要利益相关者关系质量与转向战略及转向业绩关系的理论模型和研究设计 ………………… 237
9.1 基于主要利益相关者关系质量的中小企业转向管理研究 …………………………………………………… 237
9.2 研究假设与理论模型 ………………………………… 240
 9.2.1 中小企业转向战略与转向业绩的关系假设 …… 240
 9.2.2 中小企业利益相关者关系质量与转向战略及转向业绩的关系假设 …………………………… 243

9.2.3 概念模型 ································ 251
9.3 问卷设计过程 ································ 251
9.4 变量测量 ································ 252
9.4.1 中小企业利益相关者关系质量的测量 ················ 252
9.4.2 中小企业转向战略的测量 ······················ 262
9.4.3 中小企业转向业绩的测量 ······················ 264
9.5 预调研分析 ································ 265
9.5.1 预调研问卷发放与回收 ······················ 265
9.5.2 预调研样本数据分析 ······················ 266

第十章 主要利益相关者关系质量与转向战略及转向业绩关系的数据分析和研究结论 ············ 270
10.1 大规模调研数据的获取与描述 ···················· 270
10.1.1 问卷发放与收集 ························ 270
10.1.2 样本描述性统计 ························ 271
10.2 变量的信效度分析 ··························· 275
10.2.1 供应商关系质量 ························ 277
10.2.2 顾客关系质量 ·························· 280
10.2.3 政府关系质量 ·························· 283
10.2.4 资金提供者关系质量 ······················ 285
10.2.5 内部人员关系质量 ······················· 288
10.2.6 转向战略 ···························· 290
10.2.7 转向业绩 ···························· 293
10.3 假设检验：结构方程模型分析 ···················· 294
10.3.1 初步模型构建 ·························· 295
10.3.2 模型拟合与修正 ························ 298
10.3.3 结果分析与讨论 ························ 301
10.4 研究结论 ·································· 304
10.5 管理启示 ·································· 307

参考文献 ······································ 310

第一编 导论及文献综述

第一编 古台文献综考

第一章 绪 论

1.1 研究背景

中小企业是市场经济体系中最活跃、最具潜力的企业群体，具有规模小、成长性好、市场竞争激烈的显著特征（陈晓红，2001）。20世纪80年代以来，我国中小企业蓬勃发展，在国民经济中占有越来越重要的地位。中国国家统计局2003年公布的统计数据表明，我国国有及规模以上（产品销售收入在500万元以上）工业企业达19.6万户。其中，按照我国中小企业的划分标准，中小工业企业数量达到19.4万户，占全部国有及规模以上企业总数的99%，实现总产值9.34万亿元，占全部国有及规模以上企业总产值的65.6%。与1998年相比，2003年中小工业企业在家数累计增长23.3%的同时，实现总产值增长近1.35倍（中小企业上市资源调查组，2005）。同时全国75%的就业机会和69%的出口都是由中小企业创造的。随着我国经济的不断发展，适应证券市场发展的公司型企业法人家数也不断增加。截至2004年，在19.6万户国有及规模以上工业企业中，有限责任公司和股份有限公司数量达到32 919户，占16.78%，实现总产值4.46万亿元，占31.35%（中小企业上市资源调查组，2005）。而在2009年末，在工商部门注册的中小企业已达1 023万户，此外，还有数量更多的个体工商户。目前，中小企业占中国企业总数的99%以上，对GDP的贡献超过60%，对税收的贡献超过50%，提供了近70%的进出口贸易额，创造了80%左右的城镇就业岗位。

虽然中小企业在各国经济中都有着重要的战略地位，但不可否认，中小企业的死亡率高、平均寿命短也是全世界范围内的共同现象。根据有关学者对美国中小企业的研究，在全部中小企业中，约有68%的企业在第一个5年内倒闭，19%的企业可生存6~10年，只有13%的企业寿命超过10年（吕国胜，2000）。而根据陈放的研究，中国中小企业的平均寿命只有2.9年。我国私营企业的死亡率相当高，在世界上也是罕见的。同时，成长型中小企业户数比重不高，为30.5%（陈子彤等，2004）。发展型中小企业的"发展性"不强。在成长型企业中，真正具有高成长性和渐进成长能力的企业不足3.32%，96.48%的企业集中在"缓慢成长"档次。"缓慢成长"中小企业中，有12%的企业综合成长指数为0.6~4.5，而88%的企业为0.5~0.4，这意味着在"缓慢成长"档次内，有近九成的企业"基本不具有成长性（成长性小于0.3）"（陈子彤等，2004）。

2008年的全球金融危机让中国中小企业面临了前所未有的多重困境，中小企业的净利润呈现持续下降。以中小企业板中的中小上市公司为例，其上市公司多数在所属细分行业内处于龙头地位，且处于企业生命周期中的成长期或者高速发展期，具有较高的成长性。2008年，273家中小企业板上市公司共计完成主营业务收入3 377.3亿元，同比增长45.8%，占所有上市公司的3.6%。但在主营业务收入增加的同时，上市公司的盈利水平却迅速下滑。而且中小企业板上市公司赢利能力下滑速度要快于整体水平，其每股利润和整体净资产收益率均出现大幅下降。主板1 600家上市公司2008年共实现净利润8 737亿元，同比下降16.84%；实现加权每股收益0.24元，同比下降33.3%；整体净资产收益率为15.85%，同比下降6.10%。273家中小企业板上市公司共实现净利润47.85亿元，同比下降80.7%；整体净资产收益率为10.14%，同比下降34.83%；同时，反映营运能力的四项指标（总资产周转率、流动资产周转率、存货周转率、应收账款周转率等）也要低于整个A股企业的平均水平（湖南省中小企业研究中心，2009）。

一方面，人民币升值和金融危机引起的外部需求减少使出口型中小企业业务急剧萎缩。其中超过85%的中小企业普遍开工不足，平均产能利用率仅为66.1%,直接导致大量中小企业业绩缩水甚至破产。另一方面,我国新劳动合同法的实施和大宗商品价格迅速飙升使中小企业的经营成本大幅增加,利润空间被严重挤压。人力成本的持续上升又直接导致中小企业发展最为快速的沿海发达地区出现用工难和民工荒的问题。国际游资在大宗商品交易市场的围猎推高了粮食、原油、有色金属、矿产资源等大宗商品的价格,而对这些商品的高价进口无疑也加大了企业的成本负担。同时,一直困扰中小企业发展的瓶颈问题——融资仍然没有得到根本解决。融资门槛与融资渠道依然受到限制,中小企业融资需求强烈,超过半数以上的企业均有融资需求,但却得不到有效的解决途径。

2009年,一系列宏观经济政策出台,四万亿的刺激计划、家电汽车下乡活动等在一定程度上缓解了出口型中小企业外部需求大幅萎缩的困顿局面,同时也为中小企业开拓国内市场特别是走进农村市场提供了竞争的机会和平台。税收政策的调整一定程度上也缓解了中小企业持续高涨的运营成本压力,同时,信贷支持力度的增强,以及专门针对中小企业贷款项目的融资方案的实施,相对解决了中小企业面临的资金紧缺问题。2009年3月中央财政下达10亿元中小企业信用担保补助资金,资助了330家符合条件的中小企业信用担保机构,为中小企业担保贷款提供支持。2009年10月,创业板正式挂牌,成为中小企业又一个新的融资平台,进一步拓展了中小企业的融资渠道。应该说,在各种政策利好的刺激下,中小企业发展出现了逐步复苏的迹象,但这并不能说明中小企业的经营状况得到了完全的改观,发展中的诸多问题仍然存在。后危机时代的中国中小企业仍然面临成长普遍乏力、整体竞争力缺乏、融资渠道不畅等问题。政策的刺激只能成为外部环境的推力,而真正能让中小企业发展的动力来自于企业内部。面对不断变化的环境,中小企业更需要战略决策、组织能力、技术创新等能够为企业带来持久竞争力的要素。

从以上中小企业发展状况可以看出,中小企业首先要逐渐形成在成长受阻时对抗生存危机的能力。进一步的,让企业学会在停滞成长、业绩下滑时,从生存困境中摆脱出来。这种让企业从绩效困境中得到恢复,重新获得成长能力的过程被称为转向过程(Turnaround Process),企业实施和控制转向过程的一系列活动被称为转向管理(Turnaround Management)。早在20世纪70年代,美国的一些研究者就开始观察到有的企业面临生存危机能够采取有效措施,让企业恢复活力,而有的企业面临生存危机,最后的结局却是破产或退市。究竟存在什么样的因素导致企业间转向结果会如此不同呢?成功转向的企业是如何克服财务困境,使之恢复到正常的轨道中去的呢?

在这几十年间,美国、英国、德国的研究者们对此进行了持续的研究,研究的结果和相关的文献也非常丰富。但总体而言,转向管理的实证研究仍然存在很多缺陷。比如由于研究方法和研究标准不同而产生的一些自相矛盾的结论。其中,有两个问题至今被认为在转向管理中是难以解决的(Pant,1986):第一,业绩下滑到何种程度才视为进入转向的状态,或者用何种标准来区别转向位置与企业在经营中的一般性波动。第二,业绩提高到何种程度,经历了多长期限才能被视为转向成功。就算对这两个问题有了统一的标准,但不同的企业处于不同的成长阶段,不同的行业环境,甚至不同的竞争生态中,如果同等对待,是否这种评价本身就值得怀疑?尽管转向管理目前在研究中还存在着一些问题,但是丝毫也没有影响众多管理者和学者对这一问题的关注。

虽然转向管理研究在西方国家进行得如火如荼,但对于处在特殊经济环境下的中国企业如何进行转向管理的研究还是一片空白。众所周知,中国企业有着和西方企业不同的生长背景和独特的企业文化,这些都会给成长中的企业留下深深的烙印,同时也会给面临转向选择的企业带来影响。尤其是对于数目众多、形态各异的中国中小企业,其成长过程中是否存在某些特殊因素影响其在转向过程中的种种行为?况且从上面的数据我们可以看到,中小企业为数众多,但其寿命却不长,很多企业在经历了初始的成长后,就明显后劲不足,增长乏力,业绩持续下滑,但却苦于找不到合适的拯救措施,只有一步步走向终结的深渊。当然这其中也不乏经过努力走出低谷的企业,但在转向过程中却缺乏持续的动力,最终使企业发展走向另一个低谷。从很多中小企业的成长轨迹来看，终结点都在于企业难以走出发展的低谷，即企业丧失了成长性。因此对于中国中小企业转向管理的研究既可以视为从西方转向管理研究对比中产生的衍生课题，也可以视为一个有助于中国企业健康快速成长的全新课题。这中间有很多的问题都亟待研究和解决。

本研究所进行的工作是转向管理在中国研究的一个起点。我国幅员辽阔，中小企业数目众多，分布也十分分散，这同时也给数据收集和样本调查带来困难。因此作为转向管理的起点研究，选择一个有代表性的中小企业群体是十分重要的。基于这一目的，同时也为了从最真实、客观的状态来了解中国中小企业的转向轨迹，我们在前期基础研究中选取了一个最具代表性的中小企业群体——中小企业上市公司。因为对于在上市前已经具有良好盈利记录的中小企业上市公司来讲，能够上市就意味着其寿命超过3年，已经超过全国平均水平，即已经上市的中小企业上市公司应该是同类中的佼佼者，那么，这些中小企业上市以后是否可以继续上市前的高速增长，上市是否意味着生存得到保障，它们的生存状态怎样，有无遇到生存危机，什么因素会影响到其转向的选择，这种选择又是如何影响其转向成功的？总之，对这一群体的研究是一个既有价值又具有挑战性的课题。

在证券市场中，与大型企业相比，中小企业对投资者也有着特别的吸引力，因为其从小变大的成长潜力可能带来股票价值的大幅增值。然而，中小企业又经常被视为高风险、投资价值不高的投资品种，受其自身经济实力的制约，在激烈的市场竞争中，时刻面临着被ST、兼并甚至退市的危险，和大型企业相比，在竞争中也处于劣势地位。在我国A股证券市场中，约有一半的企业上市时为中小企业，其流通市值、资产总额超过全部证券市场的1/3。但中小企业持续经营能力较差，上市后非但未能继续成长，反而盈利能力出现退化甚至下跌趋势。其中，小企业和大企业相比，其在证券市场上的表现确实处于劣势地位。有数据表明，在上市后的第3年，中小企业的累计生存率为70%，大型企业的累计生存率为80%，即中小企业有30%的公司在上市后3~5年内发生亏损，大型企业仅有20%；累积有50%的上市公司发生亏损的状况，中小企业在上市后第7年出现，大型企业在上市后第8年出现；有40%的中小企业上市后寿命超过10年，大型企业的同样比率为50%（杨兴君等，2003）。这一系列的数据展示了这样一个事实，中小企业"死亡"（发生亏损）的速度显著快于大型企业，中小企业的经营风险显著大于大型企业，也就是说，中小企业会不可避免地比大企业更频繁地遇到生存危机，同时也不容置疑地比大企业更迫切地需要转向指导。因此研究中小企业成功转向的决定因素，从中找到可以实际指导中小企业成功转向的转向战略才更有意义，同时也尤为重要。

当然，在企业发展中，一方面，企业自身的生存与发展取决于自己的竞争能力以及适应不断变化的经济社会环境的能力，另一方面，良好的企业外部环境对于企业更好地制定、实施其发展战略具有很大的推动作用。对于中小企业来说，尤其如此。目前，各国政府都通过各种方式保护中小企业，促进中小企业的发展，提高其市场竞争力，我国政府也同样如此，不仅出台了《中小企业促进法》，深圳证券交易所还于2004年特别设立了中小企业板，彰显了国家对促进中小企业发展的充分重视；2009年创业板的推出，更创造性地提供了一条解决中小企业融资难的佳径，不仅为广大成长型中小企业打开了通往资本市场的大门，而且能够吸引更多民间投资来推动中国产业结构升级。

有了良好的政策环境，提高中小企业自身的竞争能力也就成为了当务之急。本研究要解决的问题和研究的意义也在这一背景下明确下来。

1.2 研究目的和研究意义

1.2.1 研究问题的提出和主要的工作

目前为止，对我国企业转向管理进行研究的文献还比较少，因此，需要研究的问题还是很多的。在当前的情况下，下列问题的研究显得尤为迫切,因此,本书将对以下几个问题进行深入研究。

(1) 分析哪些因素会影响我国中小企业转向成功。这些因素是否和以前大多针对美国企业转向管理的研究发现一致,如果不一致,究竟在哪些方面存在不同?是否存在某些影响我国中小企业成长的重要因素,而这些因素又是在西方转向管理中所忽视的,这一有着路径依赖性的因素在中小企业转向过程中是如何影响其最后的转向结果的,拥有这一独特影响因素的中小企业,其转向管理采用的转向战略的侧重点是否相同,企业不同的组织特点会给转向中的企业带来什么影响,企业如何利用这些特点扬长避短?

(2) 利益相关者是影响企业决策和转向实施效果的重要因素。但利益相关者对企业决策的影响根据主体的不同,其表现形式也是相对复杂和多样化的,而且难以观察,研究中我们首先把重点放在较易测量的利益相关者的显性利益的满足上,从而研究利益相关者显性利益需求的满足和转向企业转向绩效之间的关系。

(3) 以前述两部分研究为基础,进一步研究利益相关者隐性利益需求满足,即利益相关者关系质量与转向战略选择和转向业绩之间的关系。

相应的,形成三个部分的研究工作。

(1) 在研究模型构建上更加完备。基于前期西方国家转向管理的研究贡献,针对其研究体系上的不足和缺陷,提出适合于中国中小企业的转向模型,从而分析影响中国中小企业转向成功的决定因素。

(2) 在研究方法上更加适当。过去的转向管理研究在方法应用上的失误导致实证研究结论互相矛盾,难成体系。在本研究中将克服上述问题。首先,在研究标准上建立多重评价体系,其次,在应变量的度量上采用二分法进行研究,试图消除过去单纯采用连续型数值数据所造成的失真,同时在自变量的选择上注重对关键指标不同的考量,以找到以前转向管理研究出现分歧的原因所在。

(3) 在理论上进一步丰富了转向管理的研究。在研究中不仅涉及战略管理、财务管理的基础内容,更重要的是还加入了一些前沿的理论研究成果,如利益相关者在中小企业成长中的重要地位,它是如何影响其转向行为，从而最终影响转向结果的。另外，在有关战略变化的研究上，本研究也将做一些有益的尝试，在基于传统的转向管理模型上，加入对于企业战略变化程度和数量上的度量，从而考察何种程度的战略变化对转向成功是有益的。

1.2.2 研究意义

结合组织和外部环境背景，研究企业采取何种转向战略才能最终转向成功，在理论上是战略管理领域最前沿的课题之一。因此，本书的选题具有新颖性和前沿性。具体而言，该课题的研究意义主要表现在以下几个方面：

（1）企业转向实际上属于企业战略变化（Strategic Change）的一个研究分支。它研究的是绩效较差的企业如何采取合适的行动成功脱困，并获得持续的生长能力。转向问题一直是国际战略管理学界研究的一个前沿性问题。但现有的研究比较零散，尚未建立起一个完整的理论体系。本书将构筑系统的转向管理的研究模型，并通过大样本的统计研究，找出影响中小企业上市公司转向成功的因素，并针对不同组织特性的企业，给出不同的转向战略选择。这些研究既可以丰富国际战略转向管理研究的理论成果，又可填补我国管理学界在此方面的空白。

（2）随着全球一体化进程的加快，中国企业既面临着严峻的挑战，又有许多的机遇，而对我国经济发展起着重要作用的中小企业更是被时代的潮流推到了风口浪尖。因此，本书的研究成果，将对我国中小企业的转向管理实践给予有益的指导和帮助，有助于在快速变化的竞争环境下不断克服自身困难，获得自身成长的持续动力，从而不断创造新的竞争优势，所以，本书的研究不仅具有较大的理论价值，更有着重要的实践意义。

（3）由于国内的转向管理研究基本上是空白，本书的开拓性研究将引起更多学者的关注并加入这一极具价值和挑战性的研究领域，从而促使我国转向管理和战略管理研究向更高的层次发展。

1.3 相关概念的界定

对转向管理进行研究,第一步必须统一转向管理中的关键词以及定义这些关键概念,同时阐明与转向管理相关的一些概念。

所有有关转向管理的研究都离不开转向位置(Turnaround Situation)、转向过程(Turnaround Process)、转向成功(Turnaround)这三大关键词。它们同时也是本研究中要用到的最基本和关键的术语。

图1-1给出了转向管理研究中关键概念的图形描述。

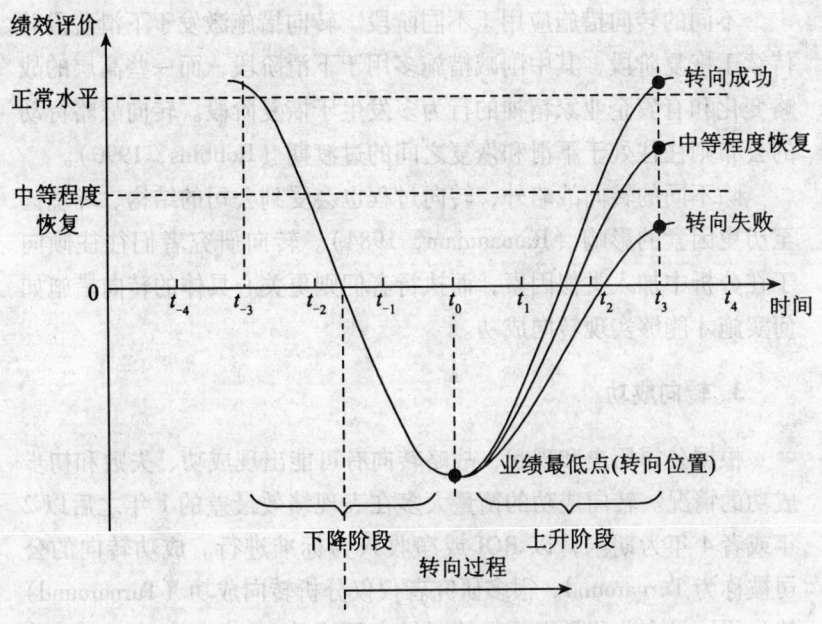

图1-1 转向管理中关键概念的图形描述

1. 转向位置

转向执行者和研究者曾就转向位置的实际定义争论不休:管理

者们一直避免对转向位置进行定义，而研究者们则根据战略转向的不同目的和方法给出转向位置的不同定义（Robbins，1990）。Slatter（1984）曾下过一个相对而言比较恰当的定义："某公司的盈利状况从资本回报的角度衡量大大低于类似企业的时候，我们可以称之为到达战略转向位置。"（Slatter，1984）从这一点来分析，转向位置是令人不满的盈利状况和由此引起的在企业中不断增加的压力积累到的一个临界点。

2. 转向过程

转向过程被定义为衰落中的公司为复苏采取的一系列行动和这些行动给企业带来的结果（Hoffman，1989）。

不同的转向措施应用于不同阶段。转向措施激发于下滑阶段并持续于恢复阶段，其中削减措施多用于下滑阶段，而一些高层的战略变化和有着企业家精神的行为多发生于恢复阶段。转向战略行动的公布则往往处于下滑和恢复之间的过渡期（Robbins，1990）。

除不同的转向战略外，转向过程也会受到公司的结构、环境甚至历史因素的影响（Ramanujam，1984）。转向研究者们往往倾向于在分析中加入类似因素，而执行者们则更关心具体的转向措施如何实施才能够实现转向成功。

3. 转向成功

根据公司历史和现状，战略转向有可能出现成功、失败和初步成功的情况。转向成功的衡量大多在表现绩效最差的1年之后以2年或者4年为期限，以ROI或净收入为标准进行。成功转向的公司被称为Turnaround。很多研究者仅仅分析转向成功（Turnaround）的公司，另有一些学者也保持对转向不成功（Non-turnarounds）公司的关注。

有些研究者还引入第三个概念：初步成功转向公司。这些公司既非转向成功，也非转向失败。

除了对转向位置的多种不同定义以及研究者和执行者对于转向成功的大量不同分类外，战略转向管理和相关概念还需进一步明确区分。

图1-1表示了这三个概念在本书中是如何有机联系起来的。可以看出战略转向管理实际上就是对于战略转向位置的管理。

4. 相关概念

战略转向管理与下列其他相关概念区分开来。本书着重区分以下四种情况下的企业与本书研究对象的关系。这四种相关概念分别是竞争中处于下风的企业（Sharpbending），处于衰退行业中的企业（Declining Industries），危机中的企业（Firms in Crisis）和破产企业（Bankruptcy）。显然它们与战略转向在概念上存在相似之处，企业都正在经历绩效的下滑，然而它们中的某些概念或者某一概念的某种情况和本研究中的转向管理企业的范畴不同。随着我们对战略转向概念与其他类似概念区别定义的明确，对战略转向研究的分析范围将更加精确。

（1）竞争中处于下风的企业。这一类企业的转向可以理解为"反败为胜"，Grinyer、Mayes 和 McKiernan（1988）定义这一类企业为："当某个企业相对其竞争对手业绩持续下滑，为了在竞争中取胜，从而展现出绩效的强劲增长并在一段时间内保持领先。"

这里所定义的下滑仅仅针对其竞争对手的业绩，并非真正的绝对业绩下降，也并非如战略转向中面临的不可接受的业绩低下。相比之下，转向管理存在更强、更紧迫的绩效增长压力，这种压力会给战略转向管理的类型或转向行动实施的广度和深度带来影响。

（2）衰退行业中的企业。衰退行业中的企业可能会产生业绩衰退，然而不一定处于转向位置。很明显，绝对表现良好的公司不可能仅仅因为从事衰退产业就处于转向位置。但是那些处于衰退行业中，业绩表现欠佳，同时在竞争中也处于劣势的企业则属于我们研究的范围。也有研究者认为，不能将某家业绩衰退严重但实力仍然领先于其竞争对手的此类企业列为转向企业（Bruton, 1989）。

这种说法虽然貌似有理，但是我们不予支持。公司的股东和利益相关者只关心绩效的增长和企业的长期生存，而多半不会理会衰退的原因。不管企业规模有多大，只要其面临生存危机，这样的企业就已进入转向状态。

（3）危机中的企业。与前一概念类似，一个危机企业不一定处于转向状态。危机企业"在短时间内遭受战略绩效的大幅恶化，需要立即关注"（Ramanujam，1984）。但如果这样的企业在短时间采取措施能够恢复，那么我们不把它纳入转向企业的范畴。因为处于战略转向位置的公司不一定需要类似的快速反应，它们的情况往往逐渐恶化，特别是长期低下业绩的聚集效应经常会给处于转向位置的企业造成严重的生存危机。但如果短时间业绩大幅恶化，而在一年内难以恢复，则把这样的企业纳入转向企业的范畴（Bruton，1989）。

（4）已经进入破产申请程序的企业。通常如果企业未能成功扭转危机或挽回业绩，往往会破产。虽然这些破产企业仍然有挣扎求存的机会，但和转向企业相比，它们拥有的机会就少得多了（Bruton，1989）。不过这些机会主要归属于法律研究的范畴，与管理和经济决策关系不大，因此本研究中不包括对破产企业的分析（Braun，1997）。

1.4 研究思路和框架

本书从利益相关者关系的视角出发来研究我国中小企业业绩转向成功的影响因素。首先，分析我国中小企业的成长历程和现状，从而根据中小企业在成长过程中的产业特点和组织特点，找出影响中小企业成长的特殊因素，指出企业利益相关者在中小企业成长中的作用。然后，通过对国内外的转向管理和利益相关者理论的研究文献进行综述，归纳现有研究的进展和不足，结合中小企业的现状，提出本书的研究问题及研究意义。其中，本书着重解决三个研究问题，第一，中小企业业绩转向成功的影响因素；第二，中小企业主要利益相关者显性利益与业绩转向的关系；第三，中小企业主要利益相关者隐性利益即关系质量、转向战略与转向业绩三者之间的关系。

针对提出的三个研究问题，本书分别进行了规范分析，提出了相应的理论模型、假设和研究设计，作为后续研究的基础。在实证研究中，通过上市公司数据库或问卷调查收集大样本的研究数据，进行实证分析，给出结果，并探讨其管理实践启示。最后对全书进行总结，归纳本书的主要创新点和局限，并提出研究展望。

全书共包括如下四个部分（见图1-2）。

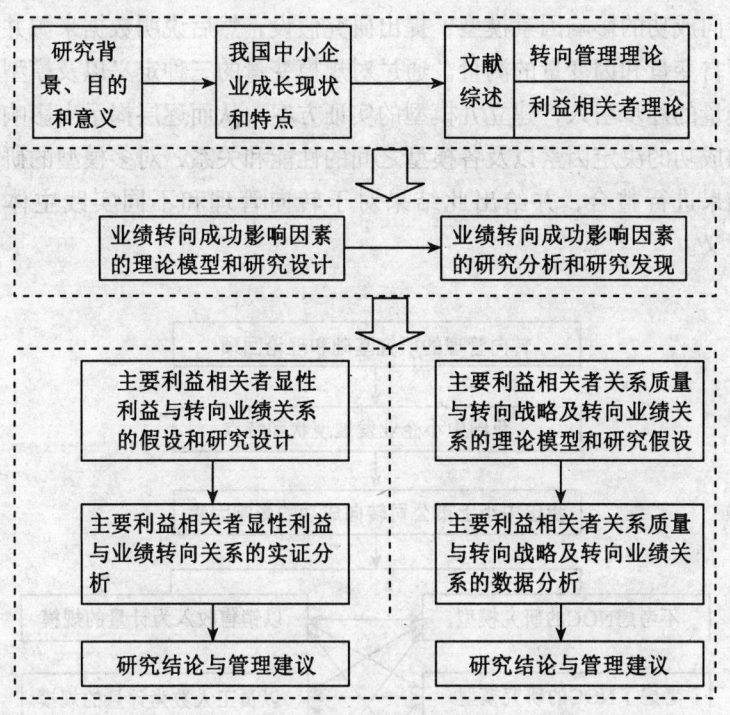

图1-2 研究框架

第一编为导论及文献综述。其中第一章阐述研究背景，明确研究目的和意义，进行相关概念的界定，理清研究思路，提出研究内容，阐明研究方法和技术路线并简述行文结构。第二章总结我国中小企业的成长历程和特有的组织特点，同时从企业理论的角度理解中小企业发展模式，并对中小上市公司的生存和发展状况进行分析。第三章对转向管理研究的文献进行全面的回顾和综述，包括主要研究观点的归纳、研究方法的评述以及对整个转向管理研究体系的总结。第四章重点讨论了利益相关者理论及其利益要求,同时梳理了基于利益相关者关系的转向管理研究,文献综述为全书研究打下理论基础。

第二编为中小企业业绩转向成功影响因素分析(见图1-3)。此编在文献回顾的基础上,结合我国中小上市公司实际情况,构建转向成功的影响因素模型,提出研究假设,然后说明数据来源并进行自变量和因变量的测量。通过对规模变量的三种定义以及模型权变量的逐步引入,建立九模型的实证方案,从而逐层揭示出影响转向成功的决定因素以及各模型之间的性能和关系,对多模型的研究结果进行整合,并给出此结果对于转向管理和不同实践主体的意义。

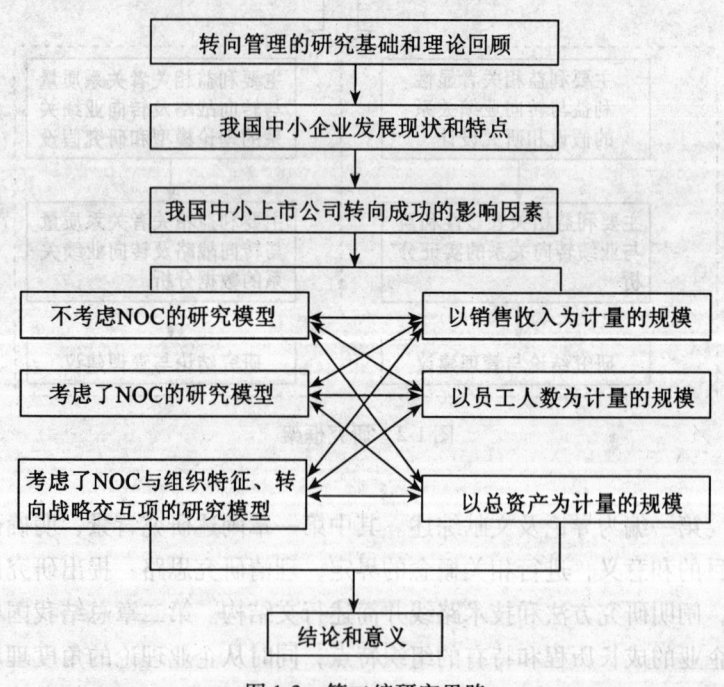

图1-3 第二编研究思路

第三编为中小企业主要利益相关者显性利益与业绩转向关系研究（见图1-4）。本编着重从中小企业主要利益相关者显性利益的视角进行分析，借鉴以前的研究进行理论分析，形成假设，以中小上市公司数据为研究样本。在实证研究中，首先，单独分析各个利益相关者的显性利益与转向成功的关系；其次，逐步引入各主要利益相关者的显性利益，从动态的角度分析主要利益相关者的显性利益与转向成功的关系；最后，建立利益相关者显性利益综合模型，形成研究结论。

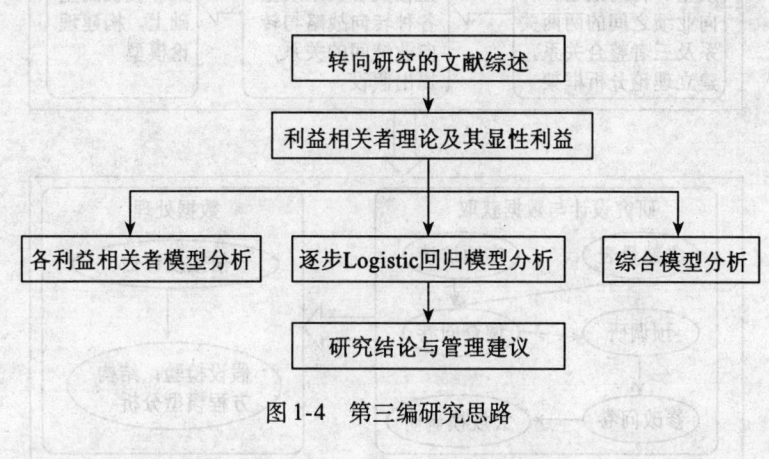

图1-4 第三编研究思路

第四编为中小企业主要利益相关者关系质量、转向战略与转向业绩之间的关系研究（见图1-5）。本编从中小企业主要利益相关者隐性利益即关系质量的视角来展开研究，基于文献回顾，先从理论上综合分析三者之间的关系，形成理论研究框架，继而细化，提出相关假设和概念模型，再利用调查问卷所获得的样本数据进行结构方程模型分析，得出结论，并探讨其理论意义和管理实践启示。

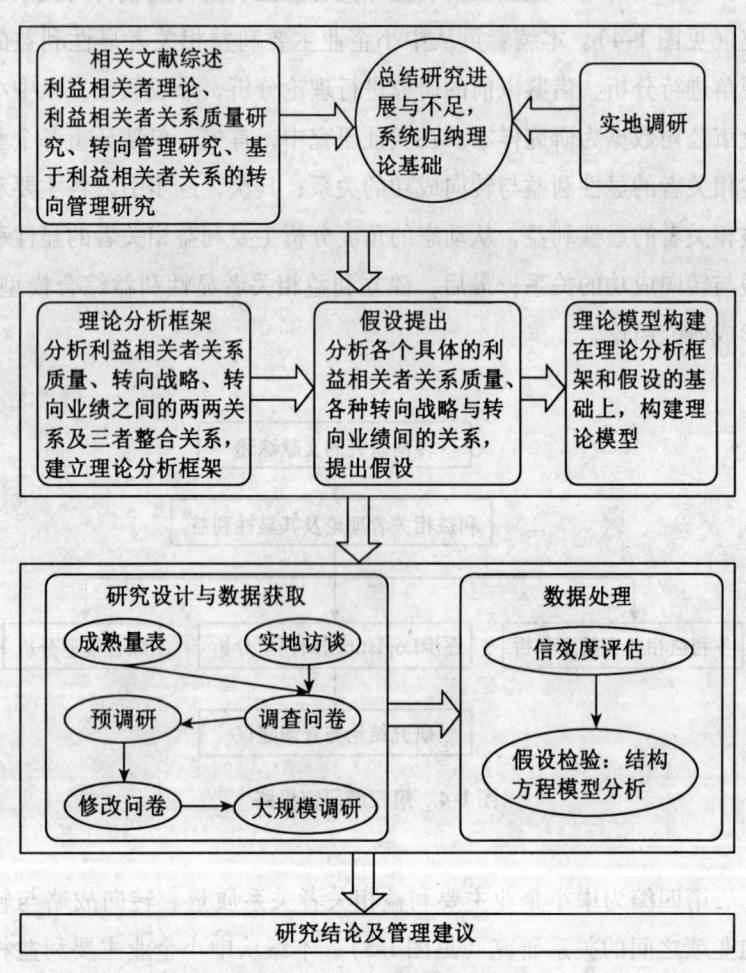

图1-5 第四编研究思路

第二章　我国中小企业的成长现状和特点

2.1　我国中小企业的成长历程

2.1.1　20世纪80年代中期以前处在生存边缘的中小企业

20世纪80年代以前，由于受计划经济的影响，普遍存在的是国营经济和集体经济，个体和私人经济还处于争取生存权的阶段。这种环境根本不利于依赖市场机制作用的中小企业的生存和发展。除此之外，当时的产业政策和区域政策也不适合中小企业的发展。

（1）产业政策对中小企业发展的影响。20世纪50年代到70年代末期，我国的产业政策是以优先发展重工业为特征的。这种产业政策，在50年代对于改善当时重工业严重落后的局面，具有一定的积极引导意义，但是长期实行这种政策，其不良影响也是明显的。发展重工业需要大量的资本，所形成的是资本密集型的企业，此类企业需要相对大的企业规模。在当时资本短缺、技术相对落后的情况下，大量资本累积之后流向大中型重工业，造成投资小、见效快的轻工业和服务业的发展受到制约。有学者研究表明，1981年以前，我国工业产值的增加绝大部分来自于生产要素（资本、劳动力）使用量的增加，而非生产要素的使用效率（技术改进）的提高（陈子彤，2004；Michael，2004；李庚寅等，2001；鲁德银等，2003）。

（2）区域政策对中小企业发展的影响。中国地大物博，各地区的自然条件和经济文化基础差异很大，经过长期的历史演进，经济发展不平衡已经成为必然现象。尤其在20世纪60年代到70年代中期，我国进行了大规模的三线建设，把大量资金投入三线国防建设，促进京广铁路沿线地区和西北、西南的经济发展。虽然三线建设对当地的经济发展起到了一定的积极作用，但大部分的三线工程均不具有自我扩张的经济发展特征。除了政府向三线企业投资外，没有民间和外资在这些地方投资使得许多具有自我增长能力的地区得不到足够的资金发展。继而，这些三线企业的"大而全"、"企业办社会"的管理模式，使得企业形成一个封闭性的社区，难以带动区域间经济的发展。这种忽视区域间分工、人为割断区域间经济资源相互交换的政策，同样破坏了企业的良性发展，抑制了大量适应区域分工、区域资源交换的中小企业的形成和发展。

2.1.2　20世纪80年代中期到90年代催生发展的中小企业

从严格意义上说，在市场经济条件下，面对完全竞争的中小企业，是直到改革开放逐步深化才真正出现的。应该说，市场经济和改革开放政策催生了我国的中小企业，而经济发展中的集聚效应和后发优势则加速了这种发展进程。

（1）集聚效应对中小企业发展的影响。为了实现利润最大化，基本的生产要素会从低经济效益的部门向高经济效益的部门流动，以改善资源配置，实现更高的生产效率。一个国家的经济发展也是如此。在经济成长初期，人力、资本必然向发展能力好的几个点聚集，从而形成增长中心，这些地点必然有某种先天的地理或人文上的优势。这些增长中心本身会形成进一步的集聚效应，从而使其产生自我扩张的趋势，形成中小企业成长的基础条件。由此可见，集聚效应会对中小企业发展产生如下影响：

发挥规模效应，使生产、交易、运输等成本下降，从而吸引更多的中小企业来此创业，带动经济发展；在经济增长中心容易形成行业间的专业化分工，使行业规模零散化，这极有利于中小企业的创业和发展；在经济增长中心更易获得更快、更便宜、更正确的信息；可享受政府更多的基础设施和服务；信息流、生产要素的流动形成激烈的同业竞争，有利于具有创业精神的企业家和企业的形成，这是中小企业成长所需的重要条件（仇保兴，1999；金青梅，

2005)。

（2）后发优势对中小企业的影响。我国内地中小企业远远落后于美国、日本、德国等国家，甚至落后于我国的台湾地区。但也正是源于此，我国的中小企业可以利用发达国家和地区已有的经验和技术，通过贸易、投资和技术学习，创造良好的投资环境，降低发展过程的风险成本，从而享有"后发优势"。

2.1.3 20世纪90年代中后期日益提高的中小企业战略地位

我国的中小企业经历了集聚效应及后发优势所带来的飞速发展，而随着改革开放的进一步深入，集聚效应必然带来的扩散效应使得中小企业在20世纪90年代得以迅速膨胀。

（1）经济发展中的扩散效应。所谓扩散效应是指，经济增长中心高速发展会受到来自供需两方面的约束，迫使增长中心的发展速度减缓，聚集于增长中心的资金和劳动力为寻求更好的发展，于是向周边、另一个城市或另一个国家扩散。其原因包括：市场转移，经济增长出现外部不经济现象，技术的发展使得分散生产成为可能，信息的流通不再受到空间的阻隔。这一切，都促使区域间资源互动与重新整合，而中小企业本身具有灵活与调整迅速的特点，最能跟上资源扩张的步伐。

（2）中小企业的战略地位。中小企业的生存和发展是社会经济发展的必然要求。在现阶段，中小企业的战略地位通过其保证国民经济的持续稳定发展、拉动民间投资、带动地区发展、促进产业结构调整、增加就业岗位、缓解就业压力、实现科技创新和成果转换体现出来。

2.2 我国中小企业的发展模式

20世纪80年代以来，我国中小企业蓬勃发展，在国民经济中占有越来越重要的地位。截至2009年9月底，全国工商登记的中小企业达1 023.1万户（不含3 130万个体工商户），占企业总户数的99.6%。中小企业创造的最终产品和服务价值占国内生产总值的 60% 左右，上缴税收约为国家税收总额的 50%，提供了 75% 以上的城镇就业岗位。中国 65% 的专利、75% 以上的技术创新、80% 以上的新产品开发都是由中小企业完成的。以湖南省为例，到 2008 年年底，湖南全省共有中小型企业 139 528 家，占全省企业总数的 99.8%；中小型企业拥有固定资产原值 6 019.83 亿元，占全部企业的 68.2%；实现营业收入 16 738.72 亿元，占全部企业的 77.7%。中小企业作为中国社会主义市场经济的重要组成部分，已经逐步成为国民经济发展的生力军。中小企业在产品技术创新、产业结构调整、区域经济发展、解决城镇就业和农村劳动力转移、提高国民生活水平、构建和谐社会等方面发挥着日益重要的作用，成为构成市场经济主体、促进社会稳定发展的一支基础力量。

同时，我国产业分工的不断深化也使得中小企业不再受制于规模经济，除了极少数具有先天性垄断特质的行业，如航空、炼油、供电、金融之外，绝大多数的产业，都能用"地区规模经济"和"零部件规模经济"取代企业内部的规模经济，使企业内部的分工外部化，变为社会分工。这种趋势非常有利于中小企业形成集群合作关系。

2.2.1 中小企业的集群组织形式

企业集群，又称为"产业网络"，是伴随着产业分工及专业化的发展过程而产生的。其具体内容包括：

(1) 企业集群是由一群独立自主但相互之间又互相依赖、呈现专业分工的中小企业群体所组成。

(2) 企业间的互动关系源于互惠性的资源交换和企业间的冲突，集群中存在企业间的互补和竞争关系。

(3) 企业间关系的维持有时没有特定的契约，而是基于承诺、信任及相互的利益来进行。

(4) 企业集群存在于许多市场形态中，某一个集群可能跨越两个以上的产业，而在同一产业中也可能存在多个彼此竞争的集群。

这样一种集群的产业网络在激烈的竞争中不是单打独斗，而是通过精细的专业分工及紧密的协作网络，形成一张张密实的网，对外形成非常具有竞争力的团队，从而提高我国中小企业的整体抗风险能力。这种产业发展模式非常适合于我国中小企业的发展思路，是基于以下几个原因（池仁勇等，2005；李慧龙，2005；陈剑锋等，2002；储小平等，2002；魏守华，2002；鞠晓峰等，2001；宁钟，2001；周添城等，1999）：

（1）中小企业集群式的产业组织模式，是由家族、同事、朋友关系所发展出来的网络结构，使中小企业得以在生产流程易于分割的产业发展，这与我国中小企业的家族亲缘特点具有同根性。

（2）这种特殊的家族亲缘关系的建立可以降低交易成本，包括评估共事者的声誉，搜寻较佳的品质和价格条件等，有助于产业网络的形成。同时，它还能使中小企业在创业及发展时，得到技术、资金、原料与市场等的相互支援。

（3）专业分工产生了新的生产力，使得中小企业实力等同于规模经济，在交易成本降低的前提下，彼此共享与交换资源，产生相乘的力量，同时，又能免除企业组织膨胀所造成的僵化、被动、缓慢与浪费的"组织恐龙症"。

（4）集群间绵密的产业网络，最能适应生产流程易于分割、简单加工的产业，同时，流程的可分割性越高，产业网络越易形成。因此，我国目前中小企业的优势产业集中领域恰好是劳动密程度很高、专业分工很细的区域，很容易形成产业网络。

（5）产业网络一旦形成，就可以达到我们在前面所提到的集聚效应，即某种产业群聚集在某一地方，进一步降低交易成本，进而强化产业网络的竞争力。我国的某些区域也已经建立了产业集群的组织形式，而且运作的都比较成功。如浙江绍兴的轻纺工业，海宁的皮件工业等。

2.2.2 中小企业的经营模式选择

随着中小企业集群的建立，中小企业在此产业基础上应突破传统的以生产为中心的刚性企业经营模式，以柔性、虚拟、合作共享和快速响应原则进行制度创新，以适应市场需求的不断变化（李芬儒，2005；李丹等，2005；邓旭东等，2005；叶国灿，2004；贺云，2003；赵固文，2001）。有以下四种经营模式可供选择：

（1）分工协作经营模式。即把为大企业配套作为企业发展、走向市场的途径。成功的中小企业非常注重避免直接与大企业竞争，而是尽可能与大企业合作，做大企业发展中必不可少的伙伴。

（2）特许权经营模式。这是连锁经营的一种重要形式。它是指特许经营机构将自己拥有的商标、产品、专利和专有技术等，以特许经营合同的形式授予被特许者使用，被特许者按合同规定，在统一的业务模式下从事经营活动并支付相应费用。

（3）利基经营模式。作为中小企业，大多是市场补缺者。作为市场补缺者，它们应精心服务于市场的某个细小部分，不与主要竞争对手竞争，通过专门化经营来占据有利的市场位置。利基经营模式是通过对市场的细分，企业集中力量于某个特定的目标市场，或严格针对一个细分市场，或重点经营一个产品和服务，创造出产品和服务优势。与大企业相比，中小企业在满足消费者多层次需求方面最具竞争力。

（4）虚拟经营模式。在虚拟企业中，企业只掌握核心功能，即把技术依赖性强的高附加值部分掌握在自己手里，而把其他低增值部门虚拟化，或者实行外包。通过借助外力进行企业整合，其目的就是在竞争中最大效率地利用企业资源。

2.3 我国中小企业发展模式与企业理论的融合

古典经济学家们认为分工的规模经济利益是企业成长的主要诱因：企业中生产作业的分工和专业化提高了劳动生产效率，同时也促进了企业生产规模的扩大，而这又进一步深化了企业的分工协作，如此循环往复，最后通过企业规模经济的获得实现企业的成长。亚当·斯密在国富论中开篇就提出劳工分工可以提高劳动生产率，同时认为劳动分工不能无限制地进行下去，"因为正是交换的力量为劳动分工提供了可能，因此，劳动分工始终受这一力量大小限制"，这就是著名的斯密定理。马克思也注意到了协作在生产过程中的作用。他还把分工分为社会内部的分工和工厂内部的分工，工厂内部的分工是社会内部分工发展到一定程度的结果。工厂内部分工的发展又会增加社会分工，社会分工的无政府状态和工厂内部分工的专制是相互制约的。

认为劳动分工可以提高劳动生产率的早期劳动分工理论，是产生规模经济的主要原因，使得当时企业不断扩大规模，最后造成垄断企业的出现。然而垄断带来的结果却是扼杀了自由竞争，阻碍了价格机制发挥作用，使经济失去活力，破坏资源的合理配置，造成所谓的"马歇尔冲突"（于唤州、徐余庆，2005）。

较之传统的"规模经济"理论，现代企业成长理论的奠基者经济学家彭罗斯（Edith T. Penrose）则认为企业成长理论是一种纯内因成长论，强调管理对于企业成长的作用，而基本不考虑大量的外在因素。她主张以"成长经济"理论代替传统的"规模经济"理论，开创了在管理学领域研究企业成长的先河。

新古典企业理论的基础是新古典微观经济学，它用最优决策理论来研究人的经济行为，主要探讨价格机制的有效性。该理论以产业作为主要分析层次，把一产业内的企业看做同质的：同质的投入产出系统，相同的内部运行机制，相同的成本和需求曲线，只有规模可以不同。企业本身是一个"黑匣子"，所要做的就是利用边际替代的原则对生产要素进行最优组合，并根据边际收益等于边际成本确定最优生产规模，制订生产计划，进行生产，最终实现利润最大化。新古典企业理论把一产业内的企业都看做同质的，只有规模可以不同，最佳规模处于长期成本曲线的最低点，但企业往往难以稳定在最佳规模，因而提出了"适度规模"概念，随后对不同行业的"适度规模"研究表明有的行业适度规模的范围较小，而有的行业适度规模的范围较大，这说明适度规模与多种因素有关（于唤州、徐余庆，2005）。

由此可以看出，每一次对大企业的理论支持都相对促进了中小企业理论的发展，比如垄断企业的出现所造成的配置无效率和生产无效率等，都使得需要重新审视企业的规模和边界问题。

交易成本理论解释了企业为什么存在及企业的边界问题。企业与市场的边界分析交易费用的概念是科斯（R. H. Coase）最先提出的，科斯认为交易费用就是"利用价格机制的成本"，而企业以作为价格机制的替代物为显著特征，其赢利来源于替代市场价格而节约的交易费用。科斯之后，奥利弗·威廉姆森（Oliver Williamson）教授以有限理性和机会主义假定为理论前提，提出人的认知能力的有限性和外部环境的不确定性，增加了连续性合约谈判的交易成本。威廉姆森视交易为最基本的交易单位，认为交易本身是异质且多样的，各种交易的特征及成本差异决定了交易组织形式的选择，并通过提出决定交易异质性的三个维度和三个缔约背景，揭示了企业边界的决定因素：交易频率、资产专用性以及企业所处的契约环境。这三大因素决定了不同经济组织的交易成本，通过成本效益的比较可以得出企业的最优规模——什么时候选择企业组织形式——继续扩张，什么时候选择市场组织形式——停止扩张。

虽然交易成本理论当时是服务于大企业的，但随着信息技术的发展，企业发现信息的成本大为减少，市场交易成本随之下降，这使得原本在企业内的交易转为在市场上进行交易，导致了企业适度规模的缩小。

20世纪90年代，由于技术和竞争环境比以往更加迅速地变化，商业组织对环境变化做出的反应需要比传统状态时更加灵活。廉姆戴维和马隆认为，为了提高灵活性，厂商必须放弃对内部层级组织的传统依赖，而应该不断在市场上适应与独立销售商之间的关系。一体化所带来的规模经济和范围经济优势由于信息时代的到来而削弱，数据处理、无线通信和电脑辅助生产的进步，不仅降低了协调成本，而且在许多生产关系中降低了资产专用性的水平。同时，虚拟组织的构建和发展，使得单个企业不必具有太大规模也同样可以实现规模经济，产业发展中的这种实践为中小企业的发展提供了思路。

合约观点认为企业的本质是企业与利益相关者之间的合同关系。当今企业的竞争某种程度上是网络之间的竞争，是战略联盟之间的竞争，其中大企业起主导作用。而小企业不但参与网络之间或者联盟之间的竞争，而且为了保住在该网络或联盟中的地位，同时还参与网络或联盟内部的竞争，竞争失败，就会被其他中小企业替代。在前面的小企业的经营模式中可以看出小企业与大企业的关联性还是很强的。同时，小企业之间由于也存在分工和合作的关系，特别是作为集群出现的小企业，使得小企业与外部企业、上下游产业链之间的关联度也大为增强。上下游产业链以及小企业资源缺乏，而内生的比大企业更加依赖内部的人力资源的特点，使得中小企业比起大企业，与利益相关者之间的关系更加紧密，尤其是非投资类的利益相关者，显得尤为重要。

20世纪80年代以前，国内计划经济体制下的国营经济和集体经济、个体和私人经济争取生存权的现象普遍存在。当时国家的产业政策和区域政策环境也不利于中小企业的发展，个体和私人企业的发展不仅受到资源的限制，而且受到落后于生产力发展的体制的掣肘。从严格意义上说，在市场经济条件下，面对完全竞争的中小企业，是直到改革开放逐步深化才真正出现的。市场经济和改革开放政策催生了我国的中小企业，而经济发展中的集聚效应和后发优势则加速了这种发展进程。中小企业在产生之初多是作坊式的家族企业，随着规模的不断壮大，这些家族式企业积累了一定的资本，如何寻求更大发展便成了企业第一代创业者们必须面对的问题。小规模经营盈利空间的有限性以及维持持续经营日益增加的交易费用，促使这些"企业"所有者转向标准化企业经营，通过规范化运作来寻求进一步发展。良好的外部环境，尤其是国家对发展中小企业的鼓励和重视，使中小企业发展渐成规模。不再简单的企业运作和复杂的外部环境催生了委托代理制的出现，企业所有权和经营权分离的现象日益普遍。在发展模式上，也日趋多元化。联盟模式、特色模式、专一模式是现阶段中小企业采用较多的模式。随着企业理论和企业实践的不断丰富与发展，将会出现更多的企业发展模式，中小企业发展空间也必将更加广阔。

2.4 我国中小企业成长现状

自2001年以来，我国中小企业经历了一段快速成长时期，企业规模日益扩大，经营效益不断增加，企业所处行业和产业发展空间不断扩展。尽管金融危机对我国中小企业的发展产生了极大的负面影响，但随着金融危机的逐渐远去，全球经济的逐步回暖，我国中小企业依然保持着强劲的发展势头。中小上市公司作为中小企业的代表，多数在其所属细分行业内处于龙头地位，且处于企业生命周期中的成长期或者高速发展期，它们具有较高的成长性。中小企业板为中小企业提供了主要的融资平台，中小企业板上市公司的发展也相对全面地反映了所有我国中小上市公司的成长现状。根据中小板上市公司公开发布的信息和数据，我们得出以下中小上市公司的成长特点：

（1）上市公司数量迅速增加。2004年6月25日，中小企业板在深交所正式开盘，到2006年12月26日，中小企业板上市公司已突破100家。2007年以来，深交所努力吸纳更多细分行业龙头企业、自主创新型企业、新经济和新商业模式企业进入中小企业板，使得中小企业板进入了高速发展的快车道。截至2009年年底，中小企业板上市公司已达到327家。

（2）融资规模不断扩张。中小企业板的募集资金主要包括首发募集资金、增发募集资金、配股募集资金和可转债募集资金等。中小企业板自启动以来，一直受到投资者的广泛关注与青睐，上市公司融资额快速扩张。2004年共融资91.08亿元，2007年共融资519.35亿元，短短三年时间增长了4.7倍，在一定程度上缓解了中小企业融资难的问题。

（3）经营业绩持续增长。在国民经济持续增长的情况下，涵盖多个细分行业龙头公司的中小企业板也表现出较高的成长性。其中，平均每家公司的主营业务收入从2004年的66 000.92万元增加到2009年的134 188.1万元，年均增长20.7%；平均每家公司的净利润从2004年的4 094.64万元增加到2009年的12 037.07万元，年均增长38.8%；加权每股收益从2004年的0.14元增加到2009年的0.47元，年均增长47%；整体净资产收益率从2004年的10.19%增加到2007年的10.9%，年均增长1.6%（见表2-1）。金融危机的影响，致使部分数据变化幅度不显著，但依然不影响其总体成长趋势。

表 2-1　2004—2009 年中小企业板部分主要财务指标比较

	2004 年	2005 年	2006 年	2007 年	2008 年	2009 年
上市企业数	38	50	102	202	273	327
平均主营业务收入（万元）	66 000.92	82 698.85	105 417.02	114 657.61	125 085.19	134 188.1
平均净利润（万元）	4 094.64	4 760.94	6 285.39	9 145.10	1 772.22	12 037.07
加权每股收益(元)	0.14	0.40	0.47	0.55	0.411	0.47
整体净资产收益率（%）	10.19	11.05	15.25	15.56	10.14	10.9

其中，2009 年，327 家中小企业板上市公司共计完成主营业务收入 4 387.9 亿元，同比增长 29.9%，占所有上市公司的 3.6%。其中主营业务收入同比实现增长的公司达 210 家，占中小企业板上市公司的比例为 64.2%；327 家中小企业板上市公司共实现净利润 393.6 亿元，同比增长 50.9%；净利润同比实现增长的公司 237 家，占比 72.5%。创业板 36 家企业共实现净利润 22.57 万元；实现加权每股收益 0.86 元；整体净资产率达到 13.49%。

中小上市公司发展渐成规模，其发展方式和结构也在不断完善，但依然存在诸多影响企业成长的问题。

当前我国经济建设进入了新阶段，中小上市公司发展也进入了新时期。但曾经困扰企业发展的一些传统问题却始终没有得到解决，如缺乏融资渠道，资金困难；企业治理结构不合理，自身素质不高，市场行为不规范；生产技术水平低，组织和产业结构不合理，特色不鲜明，竞争力不强；缺乏政策上的宽松环境，政府扶持力度不够等。在这些老生常谈的问题还没有得到解决的同时，如今中小上市公司及所有中小企业又要面对一些新的问题，比如：环境污染问题、社会保障问题、通货膨胀问题、经济结构调整、外资企业税收政策变动、出口产品税收政策调整以及人民币升值、国际生产资料涨价、国际交易摩擦等一系列新的更为严峻的问题。

诸多问题当中，资金困难仍然是阻碍中小企业成长最突出的问题，中小企业破产，多数是资金链断裂所致。"十二五"规划调研数据（2009）显示：利率太高、缺乏融资渠道、政府扶持政策缺失等为当前中小企业融资困难的主要原因，具体如图 2-1 所示。问题客观存在，如何解决便需要政府和中小企业自身以及利益相关者共同努力和配合。同时我国中小企业产业结构的不合理性以及强烈的外部依赖性，使得加快我国中小企业产业结构和发展方式的转变成为当务之急，在此基础上，研究影响中小企业成长的特殊因素也成为一种必然。

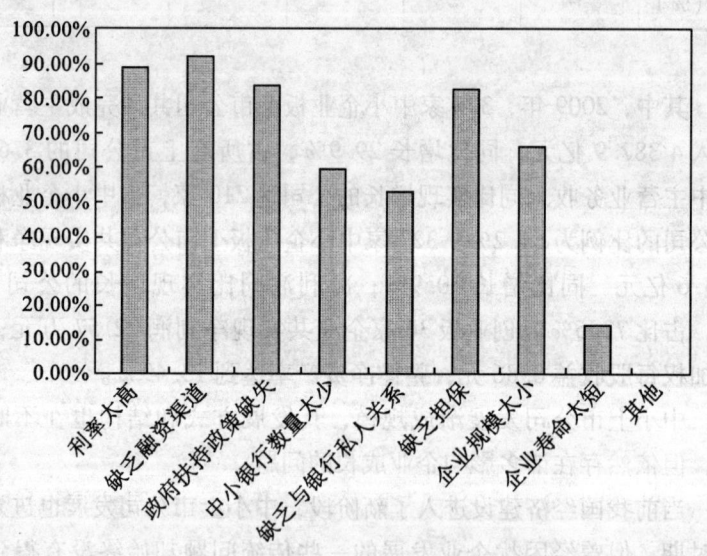

图 2-1　中小企业融资困难的原因

第三章 转向管理文献综述

3.1 转向的定义及转向发生的原因

3.1.1 转向的定义

转向（Turnaround）指的是企业从衰退困境中恢复到正常增长状态的过程。Pearce 和 Robbins（1993）定义企业转向为"曾经一度成功的企业遭受了一段时期的严峻衰退困境之后，回归到衰退前最好绩效或更好水平的过程"。Pandit 认为"企业转向涵盖了绩效从仅仅能够生存，到重新获得竞争优势状态的一个连续过程"。国内学者冉敏（2009）将 Turnaround 翻译为扭转，并指出其是一个绩效水平改善的概念，即企业从降低绩效下降程度到获得绩效增长的过程。综合以上研究，定义转向的概念大体相同。简单说来，本研究的转向是企业绩效从下降通道逆转至上升通道的过程。相应的，转向管理的目的是阻止企业衰退，并且使它们恢复健康。因此转向可以用一个包含三个时间点、两个时间段的模型直观表示，如图 3-1 所示。

Slatter（1984）曾定义转向位置是"某公司的盈利状况从资本回报的角度衡量大大低于类似企业的时候，称为达到战略转向位置"，学者衡量转向位置大多是从净收入、ROI、ROA、ROE 和现金流等财务指标方面入手，同时也有一些人考虑到了反映企业整体状况的综合指标，我们可以从图 3-1 看出转向位置是在时间点 2。

转向结果是公司为了改变在转向位置上令人不满的业绩所实施的一系列战略而使业绩恢复的程度。转向结果普遍被学者划分为转

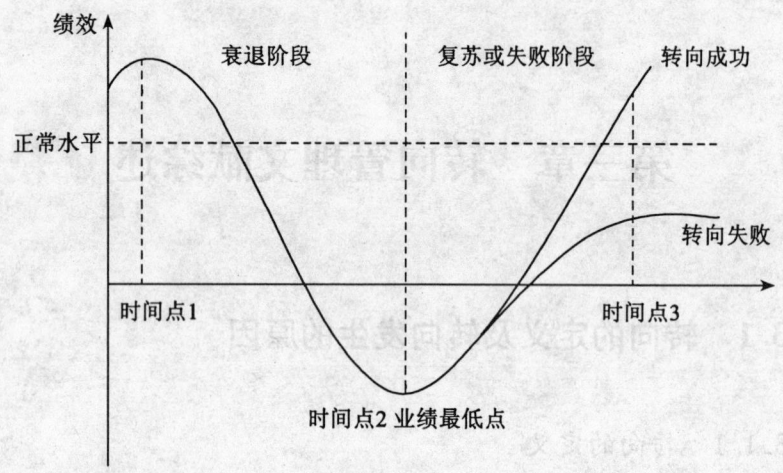

图 3-1 转向过程的图形描述

向成功（Turnaround）和转向失败（Non-turnaround）两种情况，但少部分学者提出还存在第三种情况，即转向初步成功，既非成功，也非失败。

这里需要注意的是企业绩效衰退程度的判断，Baker 和 Mone（1994）特别强调，转向情境中的企业衰退是"威胁企业生存的衰退"。因此如果企业的绩效下降幅度很频繁、很小，只是企业日常经营活动中正常的业绩波动，则不能简单地认为该企业处于转向位置。另外，在企业经营的实践中，企业绩效衰退的命运可能由于时机或自然选择而被改善，但转向概念却专指企业成功地摆脱困境是因为管理者采取主观意识的行动。因此严格说来，转向是企业从下降幅度较大的、威胁到企业生存的、被管理者所认识到的绩效衰退中，回归到正常健康状态的过程。

3.1.2 转向发生的原因

Schendel 和 Pant（1976）在 1976 年的先驱性研究中分析了企业转向的原因，他们认为严重的绩效问题是公司战略转向的触发器。同时，他们发现在转向成功的公司中，衰退阶段的平均收入为

-15%，在上升阶段增长到 15.4%，平均时间为 6.5 年到 7.7 年。转向失败的公司平均收入为 -4%，平均衰退阶段为 13.7 年（Schendel，1976）。这一现象说明，长期低下但没有危机的绩效看起来可以容忍，只有危机来临，公司才会行动。

Schendel、Pant 和 Riggs（1976）组成的研究小组对转向位置的成因做了进一步分析。他们认为，造成公司必须转向的最重要的原因是外部原因而不是内部原因。在 54 个样本公司中，他们发现外部的原因有：较低的价格（23 家公司），由于经济衰退造成的需求下降（21 家公司），工资过高和其他成本增加（17 家公司），罢工（16 家公司），超过行业能力（14 家公司）。而内部原因如管理层问题（6 家公司）或市场问题（2 家公司），看起来好像没有那么严重。

Bibeault（1982）的研究却得出了与前者截然不同的结论，他认为在他所研究的样本企业中，导致 70% 的企业转向的原因是内部驱动，外部因素只占相对次要的位置。"外部的因素的确会导致企业绩效的下滑，但只有占分析样本 9% 的企业，其绩效下滑仅由外部因素导致。另外 20% 的企业，外部因素和内部因素共同作用导致了绩效的下滑。大约 70% 的被调查公司其绩效下滑是由内部因素导致，尽管在一些企业中内部的劣势是由外部的因素所引发的"。因此针对企业管理方式的转变就成了最主要的转向措施。

后来的 Slatter（1984）的研究又进一步证实了 Bibeault（1982）的结论。Slatter（1984）在与被调查公司进行深度访谈的基础上，得出管理控制所产生的内部问题，例如缺乏财务控制以及不适当的管理都是引致企业转向的原因，除此之外，紧随其后的原因还有价格竞争和运营低效。

在这一方面的研究中，Hofer（1980）的研究视角和以上的研究相比，相对独到，也是最为广泛接受的。他没有把导致企业绩效下滑简单分为外部原因和内部原因，而是分成了营运问题和战略问题。营运健康很差，但又中上等的战略健康的公司，通常需要一个以运营为主的转向战略。反之亦然。如果两者都有问题，都不健康，那么公司最好变现。

在转向管理的研究中，探讨转向发生的原因应该说是整个研究的起点。不同的企业转向的原因各不相同，有内部原因、外部原因，同时还可能会存在外部原因导致的内部驱动，即便如此，任何一个企业在转向时都面临一个共性问题，那就是业绩下滑、利润下降、企业缺乏竞争力。这一点得到了实证研究者们的普遍认同。

但是如何评价企业的绩效下滑呢？在转向管理中运用最多的还是 ROI（Return on Investment）这个财务评价指标，其次为公司的净收入，有时也运用 ROA（Return on Asset）作为对 ROI 的替代。转向的企业之所以称为转向，是因为有一个最低的业绩点，即我们在第一章的概念定义中提到的转向位置的概念。转向位置其实也和转向成功有着一定的关系。Ramanujam（1984）认为转向位置越高的企业，也就是绩效恶化不是那么严重的企业实施转向，要比转向位置越低的企业，即绩效恶化十分严重的企业实施转向更易获得成功。Arogyaswamy（1992）在多重回归分析的基础上，得出了相反结论，处于越低点转向位置的企业越易获得转向成功。Moon（1996）的研究支持 Arogyaswamy（1992）的观点，并且他把此种现象称为"转向中的弹性球效应"。

3.2 转向管理的执行者观点

研究转向管理的学者们调查公司转向管理的决定因素时，并没有对公司进行转向管理。与其不同的是，执行者们，即转向的经理或者咨询顾问，他们强烈地关注如何对转向进行管理以及转向管理的效果。这里我们着重介绍三个执行者的理论贡献。因为这三人都各自有著述，所以便于观点的比较。

Goodman（1982）提供了战略转向成功的细节，内容非常实践化，而非学术化。其目的是在企业绩效恶化时帮助经理摆脱困境，完成转向目标。如果某个公司长期以来都处于行业平均水平以下，这样就可以视为处于转向位置（其中大部分例子显示同时伴随着收入的下降）。根据他的经验，一个战略转向过程（不包括业绩下降的时间，只是恢复时间）需要一到三年。首先，公司在第一年达到业绩最低点,接下来两年收入持续增长,直到业绩达到预期水平。然而 Goodman（1982）又定义了战略转向所必要的前提条件,即管理层的决策,明确的业绩下滑标准及其原因,对业绩目标的共识和完成业绩的时间表以及专业的沟通。在所有的交流中,都最好避免使用转向一词,因为这个过程需要的是一系列的行动而不是承诺。同时战略转向只有在转向成功之后才能被提及。除了上述前提条件之外,Goodman（1982）也强调建立一个具有强烈的管理变革,拥有合适人才和团队合作精神的战略转向小组和团队的重要性。他建议采用以简化工作为重心的生产转向战略和财务转向战略。转向战略的执行要以转向管理团队的高鼓动性为基础,并强调领导力在转向管理团队鼓动中的作用。最后,建立在管理信息系统上的绩效评价和绩效监控被认为是执行已设计的转向战略的工具。

与 Goodman（1982）不同的是,Sloma（1985）强调量化操作是专业转向经理人成功的重要工具。处在转向状态的公司是那些在目前或可预见的未来只能够产生难以接受的现金流和利润的企业,这样也包括了预期收入不好的公司。图 3-2 详细地列示了这一转向管理的流程。Sloma（1985）的方法着重于量化的操作,与 Goodman（1982）重于领导力和激励机制不同。然而,这两种方法被认为是互为补充的,因为这两种方法具有共同的前提条件（管理层的决策、标准明确的绩效下降及原因,对绩效目的的共识以及伴随专业沟通的总时间表）。

Finkin（1987）研究成功的行业转向的观点和行为。和 Sloma（1985）的流程图类似,Finkin（1987）认为转向过程必须是一个依序发生的过程。但与 Sloma（1985）不同的是,Finkin（1987）没有太多地关注于转向计划的设计,而更多地研究具体的转向行动和措施。他认为,企业管理者要正确对待业绩下滑,要以积极的态度去进行转向。同时他认为 20% 的因素构成了 80% 的成本,要降低直接成本、运营成本,提高产品和服务的质量,减少不盈利的产品和市场策略。同时鼓励员工积极参与,大胆建议。在所有的这些步骤中,Finkin（1987）强调了人员和沟通的重要性。"人员是成

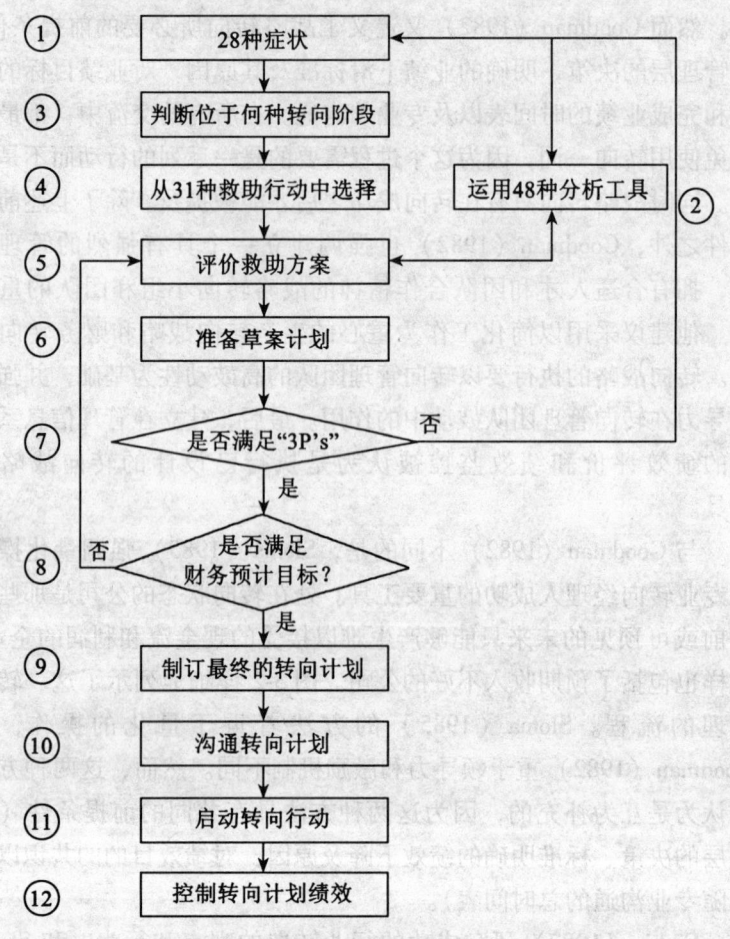

图 3-2　Sloma 的转向管理的流程图

功转向的核心,员工必须就公司存亡产生个人的责任感。对员工的激励和新的价值观取决于沟通。沟通有几个明显的受益者:董事会、债权人、商业联盟、客户、供应商和政府。这些受益者也必须对新的管理层完成转向充满信心。"

从上述对于战略转向管理的执行者们的研究可以得出,执行者更为注重的是如何实施转向管理,如何调动实施的主体,领导者的领导力和广大员工的积极性。至于具体的转向措施,执行者们更看重成本削减在转向管理中的作用。

3.3 影响转向成功的因素分析

3.3.1 转向战略与转向成功的关系

如果说转向发生的原因是转向管理研究的起点,那么促使企业转向成功的转向战略就是转向管理研究的重点。从 1976 年的先驱研究开始,这 30 年间进行转向研究的每一位研究者都离不开对实施成功转向企业的转向战略行动和措施的分析。其研究结论的得出有两种基本的方法,一种是只研究转向成功的企业从而得出共性的转向成功的措施和行动,一种是对照转向成功和不成功的企业来进行对比分析从而得出可以指导企业实践的转向方法。

Schendel 和 Patton(1976)分析了 36 组企业,每一组既包含一个转向成功的公司,也包含一个转向失败的公司。通过对比,他们发现:成功公司和失败公司并非所有的方面都不同,两者的共同之处在于,为了提高公司的净收入,都会尽可能采取措施来增加销售收入以及减少资本投资。两者的不同之处在于,转向成功的公司必然有比失败公司更低的销售成本和人工成本。

除了对比转向成功与失败,Schendel、Patton 和 Riggs(1976)的后续研究还调查了另外 54 个达到转向位置并且成功转向的公司,发现其转向行动中的一些共性或者普遍性的措施。54 家公司中的大部分选择剧烈的管理方式转变(39 家公司),引用新研发的产品(36 家公司),并购多元化产业(29 家公司),用地域扩张实现多元化(29 家公司)。与上述具有企业家精神的转向行动相反,成本和资本削减,如成本削减计划(17 家公司),分离分部和产品线计划(16 家公司),裁减资本支出(3 家公司)等方法相对来说使用较少。这个调查结果与 Schendel 和 Patton(1976)在先验式研究中所得出的成本高低为转向成功与否的分水岭的结论相比,有了更进一步的深化。但是由于该研究只是针对成功的企业,这种缺乏对照和控制的研究方法削弱了研究结果的实用性。

紧接其后的 Hofer（1980）的研究则得出了迄今为止都非常重要的一个结论，那就是区分了在转向中的运营问题和战略问题。他认为企业不能贸然地进行转向行动，首先要诊断企业的健康状况，如果是营运健康很差，但又中上等战略健康的公司，那么就需要一个以运营为主的转向战略。反之亦然。同时，对于不同类型的转向战略，还相应有不同的转向策略。

根据营运转向位置离盈亏平衡点的距离，Hofer（1980）给出了四种营运转向战略：①对于那些离盈亏平衡点很近，或实际收入达到盈亏平衡收入60%~80%的公司需要进行成本削减。②对于实际销售收入占盈亏平衡收入30%~60%的企业需要提升收入。③对于实际销售收入不到盈亏平衡1/3的企业要进行资产削减。④上述三种战略的混合：适合于实际销售收入占盈亏平衡收入50%~80%的企业。上述四种战略请见 Hofer（1980）所提出的基于盈亏平衡点的运营战略组合（见图3-3）。

除此之外，Hofer（1980）发现管理层几乎不采取战略型转向战略。相反，他发现管理层有一种强烈的意愿错误的选择运营型转向战略（调查样本12家公司里的10家）。Hofer（1980）把对于运营战略的过分依靠作为转向失败的重要原因。

"战略转向失败2/3的例子是管理层需要进行战略转向时选择了运营转向。在其他的例子里，在需要使用运营转向时使用了错误的运营转向策略。然而没有一家公司在需要进行运营转向时采取了战略转向。"

但相对于 Schendel 和 Patton（1976）的72个样本和 Schendel、Patton、Riggs（1976）的54个样本，Hofer（1980）仅仅12个样本的调查使得结论的可信度大为降低。同时，也使得他提出的运营和战略问题的解决方法很难应用到实际操作中。

虽然 Hofer（1980）的研究结论来自于一个受人质疑的研究基础，但其基于运营为主和基于战略为主的转向分类，却给后来的研究者提供了方向和思路。

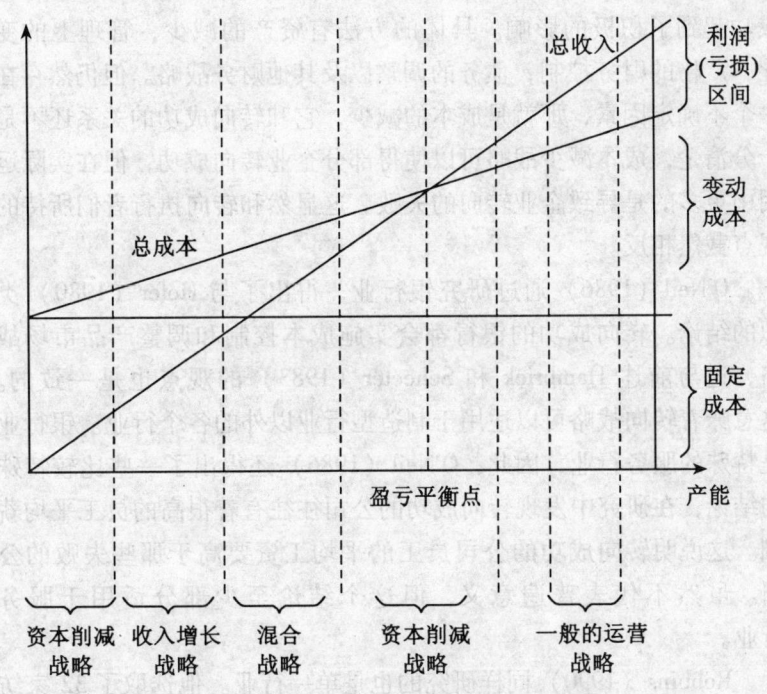

图 3-3 基于盈亏平衡点的运营战略组合

1. 以运营为主的转向战略与转向成功的关系

下面是近十几年来有关运营为主的转向战略的主要研究观点。

Hambrick 和 Schecter（1983）坚持认为多种形式的企业瘦身和提高生产率的行为可以提高企业 ROI（资本回报率），即企业的业绩。他提出了三种形式的运营战略组合，成本和资产削减（Retrenchment）战略，有选择的产品/市场调整战略，即把焦点集中到高利润的区域以及以增加产能使用率和员工生产率为两大显著特征的辅助战略。

Ramanujam（1984）则认为三种成功的转向措施——收入增长、存货减少和应收账款减少都会对转向成功起着积极的影响。

Slatter（1984）则认为不同的引发转向的原因，会有不同的转向战略。他通过对40家企业的深度访谈，得出转向战略对转向的成功起到了积极的影响。具体的方法有资产的减少，管理上的变化，严格的财务控制，债务的调整以及其他财务战略。但仍然存在一个不确定因素，那就是成本的减少，它和转向成功的关系还不是十分清楚，成本减少战略可以使得部分企业转向成功，但在实际运用中更多的是导致企业转向的失败。这显然和转向执行者们所持的观点截然相反。

O'Neil（1986）通过研究银行业，得出了与Hofer（1980）类似的结论。转向成功的银行都会实施成本控制和调整产品市场战略，这与前述Hambrick和Schecter（1983）的观点也是一致的。这意味着转向战略可以适用于制造型行业以外的各个行业。银行业是特殊的服务行业，因此，O'Neil（1986）还得出了一些比较特殊的结论，在研究中发现转向成功的公司往往有着很高的员工平均薪酬。这说明转向成功的公司员工的平均工资要高于那些失败的公司。虽然不代表普遍意义，但这个结论至少部分适用于服务行业。

Robbins（1990）同样研究的也是单一行业。他选取了32家纺织企业作为研究对象，主要研究重点在于转向行动中运营上的调整，例如成本和资产的减少对转向成功的作用。Robbins（1990）的主要发现是成本与总销售收入的比例和ROI的变化有着正向的关系。这意味着在ROI的提升中成本的效率起着至关重要的作用。但是，这一多元回归分析没有给出总资本与总销售收入的减少与ROI变化的关系。因此，改善的资本运营效率对转向绩效的提高作用不能得到支持。在另外的多元回归分析中，分析了总的净成本削减和总的净资产削减，例如基于绝对的成本和资产的数据变化而不是与销售相关的效率数据。但结果也不尽如人意。"在样本企业中，总的净成本削减和总的净资产削减看来都没有对转向绩效的好转有一定的帮助。" Robbins（1990）的主要贡献在于对运营调整的研究，另一个贡献则在于强调了削减战略（总成本和总资本的削减）和效率战略（改善的成本与销售收入的比例和改善的资本与销售收入的比例）的不同。

Arogyaswamy（1992）的研究则可以说是 Robbins（1990）研究的延续。他通过研究 204 家企业，区分了削减战略和效率战略。通过区分转向成功和转向失败两类企业，提供了一个对削减战略和效率战略的有效划分，主要结论是转向成功的企业能够比转向失败的企业更经常地把削减战略转化为企业的效率收益。大多数转向失败的企业都具有再生战略而缺少效率或者削减战略。大多数转向成功的企业则兼具上述两大类战略。由于同样使用 ROI 的变化作为因变量，因此其结论很多与前人类似，但也有进一步的发现。效率战略在绩效下降和上升阶段对 ROI 的改善起着很大的作用，再生战略只有在上升阶段才对 ROI 的改善有积极的影响。

Chowdhury 和 Lang（1996）的研究视角与上述研究者相比，就有些独特了。他们没有在通常的运营战略中的资产或成本削减的问题上纠缠不清，而是把闲散资源作为影响战略定位的一般因素。Chowdhury 和 Lang（1996）把闲散资源和资本的密集度作为权变量，分析了 48 家企业（均为转向成功的企业）的经营性的转向战略，运用多元回归的分析方法，研究运营性的转向行动对于 ROI 变化的影响。Chowdhury 和 Lang（1996）发现具有多的闲散资源和低的资本密集的企业，比具有相反特征的企业更易取得 ROI 的改善。尽管闲散资源和资本密集度相对中和了运营性战略对 ROI 变化的影响，但是仍然可以从中发现，产品成本的变化，应收账款的变化，厂房和设备总的账面价值变化与 ROI 的变化呈反向的关系。同时还发现员工净收入的变化与 ROI 的变化呈正向关系。这一发现支持了 O'Neil 所做的有关银行业员工工资水平和转向成功关系的结论。但同样，该研究的缺陷在于样本仍然太少，所有的样本都是小企业，而且只研究了转向成功企业，没有把转向失败的企业作为控制组来进行对比研究。

Lawrence（1995）的研究，类似于 Robbins（1990）的研究，只分析了纺织企业，使用的是 C 检验，同样也是以 ROI 的变化作为绩效的评价。研究目的是通过调查 47 家纺织制造企业，实证分析转向成功与闲散资源之间的关系。Lawrence 的主要发现为组织内闲散资源的变化和 ROI 之间的变化具有正向关系，同时资产的减少和债务的减少之间也存在类似的正向关系。可以推断的是,资产削减战略的目的之一就是减少处于转向状态下的企业的债务负担,这在当时是一个创新性的观点。

Moon(1996)的研究分别验证了 Chowdhury、Lang(1996)和 Lawrence(1995)的发现。他基于对 247 个企业的调查,得出了企业内闲散资源的多少与 ROA 的变化呈反向关系,同时资产的减少和 ROA 的变化存在正向关系。和前者稍有不同的是,Moon 在研究中使用 ROA 而不是 ROI 来表示业绩的变化。

Fonder(2000)研究的是德国企业在转向中影响其成功的决定因素。其得出了和美国实证学派相类似的结论,证明了影响德国企业的转向成功因素和美国企业有一定的相似性。

Bruton、Ahlstrom 和 Wan(2001)对亚洲 90 家转向企业(中国香港、台湾地区和新加坡)进行研究后发现,转向过程中企业减少其固定资产可以增加转向成功几率。但该研究还发现,销售收入增加和转向成功呈反向关系,这个结论有些难以理解。他们认为是中西方文化的差距导致了这个结果。

以运营为主的转向战略在很多实证研究者的研究成果中都有所体现。首先,成本削减战略是最为广泛的研究主题,几乎所有的研究都离不开对成本削减与转向成功关系的研究(Morrow,2004)。但最后的结论却没有达到统一,显然转向管理的实证学家们对成本削减与转向成功的积极关系肯定的态度没有执行者们坚决。其次,资产的削减也是一个引人注目的话题,资产削减的主要内容是固定资产的削减以及企业内存货和应收账款的削减,甚至还可以是企业债务的减少。成本和资产的削减从效率来看都应该和销售收入进行对比,才能体现其真正的意义。因此究竟是应该注重削减的数量还是削减的效率,是转向管理中至今也没有解决的问题。再次,产品市场的调整战略,这个战略实行的目的是达到收入的增长,和前面两种不同的是,产品市场调整不是紧缩型的调整,而更强调的是一种企业家精神的行为。除此之外,对员工成本与转向成功的关系也有所研究,在服务型行业里,员工成本的增加有助于转向成功,但这一结论没有被广泛验证。企业闲散资源也被认为是运营战略研究的一个创新内容，资源可以归结为企业最小的单位，从企业资源的角度来研究转向本身就具有不同的意义。最后，如何调动和利用组织内闲散的资源应该也是运营转向战略的一个主旨。但这个角度没有研究者进行具体的分析和深化下去，这应该是目前转向管理的一个研究空白。

2. 以非运营战略变化为主的转向战略与转向成功的关系

以非运营战略为主的转向方法最早出现在前述 Hofer（1980）的研究中，但他没有提出具有实用性和可操作性的战略转向措施，而且也没有给出该类型的转向战略和以运营为主的转向战略的区别。总体而言，非运营转向战略更关注的是削减和收入增长转向战略之外的战略选择。

之后，有多位实证研究者对此做了后续的研究，以下列出了这个方向上研究者的主要贡献。

Slatter（1999）通过对 30 个转向成功公司和 10 个转向未成功公司的调查，发现兼并和收购战略会给企业转向成功带来积极的影响。

Bruton（1994，1997，2001）研究的重点是战略中的一种类型，而这也是在转向企业中经常发生的，即处于转向状态下企业的兼并。当其他的研究着重于企业自身如何从转向状态中恢复过来，该研究则认为被另一个企业兼并也是一种成功转向的方法。Bruton 的研究兴趣在那些转向中成功被兼并收购的企业，尤其是考察收购企业和目标被收购企业之间的关联性。该研究采用多元回归方法，以在转向中获得成功收购的 51 家企业为样本，以转向成功为因变量，在专家讨论组的基础上建立了一个七层级的评价体系。Bruton 的研究中虽然只有两个变量具有统计学上的意义：如果收购企业具有收购经验或者目标企业与收购企业在业务上相关，则收购可以让企业转向成功。尽管得出的主要结论只有两个，但 Bruton 的研究仍然被认为是转向管理中少有的几个方法正确的研究。在研究中，没有因为不恰当的定义带来的错误分类，样本的规模大小也是合适的，这都为其结论增加了可信度。Bruton 的研究对转向管理的贡献是明显的。正如在实际中确实常有很多企业在财务绩效恶化时被兼并收购，而且也有很多企业通过兼并收购成功摆脱了以前的财务困境，Bruton 对于这样一些企业的研究可以说填补了转向管理研究中的一个空白。

Barker（1997，1998，2002）专门研究转向中所运用的战略，发表了一系列的相关文章。他的研究着重于分析和评价公司转向期间战略定位、结构控制系统、高层管理者的变化，但是同样也分析了稀缺的资源和衰退前的绩效。Barker 的主要贡献在于他把研究视角放在了战略定位的改变，这在之前的研究中是没有过的。战略定位的实证化和转换为可操作化的定义被认为是决定未来的转向管理研究的发展方向至关重要的一步。

Barker 和 Duahime（1997）第一次在战略变化上（因变量）使用多元回归分析方法，研究了转向成功的120家企业，研究重点是战略变化的决定因素。Barker 和 Duahime（1997）发现处于较差绩效状况的企业更迫切地需要转变战略。那些处在不断增长的行业中的企业面临转向状态时，更是应该进行战略转变。有利的行业事件会减少战略变化的程度。除了这三个对战略变化的需求因素外，战略能否变化还和企业的变化能力相关。CEO 的更换、闲散的资源、企业多元化以及企业的规模都会决定变化的能力，而且上述各因素与战略变化呈正向的相关关系。

Barker 和 Duahime（1997）的研究结果被认为还是相对可信的，首先，他们把战略变化作为多元分析的因变量，同时，他们也选用了相对广泛的样本（120）。然而，Barker 和 Duahime（1997）的研究样本都是转向成功的企业，缺乏控制组的设计。结果只能说相对合理，符合假设。两个不同的战略变化的评价变量，R^2 值分别为 0.56 和 0.59，应该说这个结果较好地解释了影响战略变化的因素。

之后，Barker 和 Mone（1998）在此基础上做了进一步研究，他们认为战略重新定位应该分为两种，一种是战略的变化，这个变化又分为公司级的战略变化和业务经营单位级（Strategic Business Unit）的战略变化，另一种则为公司结构和控制系统的变化。研究企业战略的重新定位，必须要考虑到这两种类型的变化。与战略重新定位相对的，Barker 认为是企业组织内机械的结构性变化（Mechanistic Structural Change），分为三种类型，战略决策制定过程中的分权或集权，对于决策制定中正式规则和程序的使用是增大或减小，战略决策制定中的参与度的变化，更正式还是更广泛等。企业组织内结构性变化的发生和战略重新定位之间存在反向关系。

之后，Barker 和 Barr（2002）又用导致转向的内部因素和外部因素代替了结构性变化这一要素，发现分别存在五个外部和内部的因素会影响企业业绩的下滑。内部因素主要有企业的成本结构、产品的特性、企业的制造能力、财务政策和相对于竞争对手的竞争地位。外部因素则包括经济和行业环境、政府的规制和措施、竞争者的行动、供应商的行为以及用户的购买特性。这个指标实际上是对以运营为基础的战略综合，同时还兼顾到企业的外部环境。但可惜的是指标的考量上采取的是五分级的打分制，使得数据具有一定的主观性，同时对数据的分析和使用也受到一定的限制。该研究最后认为，导致企业转向的内部因素比起外部因素更容易引起企业战略重新定位的发生。

Barker 基本上研究的是企业内存在哪些因素影响战略的变化，但对战略变化与转向成功的关系却没有进行深入的研究。究竟转向成功的企业更需要何种程度的战略变化，Barker 也没有对此做进一步的分析。但 Barker 的成果仍然被认为是转向管理知识体系中的重大贡献。他第一次建立了战略变化的模型，并且分析了模型的决定因素。和早期研究不同的是，这项研究没有分析转向行动的影响，也没有分析公司和行业的变量对绩效的影响。研究轮廓鲜明地选择个体的转向行动作为研究重点，而不是被普遍选择的转向绩效。因此，该研究被认为是转向管理研究中的一个有意义的创新。

Fonder（2000）试图研究德国企业在转向过程中所实施的战略重新定位、成本削减、资产削减、收入增长与转向成功的关系，但是战略重新定位这一因素没有能够进入最后的回归方程。

Rasheed（2005）研究的是美国的小企业，他认为小企业在战略转向时采用的转向战略和大企业是不同的。他通过调查50家企业，发现小企业更容易采取销售增长的转向措施，而不是削减战略。但是该研究的数据都来自于调查问卷，而且没有测量型的数据形式，因此数据的分析和结论的适用都受到限制。

3.3.2 转向组织和外部环境与转向成功的关系

多位实证研究学者在他们的研究中都提到了转向战略的制定要考虑到实施战略的企业内外环境。

这其中最早研究的要属 Ramanujam（1984）。他的研究虽然也涉及转向战略，但更多的是讨论企业组织背景、外部环境背景和公司转向成功的关系。研究的主要发现为在公司的组织背景下，如果失去了公司股东的支持，衰退的持续时间会增加，从而使得转向成功的可能性要降低。同时，在他所研究的75家大企业中，还发现大规模的企业，业绩衰退前有着较高的负债/所有者权益比例的企业，或者有着较好业绩的企业，转向更易成功。关于外部环境背景，Ramanujam（1984）认为行业的增长和转向成功有着正向关系。

Pant（1986，1987，1991）的研究主题同样是关于公司转向时所面对的组织和环境背景。研究试图基于结构—行为—绩效的行业经济框架，建立一个公司转向管理的模型。它着重观察是否存在可以让企业外部人和管理者运用于预测转向成功的信息。基于这样的目的，Pant调查了137家公司（其中，64家转向成功，73家转向失败），建立了一个逻辑回归模型。只有四个变量被选择出来并被认为对成功转向有重要影响。首先，小规模的公司和那些拥有着强势外部控制力量的公司，如有着强势股东的公司，较易转向成功。尽管选取了137家企业作为样本，但研究只得出了上述两个较为重要的结论。其次，Pant还做了进一步的分析，认为处于具有广泛研究和发展背景的行业中的公司较易转向成功，同样的，还有那些处于有着较低移动壁垒的行业的公司，它们也较易转向成功。这四个结论中，其中两条是针对组织特点而言的，另外两条则主要考虑行业特征。同时,他认为,处于行业内后 1/4 的企业要升到排名前 1/4,才能说明其绩效有较大的提高。这显然很难做到,同时这个评判也不代表我们通常意义上所指的转向成功。对于大的企业,要达到这种绩效的跳跃就更是难上加难,这也说明了为什么 Pant 得出结论企业规模大小和转向成功呈反向关系。而这个结论和先前 Ramanujam(1984)的研究发现恰好完全相反,因为前者认为企业规模和转向成功之间应该存在正向的关系。Pant 在转向管理研究中的最大贡献在于他第一次在研究中运用了逻辑回归分析的方法。这种多元变量的分析方法非常适合于含有权变量的多元回归分析,因为这种方法允许在研究中使用二元的因变量,转向成功和不成功的企业以及同时在研究中使用多重的自变量的分析。Pant 的研究还延续了最先由 Ramanujam(1984)所开始的对转向管理中的组织和环境背景的研究。

Moon(1996)也在一定程度上研究了组织和行业的变量与取得转向成功的比例之间的关系。这些变量包括衰退的比例、组织的闲散资源、行业的集中度、竞争的对手、行业的增长比率以及规模。研究基于 247 家企业,运用了多元回归方法,以 ROA 的变化作为因变量。研究发现,有着严重财务危机的企业和小规模的企业比较容易在 ROA 上取得大的增长,而财务绩效下降不多的企业和大规模的企业则相反。Moon(1996)把这种下降和上升的现象称为"转向中的弹力球效应",并且解释这种效应为触动转向行动的管理行为的结果。"管理者要更快地对突发和快速的衰退做出反应,而不是把业绩下降理解为慢性的利润损失问题。"

Krueger(1997)没有对财务绩效做评价,也没有研究转向的决定因素,而是专注于对转向行动的类型、密集度以及 CEO 变更的决定因素的研究。样本容量为 31,相对为小。而且收集的都是描述型的统计变量,没有经过统计检验。Krueger(1997)发现转向行动随着引致绩效恶化的不同而不同。宏观或者行业因素导致的衰退企业,大多数只有等到环境改善时绩效才能恢复。不管转向位置的严重程度如何,企业都会继续和加强以前的行为,而不是重新专注于执行和运营。相比于业绩严重下滑的企业,问题轻微一些的企业不太容易更换 CEO。Krueger（1997）对于转向管理的主要贡献与 Barker 的贡献是相类似的。他们是少有的几个没有按通常的思路进行研究的学者，没有把转向的绩效作为研究的因变量，而是着重于研究转向管理过程中的某一方面的因素。

Bruton、Ahlstrom 和 Wan（2001）对亚洲 90 家转向企业进行了研究（44 家来自中国香港地区、31 家来自新加坡，15 家来自中国台湾地区），发现规模越小的企业转向越易成功。

3.4 转向成功过程中的转向阶段划分

这一部分相对来说不是转向管理研究的重点。但它的意义在于揭示了转向成功在企业实际发生过程中可能经历的阶段，这对于成功实施转向战略是非常必要的。

Bibeault（1982）认为存在五个相互分离的转向阶段。第一是管理者变化阶段（Management Change Stage），大多数的企业更换了管理者，因为他们不能解决企业面临的下滑困境，或许他们本身就是问题产生的根源。第二是评价阶段（Evaluation Stage），评价公司准备转向的条件。第三是紧急阶段（Emergency Stage），集中解决企业的生存问题，例如公司成本削减，或者剥离清算亏损的公司业务单元。第四是稳定阶段（Stabilization Stage），专注于利润、对现行运营行为的提升以及为企业后来发展提供健康的平台。第五是回复阶段（Return-to-normal-growth Stage），企业恢复到业绩下滑前的水平，并得到持续的发展。

Arogyaswamy（1992）则通过检验建立的回归模型，划分转向过程为两个阶段，不同的阶段需要不同的转向战略。业绩转向阶段需要效率战略，绩效稳定阶段需要再生战略。其得出大多数转向失败的企业都是具有再生战略而缺少削减战略，大多数转向成功的企业则兼具两大战略的结论。

Lamberg 和 Pajunen（2005）的研究则充满创意，他们用生态学的观点拟人化了组织从繁荣走向衰退，再从衰退走向繁荣的过程。同时他们也试图用形象化的语言来解释组织所存在的这样一种由和谐到混沌,再由混沌到新的和谐的过程。因此,他们的研究虽然不属于转向管理研究的主流,但从组织生态学的角度出发却颇有新意。

对于转向阶段划分的研究使得转向管理过程更加透明也更加清晰,同时这部分研究的主要贡献既体现了执行者观点和实证研究者之间的理论关联,同时又不失学术上的说服力。

3.5 转向管理实证研究的主要方法和主要研究对象

我们将以 21 组有重要影响的转向管理研究为代表,来总结转向管理实证研究的主要方法和主要的研究对象(见表3-1)。

表3-1　　21 组转向管理研究方法和研究对象的比较

研究者	研究对象	数据来源	样本规模	研究方法	主要变量描述
Schendel 和 Patton	制造型企业(美国)	COMPUSTAT	36 组企业(每一组都有一个转向成功和不成功的企业)	分别对转向成功和不成功企业建立多元回归方程	因变量:净收入的变化 自变量:成本的变化、销售收入的变化、投资的变化
Schendel、Patton 和 Riggs	大型企业(美国)	COMPUSTAT	54 家企业(均为转向成功企业)	只有数据的描述,没有数据的检验	因变量:净收入的变化 自变量:组织和管理者的变化,营销计划的变化、费用支出的变化、产品和地理区域的多元化等

续表

研究者	研究对象	数据来源	样本规模	研究方法	主要变量描述
Hofer	大型企业（美国）	调查访谈	12家企业	案例研究，只有数据的描述，没有数据的检验	因变量：转向成功 自变量：新的管理者，企业目前的营运状况，成本削减，收入变化
Bibeault	多行业企业（美国）	调查访谈	81家企业（均为转向成功企业）	只有数据的描述，没有数据的检验	因变量：转向成功 自变量：对于转向位置的原因分析，转向的类型，转向的阶段划分，转向管理的关键成功因素
Hambrick和Schecter	成熟业务的战略经营单位（美国）	PIMS	260个战略经营单位	多重回归分析和聚类分析	因变量：ROI的变化 自变量：销售收入变化，R&D投入与销售收入的比例变化，销售费用与销售收入比例的变化，产品价格变化、直接生产成本变化，应收账款与存货的变化
Ramanujam	非多元化的成熟企业（美国）	COMPUSTAT	75家企业	类别分析	因变量：转向成功 自变量：规模（总资产），转向位置的高低，以前的业绩，行业增长率，行业集中度，销售收入的增长

续表

研究者	研究对象	数据来源	样本规模	研究方法	主要变量描述
Slatter	大中型企业（美国和英国）	调查访谈	40家企业	只有数据的描述，没有数据的检验	因变量：转向成功 自变量：转向原因，管理者变化，财务控制，组织变化和分权化，产品市场重组，资产削减，成本削减，投资
O'Neil	银行企业	调查访谈	51家企业	鉴别分析	因变量：转向成功 自变量：金融业绩指标
Pant	大中型企业（美国）	COMPUSTAT	137家企业	Logistic多元回归分析和多重鉴别性分析	因变量：ROA的变化 自变量：行业集中度，进入壁垒，行业增长率，研发费用与销售收入比例，市场份额，规模（销售收入），多元化
Thietart	战略经营单位（美国）	PIMS	217家战略经营单位	先对样本进行聚类分析，然后对每一类样本进行多元回归分析	因变量：ROI的变化 自变量：组织分权，市场的重新定位，产品市场的差异化，资产剥离，提升效率，垂直一体化程度

续表

研究者	研究对象	数据来源	样本规模	研究方法	主要变量描述
Bruton	被兼并收购企业（美国）	调查，专家打分	51家企业	多元回归分析	因变量：兼并企业的成功（七层级评价）自变量：目标企业与兼并企业业务关联度，规模的相似度，转向位置，兼并的经验
Robbins	纺织行业企业（美国）	调查访谈	32家纺织企业	多元回归分析，T检验	因变量：ROI的变化 自变量：成本削减，资产削减
Arogyaswamy	制造型企业（美国）	VALUELINE	204家企业	对204家企业进行了类别资料分析，对其中89个转向成功企业进行了多元回归分析	因变量：ROI的变化 自变量：成本削减，效率战略，重生战略（考察企业总的研发费用支出）
Chowdhury和Lang	小企业（美国）	COMPUSTAT	48家企业	多元回归分析	因变量：ROI的变化 自变量：成本的变化、资产的变化、销售收入的变化

续表

研究者	研究对象	数据来源	样本规模	研究方法	主要变量描述
Lawrence	纺织行业企业（美国）	调查访谈	47家纺织企业	对自变量进行Chi-square检验	因变量:ROI的变化 自变量:闲散资源的变化，环境的多变性，削减战略，转向位置 权变量:闲散资源、资产密集度
Moon	大中型企业（美国）	COMPUSTAT	247家企业（均为转向成功）	多元回归分析	因变量:ROA的变化 自变量:转向位置，闲散资源，行业集中度，行业增长速度，规模（员工人数），成本削减，资产削减
Barker和Duhaime	大型企业（美国）	COMPUSTAT	120家企业（均为转向成功）	多元回归分析	因变量:战略的变化 自变量:转向位置(ROI)，衰退阶段的行业增长率，有利的行业事件，CEO的更换，闲散资源，多样化，规模（销售收入）

续表

研究者	研究对象	数据来源	样本规模	研究方法	主要变量描述
Kruger	大型企业（美国）	调查访谈	31家企业（均为转向成功）	只有数据的描述，没有数据的检验	因变量：转向措施的类型和密集度，CEO的更换 自变量：业绩下滑原因，转向位置，衰退的时间期限，有竞争力的竞争对手
Fonder	大型企业（德国）	COMPUSTAT	93家企业	多元Logistic回归分析	因变量：成功与否 自变量：成本削减，资产削减，转向位置，管理者更换，战略的重新定位，收入的增长
Bruton	跨国公司（中国香港地区、新加坡、中国台湾地区）	Pacific-Basin Capital Markets Databases	90家企业（44家来自中国香港地区、31家来自新加坡，15家来自中国台湾地区）	多元回归分析法	因变量：ROI的变化 自变量：固定资产的变化，销售收入的变化，应收账款的变化 控制变量：规模、服务行业、金融房地产行业、旅游行业、轻工业
Rasheed	小企业（美国）	SBA Database	50家企业	多元回归分析	因变量：战略选择 自变量：财务状况、资源可获得性、持续时间

表 3-1 概览了转向管理二十多年来主要的研究者所运用的研究方法、样本特征以及数据来源，从中我们可以发现转向管理研究的特点和规律。

从研究对象来看，大多以大型的工业企业为主，制造业的特征明显，同时也有一些研究关注的是某些单一行业，如 O'Neil（1986）只对银行业进行了分析，Robbins（1990）和 Lawrence（1995）关注的也只是一个行业——纺织行业。除此之外，还有一些研究的研究对象集中在某一类具有专门特征的群体。例如公司中的战略经营单位，例如被兼并收购的转向公司等。

从样本来源来看，大多是美国公司，除了 Slatter（1999）的样本中包含英国公司，Fonder 的样本都是德国的大型上市公司，Bruton 的样本是新加坡、中国香港地区、中国台湾地区的公司外。数据来源于专业的数据库（COMPUSTAT 或者 PIMS）以及研究者的调查和访谈，其中还包含企业一些公开的资料。

样本规模相差也很大，最少的为 12 家企业，最多的为 247 家企业。研究中，有 5 组研究者只分析了转向成功的企业，其余 13 组既研究了转向成功的企业，也研究了转向不成功的企业。

从研究方法来看，运用了案例研究方法的只有 Hofer（1980），所以他的样本也是最少的。有 17 组研究者运用了大规模的样本分析。在具体方法的应用上，有 13 组研究者运用了多元回归分析，有 2 组运用了聚类分析。在导致转向原因的分析中，基本上是采取访谈和问卷调查的形式，在影响转向成功的因素分析中，转向位置用财务指标来衡量（大多数为 ROI 和 ROA），成本削减、资本削减和收入增长战略用的也都是企业的历史财务数据。而转向成功也大多用财务指标来进行判断，如 ROI 和 ROA 的变化，净收入的变化等。

3.6 对转向管理研究文献的评价

3.6.1 转向管理研究结论上的缺陷

对执行者们有关转向管理的文献回顾给我们提供了有关如何管

理企业的转向的观点。例如实行转向行动,要解决领导力的问题。这些对于转向管理的研究都是有价值的。而实证研究者则试图更多地考虑企业的组织和环境背景。转向执行者们的发现大致相同,大多数的研究者在成本和资产的削减以及领导力的问题方面达成了一致。

相比较而言,实证研究者则在很多方面没有取得共识。实际上,甚至存在一部分实证研究结论互相矛盾。

主要的有争议性的结论:

(1) 企业绩效下滑原因分析。绩效恶化是企业转向的前提。Schedel、Patton (1976) 认为外部原因,如行业的衰退、竞争环境的恶劣是企业业绩下滑的主要原因,而 Bibeault (1982) 和 Slatter (1984) 则认为企业内部原因,如管理失控等内部问题是造成业绩下滑的主要原因。

(2) 成本削减和资产削减与企业转向成功的关系。虽然 Hambrick 和 Schecter (1983)、Schendel、Patton 和 Riggs (1976)、Hofer (1980) 等研究者都认为成本和资产削减运用最为广泛,也最受转向管理的执行者们推崇,但是 Slatter (1984)、Robbins (1990) 的研究中这两个因素都未获支持。除此之外,成本削减和资产削减颇受争议的另一个原因是效率战略的提出,如果说前者可能是由于研究样本不同、研究方法不同导致的,而后者就是对这两条措施本身的合理性提出了质疑。

(3) 企业的组织规模与转向成功的关系。究竟是规模大的企业,还是规模小的企业更易转向成功,在转向管理研究中就这一结论也没有达成共识,Ramanujam (1984) 和 Moon (1996) 都认为大规模的企业转向容易成功,而 Pant (1986,1987,1991) 则认为小规模企业转向成功几率较大。

(4) 企业的转向位置与转向成功的关系。转向位置和转向成功的关系也颇有争议,Ramanujam (1984) 认为转向位置越高的企业,也就是绩效恶化不是那么严重的企业实施转向,要比转向位置越低的企业,即绩效恶化十分严重的企业实施转向更易获得成功。Arogyaswamy (1992) 在多重回归分析的基础上,得出了相反结论,处于越低点转向位置的企业越易获得转向成功。Moon（1996）的研究支持 Arogyaswamy 的观点，并且他把此种现象称为"转向中的弹性球效应"。

互相矛盾的结论降低了实证研究和执行者们研究结论的相关性，同时也使得融合两大类观点十分困难。

3.6.2 转向管理研究方法上的缺陷

之所以在实证研究中存在这么多不能相融的结论，一个很重要的原因是转向管理研究中的方法存在缺陷。每一项研究所实施的研究方法是一个重要的标准，像我们在前面实证研究中所提到的，很多研究采取的方法各不相同，样本规模相差也很大。更重要的是对一些关键名词的定义也差别较大，比如如何界定企业的转向位置，是直接用企业的净收入来表示，还是用 ROI 或者 ROA 等财务指标表示。再比如如何定义转向成功，成功和不成功的尺度如何考量和评判，不同的研究者也各不相同。除了在定义上的差别外，转向管理研究中还存在以下重要的缺陷：

1. 把 ROI 和 ROA 的变化作为因变量所产生的问题

在 21 个研究组中，进行了多元回归分析的有 10 个组，应该说统计检验分析比单纯的数据描述更能反映数据的内涵。但如果方法选用不当的话，会适得其反。10 个进行多元回归分析的研究组中，有 9 个组把 ROI 或者 ROA 的变化作为因变量。

以 ROI 为例，ROI 中的正向变化既可以由高的收入或者由于前期的严重损失而后期减少资本投入获得，又可以是两者变化的结合。

以两家公司为例，描述它们在转向前、转向中和转向后的公司收入，ROI 和 ROA 的变化。在分析的开始，两家公司的运营收入都相同（100），投入资本（1000）和 ROI（10%）都是相同的。然而，其中一家企业出现了大的亏损（-250），我们称之为处于转向状态的亏损公司。另一家公司则没有出现亏损，但其运营收入为 0。因此，亏损公司的 ROI 为 -25%，要低于没有亏损的企业（0%）。基于转向的考虑，亏损企业减少了投入资本（750）。

转向后的 A 情景：两家企业都成功转向。假定两家企业都取得了同样的运营收入（100），这时亏损企业的 ROI（13.3%）要高于另一家没有亏损的企业（10%），因为亏损企业减少了资本的投入。反映到 ROI 变化上的影响就更大了。亏损企业 ROI 的变化（38.3%）要将近四倍于没有亏损企业 ROI 的变化（10%），尽管两家企业都恢复到了衰退前的绩效水平。

转向后的 B 情景：这个情景更严重地扭曲了实验的结果。这一次亏损企业没有成功地完全遏制住亏损，仍然有一个负的运营收入（–100）。而无亏损企业则转向成功，取得 100 的运营收入。这使得亏损企业的 ROI 和无亏损企业的 ROI 分别为–13.3% 和 10%。尽管亏损企业仍然亏损，但在 ROI 的变化上亏损企业（11.7%）仍然也要高于无亏损企业（10%）。

上述例子强调了如果把 ROI 的变化作为评价转向绩效的指标，可能存在的失真问题。这种对于实验结果的影响使得转向管理的研究贡献大打折扣。ROA 实际上也存在和 ROI 一样的数据结果的失真问题。

2. 对转向结果进行二元分类所带来的问题

转向管理研究中对于转向成功的评判也各不相同，大多数研究对转向结果进行的是二元分类，即仅仅用转向成功和不成功作为评判绩效的标准，此种研究方法可能会造成研究结果失真，特别是对于那些前期财务下降，甚至为负收入，后期得到中等程度恢复的企业，其研究方法对这些企业会造成转向结果有一定程度的偏差。

3. 缺乏控制组的研究设计所带来的问题

在上一小节方法分析中，我们提到了有 5 个研究组在样本选择中剔出了或者没有考虑转向不成功的企业。那么这种研究设计很可能会造成一些转向成功企业所采取的转向战略，也同样地被转向不成功的企业所运用，使用相同的转向战略，却得到了不同的转向结果。这种缺乏控制对照组的研究方案直接导致隐藏了转向成功的真正因素，或者出现了把不是导致转向成功的因素也纳入最后的模型中。

4. 调查样本和调查时段问题

普遍存在调查样本少的问题，只有 8 组企业的样本规模在 70 个以上。其余大部分研究都存在样本偏小。调查时段也存在较大差异，从业绩下滑到企业转向成功最少的观察期为 4 年，最长的有 15 年，对于纵向数据的考察，4 年观察期恐怕是不够的，至少是不充分的。

5. 有关自变量的表达问题

同一个自变量，不同的研究可能表述不同，也即"解码"不同。例如对于组织规模的表述，Ramanujam（1984）使用的是企业总资产，Pant、Barker 和 Duhaime 采用的是企业销售收入，而 Moon（1996）则选取了员工人数作为考量的标准。对规模的表述不同，是否也部分地导致了研究结论不一致呢？

3.6.3 转向管理研究的空白和有待深入的研究专题

除了结论互相矛盾之外，一些有价值的观点也有待进一步观察和检验。

1. 员工成本和企业转向成功的关系

O'Neil（1986）在研究特殊的行业——银行业，Chowdhury 和 Lang（1996）在研究小企业的时候发现，员工工资水平的上升可以增加企业转向成功的几率。这也可能说明在服务型行业和小企业这样的环境中，人力资源在企业总资源中的地位比制造型工业企业或者大企业要高。因此，对人的激励，可以带来企业绩效大的转变。这在转向管理研究中是一个非常有价值的结论，但还有待进一步的大样本检验。

2. 不同特征的行业和企业转向成功的关系

Pant 是第一个用行业—结构—绩效框架来进行转向成功因素

分析的实证学家。他的主要有关行业特征的结论：具有广泛研究和发展背景的行业中的公司以及那些处于有着较低移动壁垒行业的公司较易转向成功。Ramanujam（1984）和 Moon（1996）也都在研究中加入了诸如行业增长率和行业集中度等指标，但没有得出令人信服的答案。这一部分研究的深入可能要依靠在研究方法上的改进。

3. 不同特征的组织和企业转向成功的关系

转向管理研究中大多数的样本都来自于制造型企业或大型的工业企业，同时我们也发现有一些代表服务类型的企业，比如银行业。不同类型的企业实际上都有一些特殊的组织特征，这些特殊组织特征是否对企业转向成功也会有影响呢？Ramanujam（1984）在研究中提出有着较高的负债/所有者权益比例的企业，转向较易成功。Pant 则发现拥有着强势外部控制力量的公司，转向也较易成功。这说明，不同组织特征的企业和转向的成功具有一定的关联性。但目前为止还没有研究者对公司的利益相关者对转向成功之间的关系进行过研究。因此，组织特征在转向管理中的研究还有待进一步挖掘。

4. 中小企业的转向管理研究

中小企业这样一个特殊的群体，在目前的转向管理研究中还十分少见。中小企业一方面在经济中占据重要地位，另一方面具有资源上的限制，但体制相对灵活，因此，面对转向问题，既有大企业所不具有的优势，也有一些大企业所没有的劣势。这一特殊群体进行转向时，应该会有一些不同于大企业的转向战略。由于组织特征和大企业不同，应该也会存在一些特殊的组织特点和组织关系会影响转向成功。

5. 以资源为研究单位的分析还有待进一步拓展

有多位研究者得出结论：企业如果拥有闲散的资源，那么这些资源的运用会有助于企业转向成功。

6. 战略重新定位与转向成功的关系

对这一关系的分析可以分为广义和狭义两个层次，广义的战略重新定位可以包括企业公司层面和业务层面，即公司层级战略和竞争战略中任一方面的重新定位都可以认为是战略发生了变化。而狭义的战略重新定位可以仅仅指公司所处的主营业务发生了重大转移，那么这针对的仅仅是公司层面的战略变化。这两个方面的内容在转向管理研究中还有待进一步的开发。

因此本研究立足于转向管理实证学派和实践学派的基本理论和研究贡献，试图从一个全新的视角来探讨转向管理问题。首先，选择的研究领域是全新的，几乎所有的有关企业转向管理的研究关注的都是美国、英国的企业，少部分的研究来自于对德国和亚洲市场（新加坡、中国台湾地区、中国香港地区）企业的考察，而本研究立足于中国内地的中国企业，这是在转向管理学界中还没有太多研究者关注的区域，同时国内的研究者也少有涉猎，从文献综述中我们可以看到中国内地对企业从失败走向成功的这样一种路径研究至今还没有理论成果。同时，本研究选取的是一个较独特的中国企业群，即我国的中小企业。我国中小企业成长于20世纪80年代中后期，目前已占据了我国经济的大半壁江山。因此，研究此群体也有着非常重要的意义。

第四章 利益相关者理论文献综述

4.1 利益相关者理论的演进历程

利益相关者理论（Stakeholder Theory）是20世纪60年代左右在英美等西方国家日益发展起来的理论，进入20世纪80年代以后该理论迅速在更广大的范围内产生了影响，并导致企业管理方式发生了很大转变（贾生华，2003）。

早在1708年，利益相关者（Stakeholder）这个词语就出现在《牛津词典》中，表示在某一个活动或某个企业中人们进行"下注"（Have A Stake），在企业运营或活动进行的过程中抽头或赔本。通用电气公司的一位经理在1929年的就职演说中最先倡导企业应该注重众多的利益相关者并为其服务。1959年，对企业利益相关者理论进行先行研究的Penrose在《企业成长理论》一书中给出了"企业是人力资产和人际关系的集合"的观点，为利益相关者理论打下了"知识基础"。

1963年美国斯坦福研究院正式提出"利益相关者"概念来表示所有与企业有紧密关系的人，即对企业的生存有重要支撑作用的一些利益群体。企业假如缺少他们的支持，就不能生存。某一群体对企业的生存是否有重要影响是此定义界定的出发点。虽然这个定义的角度比较狭窄，但帮助人们认识到，企业不仅为股东服务，更要关注众多存在于企业周围的影响企业生存的利益群体。

Ansoff（1965）最早将利益相关者概念引入管理学界和经济学界，他提出"要制定出一个理想的企业目标，必须综合考虑管理者、员工、股东、供应商以及分销商、顾客等众多利益相关者之间相互冲突的索取权"。宾夕法尼亚大学沃顿商学院（Wharton School）在1977年最早设置"利益相关者管理"课程，将此概念实际应用在战略管理研究方面，并逐渐形成完整的理论分析，这标志着利益相关者理论已开始被西方学术界和企业界所重视。

20世纪80年代以后，在世界经济快速发展和企业竞争异常激烈的大环境下，早期从"是否影响企业生存"来界定利益相关者的方法在应用中受到了很大限制。Mitchell和Wood（1997）分析总结了从1963年以来有关利益相关者的27种典型概念表述，其中Freeman与Clarkson的表述最具代表性意义。1984年，Freeman (1984) 在著作《战略管理：一个利益相关者分析方法》中进行详细研究后认为"利益相关者指那些能够影响一个组织目标的实现或者能够被组织实现目标过程影响的个人或团体"。这个定义是广义的，大大拓展了利益相关者的内涵。Clarkson（1994）则定义"利益相关者是在企业中投入了实物资本、人力资本、财务资本或一些有价值东西的个人或群体，相应地承担一定风险；即他们因企业活动而承受风险"，这个定义加强了利益相关者与企业的关联，强调专用性投资，把一些无关的个人或团体排除在定义之外。与此同时，学者广泛认同企业的生存和发展离不开利益相关者的支持。

总结上述分析可知，该理论的发展经历了三个阶段，即从利益相关者影响过渡到利益相关者参与的过程。首先，利益相关者影响企业生存；其次，利益相关者影响企业的经营活动或是企业的经营活动也影响利益相关者；最后，从对企业的专用性资产投资的视角进行利益相关者的界定，也为利益相关者参与企业所有权分配提供了可供参考的具体衡量方法。

国内学者贾生华、陈宏辉（2002）在对利益相关者的界定方法进行述评时指出"利益相关者是指那些在企业中进行了一定的专用性投资，并承担了一定风险的个体和群体，其活动能够影响该企业目标的实现，或者受到该企业实现其目标过程的影响"。此概念界定不但强调专用性投资，而且指出利益相关者与企业的相互影响。吴玲（2006）通过对国内外学者有关利益相关者代表性定义的关键词素和频率的分析发现，大多数学者都认同从"是否影响企业或受企业活动影响"、"是否拥有某种相关利益，因企业活动而承担风险"等方面来界定利益相关者。

4.2 利益相关者理论的研究基础

如果我们能够对企业理论有一个清楚的认识，例如企业存在的理由以及它的主要特性等，那么我们也就能够更好地理解企业和利益相关者之间的关系。在本研究中我们要强调的企业理论是 Coase（1937）和 Williamson（1975，1985，1991）的交易成本理论以及 Alchian 和 Demsetz（1972）的团队生产理论。两种方法都集中于企业和利益相关者的契约关系，而这在企业管理中是非常重要的一个部分，因为管理的目的之一就是要设计一个财务政策，使之能够最好地使用于企业的多元利益相关者。

4.2.1 交易成本理论

交易成本理论主要阐明企业存在的理由：如果真的如讨论的那样，价格机制能够调节市场，那么组织存在有什么必要。科斯认为企业存在的理由是可以运用包括成本在内的价格机制。如果通过价格机制达成的合作，对于每一个市场交易都会达成一个独立的新的合同，而且这个合同会被执行，但总体价格会非常高。尽管合同的签订有企业的参与，但大多数的市场合同虽然有不同的合同参与者，最终却会被一些长期的合同所代替，而这些企业重要且普遍的合同参与者，称为科级组织。这使得企业降低交易成本成为可能。

Williamson 进一步拓展了科斯的理论，并用来分析失败的企业组织，从而结合包括人在内的环境因素，强调交易中出现的问题。在 Williamson 的框架中，具有不确定性和复杂性的理性的边界，包含一些小的交易条件的机会主义的组合以及资产的专用性和信息的阻滞等都起到了非常重要的作用。

理性边界是以人的行为为特点的，也即有限的理性（Simon H. A, 1985）。它指的是个体正确地接受、储存、删减和加工信息的能力。如果交易在一个不确定和复杂的环境下被执行，那么完成一个完整的决策过程是非常耗费成本的，理性的边界作用受到了限制，这时从效率方面考虑，一个可选择的组织模式的评价就非常必要了。

在 Williamson 的框架中，机会需要战略行为以及追求个人利益，更进一步需要一些条件的存在。除此之外，在大量投标者中，竞争对手会降低组织的效率。尽管在开始时可以获得大量的交易条件，但是在执行过程中可能由于与合约执行相关的特别的经验使得转变成了小规模的交易关系和在人力、非人力资本市场的失灵。Williamson 列出了在这种情况下内部组织的三大优势。除了减少子团队的收入，一个内部组织能够被有效地检查，还有一旦出现冲突，可以起到缓解冲突的作用。

Williamson 把信息的阻滞作为一个产生于不确定性和机会主义的偏离条件，尽管有边界的理性也被认为是一个偏离条件。而且虽然这些基本的与合约相关的环境因素被合同一方或多方所了解，但由于可能不能被低成本辨别，或者被其他的合同方所表现，因此出现了信息阻滞。但信息阻滞绝不等同于信息不对称，因为 Williamson 认为即使合同双方获取了同样的信息，信息问题仍然会存在。特别是下列一些情况出现时，外部者和内部者认同不一致，其原因也在于外部者缺乏对企业的了解和具体交易的经验。这种经验是有益的资源并被那些已经得益于原来合同的参与者战略性地使用。Williamson 把有边界的理性、机会主义和资产的专用性都融合进"一个治理的世界，并考虑了交易成本的经济性"。在此条件下的组织规则是：组织进行交易，一方面可以在有限理性上实现最大经济化，另一方面又能够避免机会主义的威胁。

在分析企业、客户、供应商、雇员等合同各方的关系时，交易成本理论是一个非常有用的工具。因为这些关系可能由于有限的理性/复杂性、机会主义和资产专用性等因素而错综混乱。起源于企业理论的另一个非常重要的贡献是 Alchian 和 Demsetz 的团队生产理论。

4.2.2 Alchian 和 Demsetz 的团队生产理论

Alchian 和 Demsetz 进一步发展了交易理论。但是却得出了交易成本不是决定企业存在因素的结论。他们认为在市场中寻求合作或是在企业内部寻求合作最根本的差别是"团队生产"。这意味着存在一些被使用的资源,它们的产品不是每项合作资源单个产出的总和。在 Alchian 和 Demsetz 看来,取得更高的产出比单独的产出过程要更有可能。两人联合抬重物放入卡车就是一个团队生产的最好范例。已装载的卡车就是团队的产出而且它既不是单个产出的总和,也不代表每一个个体的产量。因为每一个参与者对产出的个人贡献,因此才有了度量业绩的问题,以此激励员工更有效率地工作,当然这个问题不能通过度量团队产出来解决。因此,如果一个团队成员更加努力地工作却得到和其他人一样的待遇的话,那么每一个团队成员都没有动机去改进自己的工作。一个可能的解决途径是用每一个成员的产出,而不是用团队总产出来衡量他们各自的业绩,并且相应地给予奖励。然而,每一个成员的产出不可能不花任何成本进行观察,例如,存在监管成本。监管成本的减少从理论上来说可以通过任命监管者监管团队中其他成员的工作而实现。但是这个方法也有明显的问题:谁来监管监管者?对于大多数高层监管者而言,他们是没有直接的监管者的,因此企业内生制度尽可能让监管者不能逃避监管。当然如果允许高层监管者参与团队净收入,例如剩余索取权的分配,可以规避风险。监管者有权利出售自己的剩余索取权给股东和债权人以取得管理团队生产的必要资本。除此之外,他也有权利在不影响团队其他成员情况下,终结与某一成员的契约关系作为惩罚。

Alchian 和 Demsetz 关于团队生产的理论,进一步被 Jensen 和 Meckling(1976)所扩展。他们研究的是企业之外的合约关系:"合约关系是企业的本质,不仅包括企业和雇员的关系,还有外部的利益相关者,如供应商、顾客、债权人等。"

基于 Jensen 和 Meckling 对此理论的重要拓展,在此研究中的企业被定义为合约的一组交易关系。企业与其雇员、供应商、经理人、顾客甚至政府之间的合约关系都体现了企业理论和利益相关者观点的结合。

企业契约理论是利益相关者理论成立的根本理论基础。企业本质上是所有利益相关者的企业，此外，利益相关者理论成立的理论基础还包括如下三类：

(1) 组织系统理论。该理论的主要观点是：个人或团体为实现其目标而与企业组织之间的相互依赖性是利益相关者理论的基础。利益相关者的参与对于组织系统是必要的，这种利益相关者的支持和交互影响有助于解决组织面临的许多社会问题。

(2) 道德伦理理论。该理论的主要观点是：经理层在做出决策时必须考虑利益相关者的利益。当不同的个体以自愿为基础达成协调一致时，他们就负有了公平行事的义务。

(3) 资产专用理论。该理论的主要观点是：资本雇佣劳动，即企业股东应对企业享有所有权。在企业中那些技艺只能专用于本企业的职工将要承担的部分与企业相连的风险，在企业里赋予他们一种"利害关系"，使他们与股东一样处于风险中。

4.3 利益相关者的分类

众多利益相关者的支持对企业的生存发展有极其重要的作用，利益相关者还需要用某些标准或分析的维度，从多个角度进行分类，不同类型的利益相关者对于企业管理决策的影响以及受到企业活动影响的程度有所不同。最常用的分类方法是多维细分法和Mitchell评分法。

1. 多维细分法

Freeman (1984) 层次清晰地从所有权、经济依赖性和社会利益三个不同的角度对利益相关者进行分类，持有公司股票者是对企业拥有所有权的利益相关者；债权人、经理人员、员工、供应商、消费者、竞争者、社区是与企业在经济上有依赖关系的利益相关者；政府和媒体等是与企业在社会利益上有关系的利益相关者。Frederick（1988）则指出利益相关者是"对企业的政策和方针能够施加影响的所有集团"，依据企业与利益相关者影响程度与利益关系的差异，将利益相关者按是否与企业直接发生市场交易关系分成了直接利益相关者和间接利益相关者。前者主要包括股东、债权人、员工、供应商、零售商、消费者和竞争者等。后者包括政府、社会活动团体、媒体、一般公众和其他团体等。

Charkham（1995）按照利益相关者群体与企业合同关系的性质，将其分为契约型利益相关者和公众型利益相关者，前者包括股东、债权人、顾客、供应商、分销商和员工等，后者包括政府、媒体、社区和全体消费群体等。

Clarkson（1994）提出了有代表性的两种分类方法，首先根据相关者群体在企业经营活动中承担风险的种类，将其分为自愿利益相关者和非自愿利益相关者，前者是指个人或群体主动对企业进行物质资本或人力资本投资，自愿承担企业经营活动带来的风险；后者是指个人或群体由于企业活动而被动地承担风险。他又根据相关者群体与企业关系的紧密程度，将其分为主要利益相关者和次要利益相关者：前者指企业生存所依赖的个体和群体，包括股东、投资者、雇员、顾客、供应商等；后者指间接影响企业运作或受企业运作间接影响的个体或群体，如媒体和各种特定利益集团（Clarkson，1995）。

Wheeler（1998）在界定利益相关者时则充分考虑了社会性维度，同时结合Clarkson提出的紧密性维度，将利益相关者分为如下四类：（1）首要的社会性利益相关者，与企业有直接的关系，并且有人的参加，如投资者、供应商、顾客、雇员、当地社区、其他商业合伙人等；（2）次要的社会性利益相关者，通过社会性活动与企业形成间接联系，如居民团体、相关企业、众多的利益集团等；（3）首要的非社会利益相关者，直接影响企业，但不与具体的人发生联系，如自然环境、人类后代等；（4）次要的非社会性利益相关者，间接地影响企业，且不包括与人的联系，如非人物种等。多维细分法的思路加深了对于利益相关者的认识理解，然而缺少可操作性，制约了该理论的发展应用。

2. Mitchell 评分法

20世纪90年代后期，Mitchell 和 Wood 提出的评分法受到了学者的大力推崇，其优点表现在思路清晰、操作性强、简单可行。许多学者利用这种方法，同时结合所研究企业的具体情况，给相关群体评分，为企业管理层决策提供了参考依据。

Mitchell（1997）指出从合法性、权力性、紧急性三个属性进行分类，至少要满足以上一条属性，才能成为一个企业的利益相关者，即要么能够对企业拥有合法的索取权，要么能够对企业决策施加压力，要么能够紧急地引起企业管理层关注，否则就不属于利益相关者。具体分为：（1）确定型利益相关者，同时拥有对企业合法性、权力性和紧急性三个属性，包括股东、员工和顾客，企业的生存和发展使得管理层必须关注他们的愿望和要求，并尽量予以满足。（2）预期型利益相关者，拥有上述属性中的两项，与企业保持相对紧密的联系，某些情况下企业应让拥有合法性和紧急性的群体正式参与企业治理，包括投资者、员工和政府。（3）潜在的利益相关者，只拥有三项属性中的一项，只拥有合法性的利益相关者会根据企业的具体运作情况来决定是否让其发挥作用；只拥有权力性的利益相关者是一类蛰伏状态；管理层不需要也很少主动去关注只拥有紧急性的利益相关群体。

国内学者中，万建华（1998）、李心合（2001）都从合作性和威胁性两个维度细分出四种类型的利益相关者。其中，合作性强、威胁性低是支持型利益相关者的特点，比较理想；不太可能对企业产生威胁或与其合作的是边缘型利益相关者；对企业的潜在威胁性较高，而合作可能性较低是不支持型利益相关者，企业需要加以防备；混合型利益相关者的特点是对企业的潜在性威胁和潜在性合作的可能性都较高。

陈宏辉（2003）从主动性、重要性和紧急性三个维度对十种利益相关者分别进行评分统计后，将其划分为核心利益相关者（股东、管理人员和员工）、蛰伏利益相关者（消费者、债权人、政府、供应商和分销商）和边缘利益相关者（特殊利益团体和社区）三大类。此外，吴玲等（2005）将利益相关者分为关键利益相关者、非关键利益相关者和边缘利益相关者三类。

4.4 利益相关者与企业绩效之间的关系

增加企业的价值通常被认为是管理的重要功能。有多种方法评定企业的价值，最基本的是折现的自由现金流的方法。自由现金流被定义为现金收入减去现金成本和总的投资。现金收入从非投资的利益相关者的顾客中流入企业。此种现金流再流向其他的非投资的利益相关者或者投资类型的利益相关者。流到非投资类型的利益相关者的现金包括对原材料和供应商服务的支付，对雇员和经理人员工资的支付以及其他利益相关群体的支付。从顾客交易中流入的现金与企业支付给其他非投资类利益相关者的现金的差额即自由现金流入，也是 Alchian 和 Demsetz 的团队生产理论中的剩余索取权。公司可以把这部分剩余索取权卖给提供公司运营必要财务资助的投资类型的利益相关者。根据企业的资本结构，自由现金流既可以被所有者所接受，也可以被债权人接受。所有在未来给所有者和债权人支付总的市场价值等于企业的价值。

图4-1描述了企业的价值增加过程。从图中可以看出，从顾客处获得现金收入，然后支付给非投资的利益相关者相应的现金成本，由此得到的自由现金流按不同的资本成本贴现后支付给所有者或者债权人。在此理论下，对于企业财务的管理在以下三个领域改进了企业的绩效。

一是通过提高与投资类型利益相关者的合约关系减少资本成本（所有权益和债务）；二是通过改善与非投资类型利益相关者——顾客的关系来加强现金的流入；三是通过提高与其他非投资类型利益相关者的合约关系来减少现金成本。

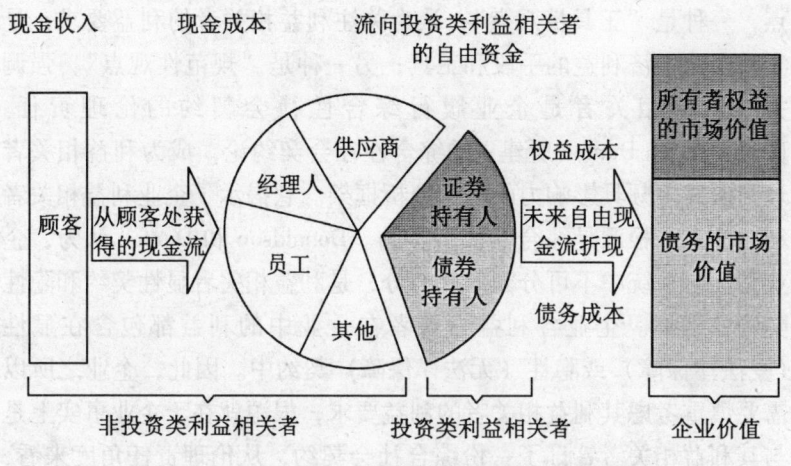

图 4-1　正常状态下企业绩效与利益相关者的关系

4.5　利益相关者的利益要求

4.5.1　利益相关者利益要求的合约基础

企业是一种人格化的组织，它能够而且必须对其经营活动所处的社会系统的要求做出回应。Jensen 和 Meckling（1976）把企业理解为不同个人之间一组复杂的显性契约和隐性契约的交汇所构成的一种法律实体。在这种法律实体中，交汇的契约既有经营者与所有者之间的契约、经营者与雇员之间的契约，还有企业作为债权人与债务人之间的契约、企业作为供应商（或消费者）与消费者（供应商）之间的契约、企业作为法人与政府之间的契约等。根据 Jensen 和 Meckling 的现代企业理论，我们可以把企业理解为由一系列目标不同且可能互相冲突的核心利益相关者群体及个体，通过一组复杂的显性契约和隐性契约交汇构成的法律实体。

美国学者 Donaldson 和 Dunfee（1994，1995）将这种复杂契约的组合总称为"综合性社会契约"，并论证综合性社会契约是企业利益相关者的利益要求的根源。他在论证中引入了两种支持性观点,一种是"工具性观点",认为关注利益相关者的利益要求,是实现企业经济利益的手段和工具;另一种是"规范性观点",强调关注利益相关者是企业履行综合性社会契约的伦理责任。Donaldson 和 Dunfee 所建立的综合性社会契约论,成为利益相关者理论研究中颇具影响力的一个分析框架。它揭示了企业利益相关者利益要求的根源是综合性社会契约。Donaldson 和 Dunfee 认为,企业是社会系统中不可分割的一部分,是利益相关者显性契约和隐性契约的载体。企业各利益相关者在企业中的利益都包含在显性(受法律保障)或隐性(无法律保障)契约中。因此,企业之所以需要慎重考虑其利益相关者的利益要求,根源就在于企业事实上是与其利益相关者签订了一份综合社会契约,从伦理责任角度来看,企业必须满足综合社会契约中的各种显性及隐性利益要求,只有这样企业才能长久生存和持续发展。

1. 显性和隐性合约的特点

对于与企业有直接关系的利益相关者,企业与它们的合约既有显性合约的成分,也有隐性合约的成分。典型的显性合约有企业与顾客的销售合约、与供应商的供应合约、与企业员工的劳动合约等。显性合约的签约各方都有书面的合约文件,并且受法律的约束和保护,可以在法庭下执行。隐性条约通常不是具体的,也并非成文的。例如,通常合约各方会有一些模糊的承诺,企业承诺在未来向顾客供应未交付的商品,向供应商承诺与之建立长期的供应关系,向雇员承诺如果他们努力并取得成绩将给他们提供升迁的机会。在不确定性和有限理性情况下,隐性合约有着更多的灵活性。由于这种合约相对缺乏法律的监管和约束,因此合约的维系主要靠信任和声誉。例如企业向客户承诺未来会向其供应商品的剩余部分,或向雇员承诺每年有弹性的假期,在经济衰退期给雇员一些保障。企业与这些利益相关者缔结条约且由此带来在一些显性合约方面的优势,例如和顾客交易带来更多的收入,与供应商合作从而保证更低的材料成本,和经理人与雇员建立合作关系从而减少企业的工资支出等,企业的这一能力是所谓组织资本的基础。企业管理的一个最基本的任务就是通过调整传统的财务政策和风险政策,增加有利于企业和利益相关者的组织资本,因此也更有利于企业与利益相关者的隐性合约的达成。

但也正是因为这种模糊特性,隐形合约不受法律监督和保护。因此也相应地增加了合约问题。相比隐性合约而言,显性合约的最大好处就在于它受到法律的保护和监督。但也正由于此,显性合约是书面的合约,在合同条款中它不可能包括未来合同执行过程中可能发生的种种事件。因此,对这一现象的重要补充就是对那些不完整的合同条款不用清晰的语言表述和限定,但必须要双方都有对今后合作关系的共同预期。这种共同的预期也是一种隐性的合约。隐性合约在显性合约不能完全包含合约双方未来的所有相关的合作因素的情况下成为了显性合约的补充。

2. 隐性合约产生的原因

显性合约同样也会带来交易成本。下面我们列出了四种可能导致交易成本的问题:考虑到合作双方未来长期合作关系的所有权变因素是非常困难的;要找到一种决策规则去描述未来每一种权变因素的因果关系也是非常困难的;书写一份精确的合同,这个合同要对合约各方进行法律的严格区分是困难的;对各种合约做出明确的法律定义和执行是困难的。

由于这四种类型的交易成本,制定显性合约也是非常困难的工作,以至于合作双方必须在决定合同具体条款时分析其成本收益关系。如果一个更高程度的明确规范带来的边际收益等于边际的交易成本,那么显性合约是最大化的。如果更清晰的规范带来的交易成本大于更高法律支持所带来的收益,那么制定隐性条款更有利。

在合约关系最大化的规范程度背景下,两个合作方的有限理性发挥了重要的作用。这种有限理性体现在它们对未来权变事件预测的能力是有限的,对内部处理可获得信息和有关具体条款的相关因素的沟通能力也是有限的。一个最好的有关有限理性的例子发生在1980年的莫斯科奥运会。这一届奥运会被美国抵制,因此美国公司必须要付出很高的费用才能获得在比赛实况转播中的广告权利。但这些公司都没有注意到美国运动员对奥运会的抵制，最后导致了广告投资的低效。如果不是有限的理性，美国运动员对奥运会的抵制这一偶然因素应该被考虑进企业主们的显性合约中去。

显性合约的另一个潜在问题是观察以及与第三方沟通的困难。这意味着，一方面合约双方存在不对称信息，另一方面，对于外部者，例如法庭，如何与之进行沟通也是难题。

由于交易成本、有限理性和与第三方沟通困难的存在，因此显性合约需要隐性合约来作出补充。合约双方的合作越长，在合约中的隐含因素的部分也越多。因为在长期的时间区域中，考虑到未来发生的所有事件具有更大的难度。因此，隐形条款常常出现在长期的合作条约中，来弥补显性合约不充分的缺陷。长期合作可以视为至少合作一方专门投资的结果。如果双方都承担了合作的专门投资，我们称之为共同专门投资。投资的专门程度取决于这种投资被外部其他类似的专门合同所使用的比例，即这种投资的专门性如果使用于其他的专门合约中，那么投资的价值将减少。例如，汽车生产商的供应商可能要承担高的合作关系的专门投资，例如专门为某汽车厂商某一车型配套生产零部件。这种高的合作专用投资必须要维持一定长的时间才有可能收回对机器的投资成本以及产生合理的回报收入。由于在合作中所存在的合约困难，承担专门合作投资的一方会面临锁住效应。例如，它不能随意终止与合同另一方的合作关系。同时对于隐含条约而言还有一个非常重要的特性：不可交易性。因为隐性条款在合约中并没有以书面的形式写出来，因此它也不可能独立于显性的条约而存在。正因为如此，隐性合约不具有法律的约束，在企业购买和销售产品和服务时也不能独立地交易。这意味着隐性条约不能像投资型利益相关者的显性条约一样，能够被交易，例如以债券和股票的形式交易，因此，从这个意义上说，显性合约所带来的股票或债券组合中所出现的风险的多元化的问题，对于隐形合同是不会出现的。

隐性合约在中小企业的管理中尤其重要。中小企业在规模上不占优势，资源上也受到种种限制。因此，在与其上下游进行交易时，为了维持交易关系的长久性，常常要和同类型企业组成集群，来形成和上游企业谈判的实力，从而建立一种联盟式的长期合作关系。而对于和下游公司的关系，大多数中小企业则主动把自身企业变为下游企业的生产车间。中小企业与这些非投资类利益相关者的关系，从本质上来说，联盟也好，集群也好，都是一种隐性合约的形式。由此，我们可以认为，中小企业在经营中与利益相关者的关系所形成的隐性合约数要远远大于大型企业，利益相关者尤其是非投资类利益相关者在企业经营中占据的地位也越发重要。

4.5.2 利益相关者的显性利益和隐性利益要求

利益相关者理论认为，任何一个企业的发展都离不开各种利益相关者的投入与参与，企业目的不能仅限于股东利益最大化，企业的经营管理活动要综合平衡各利益相关者利益要求，利益相关者整体利益最大化才是现代企业追求的目标。

实际上，两种不同特点的合约形式代表了利益相关者对企业不同的利益需求。任海云和王梅梅（2006），将股东、经营者、职工、债权人、政府、供应商和消费者七个主体界定为企业的主要利益相关者，从显性契约利益及隐性契约利益两个角度分别分析了他们在企业中的利益要求。他们认为：（1）股东在企业中的利益要求主要集中于获利能力，即股东的投资收益、留存收益与股利的分配比例以及反映企业运营状况的股价波动等显性契约利益。除此之外，大股东在企业中的利益还包括控制权收益。控制权收益是指大股东凭借对公司的控制权为自己谋取的利益，属于典型的隐性契约利益。股东在企业中的隐性契约利益还包括企业长期生存发展、企业良好形象等。（2）公司经营者在企业中追求的利益在显性契约及隐性契约中均有所体现。显性契约利益包括薪酬福利、工作地位、带薪假期等；隐性契约利益包括在职消费、社会地位、稳定的工作、融洽的气氛等。（3）职工所追求的利益中，属于显性契约利益的有薪酬福利、工作时间、工作环境及职位等相关要求，属于隐性契约利益的主要有荣誉感、工作舒适程度以及积累经验等要求。（4）债权人投入企业的是资金的使用权，而非所有权，在企业中的利益以显性契约利益为主,主要集中在利息收入与资金安全两个方面。(5)政府对单个企业关注的焦点主要是企业的纳税情况、对环境保护的投入情况以及企业对社会的综合贡献情况等。在这些项目中,纳税情况无疑是政府最为关心的利益,属于显性契约利益项目;企业对环境保护的投入,是政府关注的另一显性契约利益;政府所关注的综合社会贡献,主要包括维持社会秩序、提供稳定就业、企业的长期生存发展、提高社会道德水平等项目,属于隐性契约利益的内容。(6)供应商作为企业的原材料或半成品的提供者,侧重于关心企业能否按时支付货款以及履行订货合同的能力,属于显性契约利益范畴。(7)消费者的利益要求主要有合格的产品或服务质量、合理的产品或服务价格、良好的售后服务、良好的企业信誉、企业的长期生存与发展等。其中合格的产品或服务质量、合理的产品或服务价格和良好的售后服务体现在显性契约中。其余则代表顾客对企业的隐性利益要求。

1. 利益相关者与企业的显性利益要求

显性利益体现在受法律保护,可以量化,并能够监督的显性合约中。但不同利益相关者的显性利益的定义是不同的。

(1)股东的显性利益要求。股东是法律规定的企业所有者,对企业拥有最终的产权,并承担最终风险。作为企业理论上的所有者,股东需要关心企业的全面财务状况,但在有限责任制度下,由于股票可以自由转让,股东经常变化,因此股东在企业中的利益要求主要集中于获利能力,即股东的投资收益、留存收益与股利的分配比例及反映企业运营状况的股价波动等显性契约利益。

(2)债权人的显性利益要求。作为公司经营的资金供给者之一,债权人是企业不可或缺的利益相关者。但债权人投入企业的是资金的使用权,而非所有权,他们向企业投入资金与股东的投入存在着本质区别。因此,债权人只能按照约定利率享受借出资金的到期利息,无法参与税后利润的分配。债权人在企业中的利益以显性契约利益为主,主要集中在利息收入与资金安全两个方面,受《中华人民共和国合同法》(以下简称《合同法》)保护。

(3) 供应商的显性利益要求。供应商处于供应链的上游，有时也被称为上游企业，它们是企业的原材料或半成品的提供者。作为供应链（供应商——核心企业——顾客）的源头，供应商与核心企业的利益紧密相连。它们的利益属于显性契约利益范畴，侧重于关心企业能否按时支付货款以及履行订货合同的能力，主要受《合同法》保护。

(4) 管理层的显性利益要求。作为公司里一个重要的内部利益相关者，管理层在公司中具有举足轻重的地位，他们负责执行董事会所制定的若干决策。管理层对公司的投入主要为高水平的经营能力，这与股东的有形投入不同。管理层的显性契约利益包括薪酬福利、带薪假期、工作地位等，这些显性契约利益主要体现在雇佣合同中，受《合同法》与《中华人民共和国劳动保护法》的保护。

(5) 员工的显性利益要求。员工是企业重要的利益相关者，员工投入企业的不是有形资产，而是专业化程度较高的特殊工艺。员工所追求的利益中，属于显性契约利益的有薪酬福利、职位、工作环境、工作时间等相关要求。

(6) 政府的显性利益要求。政府对企业的投入主要是赋予企业依法经营的权利以及提供各种公共设施。政府关注的主要是企业的纳税情况、对社会的综合贡献情况、对环境保护的投入情况等。政府所追求的显性利益中，纳税情况无疑是政府最为关心的，主要受税法的保护；此外，企业对环境保护的投入，是政府关注的另一显性契约利益。

(7) 顾客的显性利益要求。顾客购买企业的产品或服务后，相当于对企业进行了一定程度的专用性投资，故顾客也是企业的一个重要利益相关者，企业利润的最大化最终要依赖顾客消费其产品或服务来实现。顾客为了更好地实现其利益需要，往往会对他即将做出专用性投资的对象进行慎重的选择，在购买产品或服务后还可能通过消费者权益保护组织来实现与企业的谈判。顾客追求的显性利益要求主要有合理的产品或服务价格、良好的售后服务、合格的产品或服务质量等，它们主要受《合同法》和《中华人民共和国消费者权益保护法》保护。

对于显性利益要求的满足程度的量化大多采用财务指标。任海云按照主动性、重要性、能否量化三个标准,将股东、管理人员、职工、债权人、国家、供应商六个主体,作为所界定的主要利益相关者。分析他们的主要显性利益要求,并以传统财务报表为基础,从各报表中科目的组合对主要利益相关者显性利益进行量化。她提出股东的显性经济利益=净利润-公益金;雇员的显性经济利益=应付工资+应付福利费+法定公益金+已支付现金,雇员包括管理人员和普通职员;债权人显性经济利益=财务费用;政府的显性经济利益=应交税金+已交增值税+已交所得税+已交其他税;供应商的显性经济利益=应付账款+预付账款+购买商品与支付劳务现金。

2. 利益相关者与企业的隐性利益要求

从前面的分析中可以得出,由于不受法律的监督和保护,隐性合约所代表的利益通常具有模糊特性,难以观察和量化。然而在维系隐性合约过程中表现出的承诺等要素揭示出关系双方认为现有关系有重要价值,并愿意为此投入资源或牺牲短期利益,以期现有关系能够持续发展。因此代表企业与利益相关者隐性利益的隐性合约更多体现的是双方为建立长久关系进行专用性投资,使双方处于一种相互制约、依赖的环境中,并且双方对于关系的维护表现出很高的承诺。

显性利益的满足对企业绩效的改进是可以量化和评估的,隐性利益则较难观察,但隐性利益的满足对企业业绩改进和价值增加是非常明显的。

以1984年的苹果电脑公司为例。购买电脑对于普通顾客而言是一项长期的投资,因为电脑有多年的使用期。我们也可以视这种关系为合作的专门投资,因为电脑的配件和后续服务只能由电脑供应商提供,在本例中,当然也就是由苹果公司所提供。1984年苹果公司在市场上推出了一款新的电脑,同时它还宣布对于文件服务器方面也有新的研究进展。当市场上开始销售新电脑的时候,新的文件服务研究虽然还没有完成,但公司以法律约束的形式明确了未来产品的所有性能,同时定价非常昂贵。因此,苹果公司隐含地保证了在之后会推出这一新产品,虽然在初期的合同中没有写明这一点。也就是说，苹果公司除了出售电脑（显性合约）外，还向顾客出售了要研制和销售文件服务器的承诺（隐性合约）。如果顾客认为这个承诺足够可信，虽然它没有法律的约束，但顾客仍然会愿意为未来获得这一项新的文件服务器来支付更多的价钱。在此情况下，苹果公司能够制定一个更高的价钱来出售它们的电脑，这个溢价是消费者为了未来能够使用新的文件服务器而提前支付的。同时，新电脑的销售也确实保证了购买电脑的顾客在未来会购买公司的新产品。因为这种隐性合约实现的可能性，所以使得苹果公司一举三得，以较高的价格销售了新的电脑，赢得了新的顾客，增加了销售收入。如果溢价收入要大于公司开发新的文件服务器的成本和销售费用，那么这个以隐性利益为代表的隐性合约就给苹果公司带来了价值增值和绩效改进。

雇主与雇员之间的长期合约所形成的隐性利益关系也可以看做某种形式的合作专门投资。但与上例不同的是，顾客所投入的专门的合作投资是一种单向的关系，而劳动合同之间往往是一种共同的专门投资。这意味着雇员和雇主都投入了专门的合作投资。雇主的合作专门投资主要是对员工的培训成本，雇佣新员工的成本或者在内部调整中解雇员工所花费的成本等。雇员的合作专门投资包括转换雇主的成本，或者破坏与朋友和伙伴组成的社会网络所付出的成本。这些成本被认为是沉没成本。一些雇主希望能够雇佣在不同区域内流动的员工，这被认为是企业雇主为了拴住员工而让员工承担合作的专门投资的做法。因为一旦雇员要从一个城市到另一个城市就会增加其沉没成本。新的工作本身对雇员而言，也是一项合作的专门投资。雇主认为工作经常变动是雇佣条件中的负面因素，从而减少员工在劳动力市场上的价值。由于雇员和雇主这种共有的合作专门投资以及由此所带来的长期合作，因此交易成本和有限理性的问题也随之而来。因此，雇佣合同中的重要部分只能是隐性的。例如包括潜在的晋升机会、每年有灵活性的休假，在市场需求变化时的工作保证以及工资和津贴的固定调整。如果雇员对雇主足够信任，而且隐性合约是可信的，那么雇员会支付隐性索取权。因为员工的利益和隐性权利是相连的，同时他们也会对显性条约做出让步,从而导致低的劳动力成本,因此带来低的现金支出,最终带来企业绩效改进,增加企业价值。

企业这种能够利用隐性合约从而带来更多的现金收益或更少现金成本的能力叫做组织资本。这种可信的隐性索取权也包含在企业的成本中,称为组织负债。组织资本和负债之间的差额是净组织资本(NOC)。它们被描述在以下扩展的资产负债表中(见图4-2)。

固定资产	长期负债
流动资产	短期负债
组织资本	组织负债
	NOC
其他无形资产	所有者权益

资料来源：Cornell and Shapiro.

图4-2 扩展的资产负债表构成

如果一个企业能够与它的利益相关者制定更有利的隐性合约,那么企业的净组织资本也越高,企业价值也越高。然而建立组织资本并非易事。由于隐性合约缺乏法律保障,因此对利益相关者而言,企业这种可信的隐性合约是非常少的。因此利益相关者隐性索取权有时也会陷入"信任违背"的危险境地。中小企业的转向过程同样也会存在这样一种"信用违背"的危机。

NOC代表企业的组织能力,是对利益相关者与企业关系好坏以及紧密程度的一个综合性指标,但无法反映出不同利益相关者的不同隐性利益需求对企业的影响。衡量关系的一个重要尺度就是关系质量,并且合约关系方所表现出的沟通、依赖和承诺等要素也是关系质量的评价维度,因此我们对企业与利益相关者之间隐性利益要求的测度也可以通过关系质量进行研究。我们将在第二编转向成功影响因素研究中用NOC代表利益相关者与企业的关系好坏与紧密程度；而在第四编中则运用关系质量评价每一类利益相关者与企业的隐性利益关系,并研究其对转向战略和业绩的影响。

4.6 利益相关者的关系质量研究

4.6.1 关系质量的研究范畴和定义

关系质量作为衡量关系的一个重要指标，同时也是企业重要的不易模仿的无形资产之一，已受到理论界和实务界的广泛重视。关系质量概念最早出现在服务营销领域，传统上，人们认为营销关系一般是指企业与顾客之间的关系，但我们应该用更宽广的视角来探讨营销活动中的关系。

Kotler（1997）认为企业在进行营销活动时可能与四个层面发生关系：(1) 与内部员工、部门的关系；(2) 与价值链上的供应商、经销商、合作者或竞争对手等的关系；(3) 与宏观环境中的政府、公众的关系；(4) 与顾客的关系。1992年，Kotler从更广泛的层面上认识了企业与影响企业绩效的各主体之间的相互关系，提出了"整体营销"概念。他指出企业只有和内外部的十种关系主体建立合作关系，才能使得顾客认同、满意自己的产品与服务，并获得顾客忠诚，这里的关系主体指企业在实现营销目标的过程中，能够影响其营销能力的利益相关者，所以此概念基本上包含所有与企业可能发生联系的个人或群体。

Payne（1995）所提出的"六市场模型"与Kotler相同，也是竭尽能力将各种利益相关者纳入自己的研究范围，另外，还将"潜在交换"的理念加入分析之中。Payne指出关系营销和传统营销的不同在于要想在终极市场上取得长期的成功，需要与经营活动中的有关各方即利益相关者建立良好的关系。这里就强调针对构成经营环境的多个"市场"同时进行营销活动，而非传统的单纯围绕客户开展营销活动，为此，企业需要对构成整个经营环境的各方面因素进行更加广泛的定义和关注，包括顾客市场（现有和潜在顾客）、相关市场（现有与潜在中介组织，如批发商、零售商、代理商等）、供应商市场（现有与潜在的原材料、零部件供应商）、内部市场（员工以及企业各部门）、就业市场（待聘人员）、影响者市场（政府部门、法律部门、社会团体等）。

国内学者张广玲和吴文娟（2005）从关系质量评估的领域和范畴将其分为狭义与广义两种，狭义的评估范畴仅涉及企业与顾客之间的关系，而广义的评估范畴覆盖企业与其所有利益相关者之间的互动关系，他们指出对关系质量的广义范畴的评估是研究的趋势，有助于阐明广义关系质量的形成机理，企业可以更好地把握资产，建立良好的关系质量。

在本书中，我们确定的关系质量评估范畴是扩展范围后的广义定义，认为关系质量是评价企业与各主要利益相关者之间关系总体好坏程度的指标，具体体现在关系各方彼此间通过交流沟通，建立信任，协调行动及计划，实现各方特定目标，从而主动地做出长期承诺。学者对关系质量的不同定义如表4-1所示。

表4-1　　　　　　　　　　关系质量的定义

评估范畴	学者	定义
狭义	Levitt（1983）	与顾客的良好关系是企业一项不易复制的无形资产，而关系质量是衡量这一资产价值的重要指标
	Gummesson（1987）	企业与顾客互动关系质量是顾客感知质量的组成部分
	Crosby、Evans和Cowles（1990）	顾客在过去满意的基础上，对销售人员未来行为的诚实与信任的依赖程度
	Liljander和Strandvik（1995）	顾客在关系中所感知到的服务与某些内在或外在质量标准进行比较后的认知评价
	Jarvelin和lehtinen（1996）	顾客对于关系是如何满足其期望、预期行为、目标的感知并要求顾客关注整个关系
	Gemuenden（1997）	纯产品（服务）领域的交换、组织间的联系、个体间交流和组织间权力关系的评价
	Hennig-Thurau和Klee（1997）	顾客的关系型需求的满足程度，又可以归结为顾客对营销者及其产品的信任与承诺

续表

评估范畴	学 者	定 义
广义	Smith (1998)	由反映整体关系力量以及关系满足参与双方的需要和期望的程度的一系列积极结果所构成的高级结构
	Johnson (1999)	关系的总体深度与气氛
		提出用心理学中的近关系理论来对企业的合作关系进行研究
	Joyce a. young (2000)	感知关系质量是指商业关系中合作双方的重要人士根据一定的标准对商业往来（效果）的综合评价和认知
	Holmlund (2001)	关系主体根据一定的标准对关系满足各自需求程度的共同认知评价
	余红剑 (2009)	反映关系各方经过沟通，建立彼此信任，在行动及计划等方面进行彼此协调，以促成各方特定目标的实现，从而使关系各方感到满意并愿意对关系做出承诺的反映关系总体好坏程度的指标

4.6.2 关系质量的维度

有关关系质量的维度，可谓是学说众多，意见纷呈，但是多数学者都认为关系质量是一个多维度的高阶变量，不存在单一维度的测量方法（Crosby、Lawrence A、Evans、Kenneth R、Cowles、Deborah，1990）。学者对于关系质量维度的确认，也会因为研究内容和研究需要的不同而有差异，情境导向有很大的影响。

服务营销领域学者 Crosby 等人（1990）最早构建了含有信任和满意两个维度的高阶关系质量概念。Morgan 和 Hunt（1994）从顾客感知的角度出发，将关系承诺与信任作为反映买卖关系性质的关系品质，为后人继续研究关系质量开拓了发展道路。Mohr 和 Spekman（1994）在探讨合作伙伴关系属性、关系各方的沟通行为及冲突解决技术对关系成功的影响时发现，关系各方间的承诺、协调、信任、沟通品质、参与、冲突解决技术是关键因素。Storbacka、Strandvik 和 Gronroos（1994）构建了一个包含服务质量、顾客满意、关系力量、关系长度与关系赚利能力等因素的关系质量动态模型，分析关系质量如何使企业提高绩效，其中满意、承诺、沟通和联系等因素是关系质量的维度。Kumar、Screer 和 Steenkap（1995）认为企业间长期关系的发展建立在信任、承诺、关系投资以及关系持续性的关系质量基础之上。

Wilson 和 Jantrania（1996）指出七个方面的属性促进了成功的 B2B 关系（如工业营销中的买卖关系、战略联盟成员关系和渠道成员关系）：目标兼容性、信任、满意、投资、结构约束、社会约束、关系选择中的相关投资水平。Smith（1998）综合许多学者的看法，认为关系质量至少应该包括满意、信任及承诺三个相关的维度。Lee 和 Kim（1999）衡量关系质量时选用了信任、企业间彼此了解、利润及风险分担、冲突及承诺五项要素，以此来评价合伙关系品质与外包绩效关系。TaoGao（1998）在研究组织交易中关系质量对顾客感知价值的影响时，提出关系质量的维度具体包含以下三个方面：相互信任、相互承诺以及相互依赖。

Holmland（2006）认为应用更广阔的视野来分析 B2B 关系质量的过程和结果领域，企业应从技术、社交、经济三个方面计量，以便判断买卖双方之间的关系质量。Parsons（2002）认为关系质量的好坏取决于参与关系的企业、具体运作的个人以及协作的情景等因素，关系质量的维度包括承诺、共同目标和关系利益等。

Fynes（2005）回顾了七个最有影响力的"企业—供应商关系模型"，认为企业—供应商关系决定着双方的合作程度，信任是最常用的维度，其他常用的维度还有满意、依赖、沟通、承诺与合作等。Wolfang-Ulaga 和 Andreas-Eggert 在其研究关系质量与关系价值的文章中提出关系质量的维度包括满意、信任以及承诺，他们认为这三个维度不但适用于关系质量，也直接适用于关系价值。

国内学者贾生华、吴波和王承哲（2007）在研究资源依赖、关系质量对联盟绩效的影响时指出关系质量包括信任、承诺、沟通三个维度，并且经过实证得出它们对联盟绩效有积极影响。林筠、高海玲等（2008）在评价企业—供应商关系对合作绩效的影响时，选择了承诺、信息共享、依赖、沟通和信任五个维度描述企业—供应商的关系质量。宋永涛（2009）在研究供应链关系质量对合作行为影响时，采用了沟通、信任、合作、适应性和关系氛围作为供应链的关系质量维度。总结上述学者有关关系质量维度的研究如表4-2所示。

表4-2　　基于主要关系质量维度研究的概要描述

学　者	主要维度						其他维度
	沟通	信任	满意	承诺	依赖	参与治理	
Crosby（1990）		✓	✓				
Morgan 和 Hunt（1994）		✓		✓			
Mohr 和 Sepkman（1994）	✓	✓		✓		✓	协调、解决冲突
Storbacka、Strandvik 和 Gronroos（1994）	✓		✓	✓			联系
Kumar、Screer 和 Steenkap（1995）		✓		✓			关系投资、关系持续性
Wilson 和 Jantrania（1996）			✓	✓			目标兼容性、投资
Lee 和 Kim（1999）			✓		✓		了解、利润及风险分担、冲突

续表

学者	主要维度					参与治理	其他维度
	沟通	信任	满意	承诺	依赖		
TaoGao（1999）		√		√	√		
Parsons（2002）				√			共同目标、关系利益
Fynes（2005）	√		√		√		合作
Wolfang-Ulaga 和 Andreas-Eggert（2006）		√	√	√			
贾生华、吴波和王承哲（2007）	√	√					
林筠、高海玲（2008）	√	√		√	√		信息共享
宋永涛（2009）	√	√					合作、适应性和关系氛围

4.7 基于利益相关者关系的转向管理研究

扭转情境一般具有如下突出特点：资源稀缺、利益相关者质疑、形势严重恶化（Yasai-Ardekani, M. 和 Arogyaswamy, K, 1990）。从资源的角度进行分析，作为对企业进行专用性投资、承担一定风险并在一定程度上与企业相关联的利益相关者实际上也对衰退企业的生存有着重要作用。当面临生存困境时，企业如果与主要利益相关者有着良好关系，满足他们的期望，获得他们的支持，则利益相关者积极的态度可以帮助企业获取资源并加速复原。反之，关键利益相关者对企业的消极态度可能使企业滑向破产的深渊。

前面有关转向的文献综述主要讨论了企业的原任或新任的管理层如何行动，如何进行资源的配置来实现企业业绩的转向以及一些利益相关者的认知在高管变革中的影响，而对顾客、股东等其他利益相关者的关注较少。虽然管理层在企业战略管理中的角色和职能决定他们在战略变革中的主导性地位，但是也不能忽略其他利益相关者主体的作用。组织的继续存活依靠与其他组织和活动者即利益相关者的关系（Oliver, C, 1990）。而且这种依赖性更会在衰退的困境中体现出来。因此，处于危机中的企业应如何管理这些利益相关者或者应与他们保持一种什么样的关系，值得进行深入研究。

在早期的转向研究中，Bibeault、Pearce 和 Robbins、Arogyaswamy 等认为获得利益相关者的支持、消除低效率行为才能稳定住企业的财务绩效（Slatter S. S. P, 1984；宋永涛、苏秦、李钊，2009）。Arogyaswamy 等（1995）建议处在危机中的企业通过削减战略和提高销售收入的积极战略在短期内提高企业的利润，达到重新赢回利益相关者的支持以及利用利益相关者拥有的外部资源实施其他战略的目的。前文已经提到高管变更战略对企业恢复业绩有重要贡献，而这也可以看做重新获得利益相关者对企业未来生存能力的信心的手段，企业在进行高管变更时要与关键利益相关者沟通，接受他们的意见，保证得到关键利益相关者的支持。

Malcolm 和 Christopher（2005）在研究如何通过一个模型来判别衰退的企业是否有潜力来扭转危机、转向成功时指出，如果企业在利益相关者中享有较高的支持率，那么更容易存活，并且这些企业将继续从它们的债权人、员工、顾客处获得支持。

Kalle Pajunen 通过案例研究分析了利益相关者对处于下降和转向阶段企业的影响，得出有影响力的利益相关者对企业的继续支持、与管理者频繁公开的沟通、个人之间关系紧密将加大转向成功的概率。虽然此研究局限于一般的历史和档案研究，但是启发了学者重视转向过程中利益相关者的作用，增进对组织危机的理解（Rosenblatt, Z、Rogers, K. S 和 Nord, W, 1993）。

国内学者冉敏（2009）从解决企业生存危机的角度出发，提出合法性和效率性是企业生存的要素，合法性是企业得以"获得资源的资源"，具有合法性的企业才有资格获得资源，这成为了企业生存的门槛，而合法性就来自于企业利益相关者对企业运营和前景的认可、理解和支持，当企业处于衰退困境时，主要利益相关者是否支持决定着企业的存亡，因此维持企业主要利益相关者对企业的信任和支持，对企业转向有重要影响。

大部分有关利益相关者的文献都是研究其与企业绩效的关系，有关转向管理的研究则主要集中在转向战略、外部环境和组织背景等方面，从利益相关者这个角度研究的文献不多，但是从资源基础理论的角度进行分析，企业与主要利益相关者拥有良好的关系，对于企业来说本身就是一种无形资源，并且利益相关者可以间接地提供给企业更多具有战略弹性的资源，缓解企业的困境程度，增加转向成功的几率，这个分析视角更有利于解释企业转向战略、外部环境、转向背景这些因素对转向成功的影响。也可以说企业与各利益相关者的关系是"企业资源的资源"，利益相关者在衰退企业的转向过程中扮演着关键的作用。所以本书的出发点是以企业与利益相关者的关系为视角，研究企业与利益相关者关系如何通过转向战略对业绩转向成功产生影响。

第二编　中小企业业绩转向成功影响因素分析

第五章 业绩转向成功影响因素分析的理论模型和研究设计

5.1 理论基础

转向管理在企业中不是一个短期的过程。因此，在以前的研究中提到，企业由转向到业绩恢复正常水平，要经历不同的阶段。在本研究中，每一个样本都要经历一个三年的转向恢复考察期（具体定义见第 5.5 节）。其中转向恢复期的第一年是我们研究的重点。同时，转向前的一年是参照考察期，我们通过比较企业在转向前后两年的时间里所发生的运营和战略上的变化，从而研究转向成功的影响因素。下面我们将从转向战略、转向的组织和外部环境背景来讨论本研究模型建立的思路。

Hofer（1980）对于业绩转向战略的划分是以运营为主和战略为主作为分类的。虽然，我们很难区分这两项主要的转向战略在转向企业中发生的先后次序，因为它们在企业中往往不会有序发生，而是要根据企业的具体情况和具体状态相机选择，有时可能是成本和资产削减在前，有时可能是企业战略重新定位在前，有时在企业中两者会同时发生。但相比较而言，由于运营调整不属于公司级战略的范畴，应属于业务单位的经营策略调整和改变，在本研究中我们根据战略内容和重要性的不同，将过去研究中一直没有严格区分的运营转向战略和非运营转向战略划分为公司级战略和业务级战略。公司级战略行为意味着要义无反顾地投入组织特有的资源，这种行为的执行和收缩都不容易。和公司级战略行为相对应，业务层级的战略需要动用的是组织的一般资源，资源使用量不会很大，而且资源组合也较单一。因此,其执行也相对简单,并且可以在短时间内进行收缩。公司级战略行为在执行中更困难,因为这一类型的竞争性行为需要更多的组织资源和时间,其执行的效果也要较长的时间才能显现(迈克尔·希特,2002;迈克尔·古尔德,2004;汤姆森,2000;王方华,2000)。

但是这两种战略行为都需要动用组织资源。因此,对于没有资源优势的中小企业,往往在转向期间可以更多地采用业务层级的战略行为,因为这一类行为所需要的资源较少且更容易执行。一个企业的资源决定了它能够做出什么样的反应。公司级战略行为,例如在转向期间的并购行为,需要企业更多、更复杂的资源,因此也需要企业花费更多的时间,即使削减和并购战略在企业中是同时决策的,但反映到企业的行为表现上,削减战略似乎首先在企业中被执行,这主要也是这两类行为的性质和所需资源的不同而造成的(迈克尔·希特,2002)。

在以前的研究中,运营调整的目的是企业取得好的业绩,从而摆脱困境。所谓好的业绩,即高的利润,而要取得高的利润,不外乎两条途径,成本减少和收入增加,因此这两条途径也代表了运营调整的两类行为。比较而言,前者属于企业的紧缩行为,而后者则需要企业针对萎缩的市场,调整原有的市场策略以匹配合适的产品,有时甚至需要采取营销创新和产品创新的积极行为。特别对于中小企业而言,由于小企业在市场竞争中经常采用利基市场战略,或者成本集聚或者差异集聚,因此面对特殊的或专有的用户群,企业更有可能采取创新的行为来增加市场的销售,同时由于企业规模小的优势,在调整中也可以更快地实施企业的这一行为。但成本的削减和销售收入的增加本身就充满着矛盾,因为收入增加意味着价格的提高或者产品销量的增加,转向中的企业要提高企业产品的销售单价显然是不现实的。因此,一般而言,收入的增加大多是产品销量的增加所带来,而这势必又会增加企业销售成本,同时,创新的企业销售行为还需要企业投入更多的资源,这也会造成费用的增加。正因为如此,才有了后来的实证学派对先前研究者所得出的绝对成本的削减方法提出了质疑,认为成本的减少实际上还要考虑到销售收入，主营业务成本与主营业务收入的比值的降低才是成功的成本削减，而不是单纯考虑成本绝对值的减少。本研究采用的是后者，应该说这种方法能够更准确地衡量成本节约和提高企业绩效。同时，在这一部分研究中，还加入了对削减和销售收入增长战略运用的业务层战略变化的考量。

在转向模型中另一类转向战略则主要集中在对非运营战略变化的考察上。而本研究不同于以往研究的地方在于把以前非运营战略明确定义为企业的公司级战略。以往的实证结果忽视了对转向管理中战略变化的研究。即使有的研究也针对企业的战略变化，但也没有直接研究战略变化对转向企业结果的影响，而更多的是着眼于何种因素会影响到转向中企业的战略变化。特别是有关中小企业的战略变化研究还是一片空白。其实，越是面临绩效困境的企业，其转向位置也越低，在这种情况下如果仅仅靠成本或资产削减是不能根本解决问题的，这样的企业更需要的是战略的重新调整和定位。因此，在我国中小上市公司中有一些企业因为业绩持续下滑最终被其他企业所收购和兼并，这种行为我们也可以视为一种典型的战略再定位行为。因此，在这部分研究将重点考察中小企业战略变化的特点，为了与运营调整为主的业务层转向战略相区分，这一部分的转向战略只研究公司层级的战略变化特点（对于公司层级战略的定义见第5.5节），研究包括战略领导者的变化、战略变化的程度和战略重新定位（主营业务发生重大转移）与转向成功的关系。

如果说转向战略是影响企业转向成功的主观因素，那么企业的组织背景则是影响企业转向成功的客观因素了。不同的企业有着不同的企业特征。例如规模的大小决定了企业的决策速度。一些组织理论学家都认为大规模的企业有着较为复杂的层级结构，其权力分配、决策程序要比规模较小的企业复杂，同时大规模的企业比小规模的企业更多地受到来自投资类利益相关者的限制，所以规模越大的企业越不会轻易改变自己的战略定位，即规模越大的企业更易做运营上的调整，而不是战略的重大改变。不过另一些理论学家则持相反观点，他们认为大企业比小企业更容易发生改变，因为大企业拥有资源优势，有更强大的市场力量，政府的政策庇护，特别是拥有一些专有的资源，这些特点都使得大企业会更好地抓住市场中的机会，从而摆脱困境。在本研究中，虽然研究的是上市的中小企业，但企业之间仍然存在规模的差别。因此，研究规模对转向成功的影响也仍然是有意义的。过去的实证研究中，有关企业规模对企业转向成功的影响既有正向的，也有负向的。而且在以往的研究中，对于规模的定义也不尽相同，有的以企业的销售收入来计量企业的规模，有的则按照企业总资产或者员工人数来计量企业的规模。不同计量方式是否导致了这样一些相互矛盾的结论？本研究将分别用三个不同的规模定义带入模型方程。

除了规模外，还有一些组织特征也会影响到企业的转向成功。例如固定资产比例较高的企业和人工成本较高的企业与转向成功之间的关系。应该说固定资产比例较高的企业是典型的制造型企业特点，而服务型企业则大多是人工成本较高的组织。所以研究企业非规模外的组织特点有助于我们了解处在不同行业中的组织与转向成功的关系。这在以前没有研究对此进行过实证分析。

除了上述的组织因素外，还存在一个非常重要的组织特点：规模大的企业容易受到企业内投资类利益相关者的束缚。投资类利益相关者在企业中多为企业的股东和债权人。股东和债权人与企业的关系是通过正式的合约所维系的。规模较大的企业涉及的股东投资较大，债务也较多，因此企业决策较易受到外部投资类利益相关者的控制和影响。而中小企业本身的资源劣势，使之内生有一种张力向外寻求资源联合，或者通过与上下游企业建立长期合约，达成联盟，以抵抗风险；同时对企业内的专有资源，企业则产生更大的引力依附和吸收，因此，相对于大企业，中小企业更注重与非投资类利益相关者之间的关系。外部如企业的顾客、供应商；内部如企业的员工和经理人员等。特别是中小企业中的家族企业，由于股东就是经营者，因此不存在股东和经理人员的博弈，因此这类企业的非投资类利益相关者对企业影响更大。如何来度量利益相关者，尤其是非投资类利益相关者在企业中的影响以及如何考量他们对中小企业转向成功的影响是我们在这两个章节中着重要解决的问题

(Grant, 1991; Mitchel, 1997)。

在本研究中还涉及影响转向成功的外部因素问题,我们称为外部环境背景,包括两大类的因素分析。一类为宏观的环境影响,如经济周期的变动,或者一些重大的社会事件的发生,例如 2003 年 SAS 对中国经济的影响等。另一类更为直接的环境影响则为行业环境问题。行业环境问题往往是企业绩效恶化的导火索,但结构性的行业问题比起企业内部的战略问题、组织惰性等,显然更能引起企业的注意,这一类问题的出现反而能够引导企业积极反应,从而快速实现转向成功。因此,行业环境问题的出现究竟在中小企业的转向过程中对转向的成功是一种推动还是一种阻碍呢?这也是一个值得研究的问题。

5.2 研究模型

基于转向管理的研究发现和企业利益相关者理论,影响中小企业转向成功的决定因素的模型如图 5-1 所示,我们把它作为整个研究的基础模型。

如图 5-1 所示,模型包括五个主要因素:转向位置、转向战略、外部环境背景、组织背景以及转向结果,即转向成功或者不成功。

对于转向位置我们是以其转向点的位置来加以评价的,转向战略则包括业务级战略变化和公司级战略变化。具体包括管理者变化,削减战略(成本的减少和资产的减少),销售收入的增加等一系列运营性的行动以及战略性的调整。转向位置和转向战略都会对转向的结果产生直接的影响,也即转向成功或者转向失败。企业自身的组织背景和外部环境背景也会影响到企业的转向结果。组织背景的主要变量有企业的规模,以往的企业绩效,管理问题和净组织资产(NOC)。外部环境背景主要分为企业所处行业背景和总体的经济状态。同时,我们认为在本研究模型中,组织和外部环境背景因素对企业转向成功有着直接的影响。

但要强调的是,我们建立模型的主要目的并非研究不同因素之

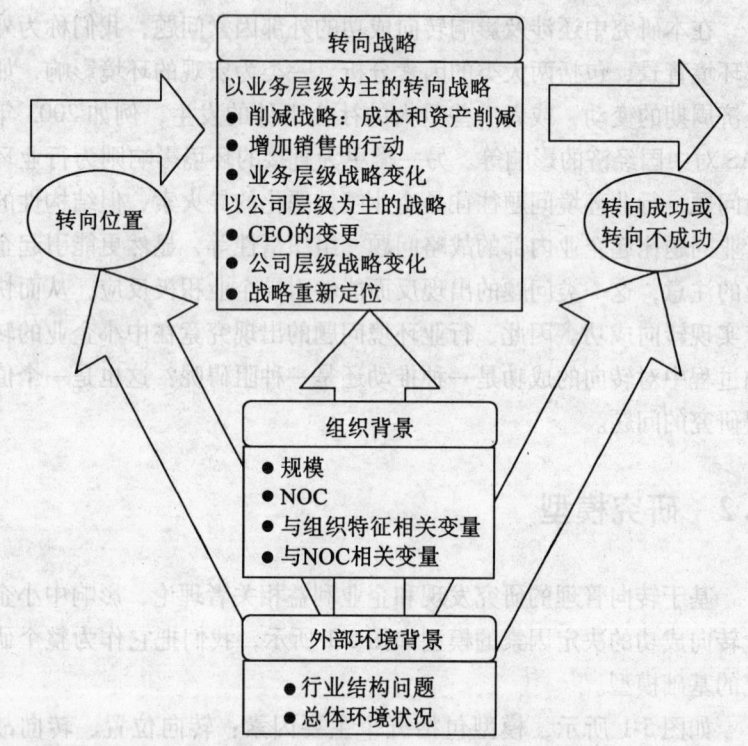

图 5-1 中小企业转向成功的影响因素模型

间的因果关系,而是更多地研究这五大因素本身。因此,基于这样的目的,我们的研究假设和由此所做出的实证检验都严格限定在这样的范围中:考察转向的位置、转向战略和企业的组织和外部环境背景对转向结果的直接影响。这个结果的选择也只有两个:转向成功和转向不成功。

同时,我们也要注意以下两点。由于研究中另一个关注点是利益相关者理论,因此净组织资本(NOC)如何影响到不同的转向战略也是我们研究的一个重点。例如考察有着高净组织资本的企业是否应该有一个和低净组织资本企业不同的转向战略。

5.3 研究假设

5.3.1 转向位置

Schendel 和 Patton（1976）是最早研究业绩恶化问题引发企业转向行动的研究者。Moon（1996）则认为企业转向状态下的绩效和 ROA 的变化有着反向的关系，即绩效越差，那么 ROA 的变化越小。由此可以推出绩效下滑比例和 ROA 的变化有着正向的关系，Moon 将此现象称为"转向中的弹性球影响"。这个结论实际上隐含了这样的命题，即恶化程度越高的转向状态会使得企业的管理者作更快的反应。可以说，Moon 的研究比前人更进了一步，是前者研究的延伸。相比较于 Schendel、Patton 以及 Moon 的研究，Ramanujam（1984）的研究发现却是截然相反的。他认为，转向行动较容易在绩效恶化程度不高的转向企业发生，而不是在恶化程度较高的转向企业发生。主要原因是这种类型的企业存在有较少的障碍去实施转向行动。但从第三章对转向管理的文献和实证分析研究中，我们较详细地比较了各种研究方法，Ramanujam 的研究方法和研究设计都较 Schendel、Patton 和 Moon 合理，因此其试验结果也更有效和值得推敲。这也是我们在本研究中采用 Ramanujam 的主要结论作为我们命题提出的基础，即绩效适度恶化的企业比起绩效严重恶化的企业有更大的可能性实施转向。

H1：在最低点绩效当年（t_0）的企业业绩与转向成功正相关。

5.3.2 转向战略

根据公司转向的研究模型，我们对于转向行动提出的假设划分为两大组来进行。

1. 业务层级为主的转向战略

业务层级的转向战略主要分为两大类型，一类为削减战略，包括成本削减和资产削减。这被视为提高企业运营效率的最重要的手段。另一类为销售收入增长战略,这主要是企业采取的一系列针对具体产品市场的营销策略和方式,以求企业销售收入的增加,带来企业利润的上升,从而改善企业的绩效。因此根据不同的业务层转向战略,我们有如下的假设。

(1) 成本削减

转向管理研究的执行者学派广泛认为成本削减是广泛采用的转向行动。学术研究学派的一些学者也认为成本削减几乎成为贯穿转向过程的一个重要因素。然而,实证研究结果却并非都支持成本削减在转向成功中的积极作用。例如,Slatter(1984)认为"成本削减战略虽然是企业转向成功战略的一部分,但它也经常被转向失败企业所频繁使用"。对此,Arogyaswamy(1992)提出了一种可能的解释,对于那些都运用了成本削减作为转向行动的企业,相比较于失败的转向企业,成功企业能够更经常地做到把削减的成本转化为企业的利润所得,例如改善成本和销售收入之间的关系等。

在实证研究中,企业能够提升企业效率的方法是非常难以解释的,从绩效的改善上企业很难分辨出效率的改进究竟是由成本削减带来的,还是由销售收入增加带来的。因为在模型中销售收入增加是作为一个独立的影响因素存在的,因此我们可以把它作为一个独立的变量放入多元回归分析中。本研究不是考虑绝对总体成本的减少,而是按照每一种效率提升方法对成本削减的影响来讨论。由于成本削减也是一个相对宽泛的概念,所以在研究中我们按照传统的会计成本分类方法,分不同的成本项目来研究成本削减这一转向行动与转向成功之间的关系。

H2a:主营业务成本率的变化与转向成功负相关,即主营业务成本与销售收入比率的削减会增加转向成功的几率。

H2b:员工工资成本率的变化与转向成功负相关,即员工工资占主营业务收入比率的减少会增加转向成功的几率。

H2c:营业费用比率与转向成功负相关,即企业营业费用占主营业务收入比率的减少会增加转向成功的几率。

H2d:管理费用率的变化与转向成功负相关,即在管理费用占主营业务收入比率上的削减会提高转向成功的几率。

H2e：财务费用率的变化与转向成功负相关，即在财务费用占主营业务收入比率的削减会提高转向成功的几率。

(2) 资产与负债削减

削减资产的方法最适合那些位于盈亏平衡点销售额之下的企业。这被视为提高转向成功几率的有效方法。因为削减资本一方面可以减少企业过剩的产能和固定成本，另一方面也可以提高营运资金的灵活性和减少企业的债务。随着资产的改进，销售收入也能够提高企业的偿债能力，因此间接地减少了企业的利息支出，所以我们也把债务的减少列示出来作为一个考量因素。我们把资产和负债削减的转向行动分成了固定资产、流动资产和企业负债三个分要素来研究它们与转向成功之间的关系。

H3a：固定资产的变化与转向成功负相关，即固定资产的减少可以增加转向成功的几率。

H3b：流动资产的变化与转向成功负相关，即流动资产的减少可以增加转向成功的几率。

H3c：企业负债的变化与转向成功负相关，即现有负债的减少可以增加转向成功的几率。

(3) 销售收入增加的相关行动

除了管理上的变更和一些运营方式的调整，如成本和资产的削减，还存在一些需要有企业家精神的创新性的企业转向行动。它们相对于前者，对企业的触动更大，它需要企业采取一些变革性的措施，而不是调整性的。销售收入的增长行动和对战略的重新调整就属于具有上述特点的行动。定位于提高销售收入的销售增长行动被认为在转向成功中有着重要的作用，这也在实证研究中多次证实。因此，相应的我们有以下假设：

H4：销售额的变化与转向成功正相关，即高的销售额会增加转向成功的可能性。

(4) 业务层级的战略变化

这一变量主要考察前面两种战略在企业中实施情况，如果任意一种发生，即削减和销售收入增长行为发生，则认为业务层级战略发生变化。有假设：

H5：业务层级战略的变化与转向成功正相关，即采取削减或收入增长行动会增加转向成功可能性。

2. 公司级战略的变化

（1）CEO 的变更

新的管理者被广泛认为是转向成功的前提，因为缺乏效率的管理和由于管理失控带来的一系列问题往往导致企业绩效下滑，面临转向困境。新的管理者拥有不同的知识背景和经验，他们可能更了解企业目前所面临的问题，特别是对于那些外来的新的管理者，他们较少受到企业组织体系、人际关系的束缚，因此管理者的变化往往能使企业面对困境时快速反应，从而使企业更积极地应对所出现的问题，增加企业转向成功几率。在前述的文献综述中，有四个研究都提出了管理者的变换与成功的转向行动有正向关联性。但这种变化不包括由于换届而带来的 CEO 的变更。因此在本研究中我们也提出如下假设：

H6：CEO 的变更与转向成功正相关。

（2）公司级战略变化

在本研究中，公司级战略变化被定义为企业进入一个新的行业，新的细分市场，现存业务或业务部门的清算，地理市场优先权的变化以及战略联盟等。尽管对战略变化的内容有很多界定，但是不能否认的是它在企业转向过程中的重要作用。同时，在本章的开篇，我们就提到公司级战略和业务层面战略在使用、效果和对企业的作用截然不同。当然，很多企业之所以走到绩效恶化的地步，和其错误的战略选择以及没有察觉环境变化做战略调整有着很大的关系。但公司层级战略比较复杂，其实施涉及公司多项资源，因此，如何把握战略变化的度一直对转向企业是个难题。在此基础上，我们提出以下假设：

H7：公司级战略适度变化与转向成功正相关，即公司战略适度的变化会增加转向成功可能性。

（3）战略的重新定位

战略重新定位是战略变化的一种特殊形式，但和我们研究的战略变化在分析功能上有所不同。对于战略变化我们主要研究的是其变化的数量和程度,而主营业务的转移则表明的是一种变化的方向。是在原有的业务范围内继续发展,还是另辟出路求得生存。因此,在本研究中战略重新定位的定义是企业的主营业务范围发生了重大转移。主营业务发生重大转移,对于处于困境中的转向企业,可能是不得已而为之,也可能是破釜沉舟的举措。这也可以视为凸显企业家行为的一种方法。我们提出以下假设:

H8:战略的重新定位与转向成功正相关,即企业积极进行战略方向的变化会增加转向成功的可能性。

5.3.3 组织背景研究

除了上述的转向困境的严重程度和转向行动之外,组织背景也被认为是一种对转向成功起着重要作用的因素。在本研究中,我们着重就组织背景中的组织规模、NOC、组织的特性以及 NOC 相关的变量等四大因素来进行分析和提出假设。

1. 企业规模

在前述的转向管理研究中,规模在一些研究中被认为是与转向成功密切相关的因素。Ramanujam(1984)的研究发现不论是在快周期发展还是在慢周期发展的环境下,以总资产作为划分依据的企业规模都与转向成功正相关。大规模的公司为何比小规模的公司更有可能取得转向的成功呢?其原因主要是大的公司拥有更多可以调配的资源,而且大公司之所以成为大公司,是因为它们在过去的竞争中取得过成功,而这种成功使得大公司拥有比小公司更多的适合于在环境中生存的竞争经验和技巧,同时大公司比小公司更开放等。

Pant(1986)的研究不同于 Ramanujam 的研究,他认为以销售额为划分依据的企业规模与转向成功负相关。Moon(1996)也得到了同样的结论,他是以员工的人数来划分企业规模大小的。支持这一观点主要是出于对企业适应性和灵活性的考虑。大规模的企业由于拥有多层级的管理因此在对市场变化的反应上要慢于小规模的企业。而且,一个小企业在面临转向困境时,拥有更小的弹性区域,因为小公司的资源较少,在面对严重的转向困境时,公司缺少资源储备来提供缓冲的空间。因此,这种内生的压力导致小企业面对转向困境能够快速反应来提高其摆脱困境的几率。

Pant 和 Ramanujam 的论证都是有说服力的。然而,其相应的研究又有着截然相反的结果。导致这种矛盾的原因可能是研究方法的不同,比如对转向位置和转向结果,即转向成功或者失败的定义在三项研究中就各不相同,这直接导致了假设的方向也各不相同。Ramanujam 在研究中把持续四年较低绩效的企业归为面临转向状态,而 Pant 和 Moon 则认为连续两年出现较低绩效的企业就应该认为它们面临转向状态,虽然在某些时候两年期限并不能真正说明企业面临转向。在对转向成功的标准判断上三位研究者也各不相同。Ramanujam 认为如果企业在绩效下滑阶段连续四年以上其平均税后 ROI 超过 5%,那么可以说企业转向成功。而 Pant 则认为转向成功必须是那些税后 ROI 从行业的倒数 25% 跃进到行业的前 25% 的企业,这一标准显然非常有限定性,而且可能只有那些投机的企业才能达到这一标准。Moon 没有界定转向成功或是不成功,但仍然用了 ROA 的变化作为因变量,但以 ROA 来进行分析仍然不能逃避其本身就具有的数据分析的失真和由此带来的研究结果的偏差。这一点我们在本书第三章中已经详细地分析过,这里不再赘述。综上所述,比较这三位研究者的研究,Ramanujam 的研究方法更值得检验,而且数据结果也更稳定,当然其研究结果也更合理,因此,我们可以在企业规模和转向成功之间做出如下假设:

H9:企业规模和转向成功正相关,即企业规模越大会增加企业转向成功的几率。

2. 净组织资本(NOC)

转向管理的研究者至今也没有观察 NOC 对于企业转向成功的影响,因此目前还没有相应的实证研究结论和假设。基于我们在前面所分析和构建的相关理论以及所分析的有关 NOC 的变化和转向中中小企业的关系,我们认为 NOC 对企业转向成功存在有两种截然相反的影响。

首先,拥有高 NOC 的企业其转向行动的选择很可能是有限的。因为某些转向行动,例如管理者的变化、成本和资产的削减都会导致企业减少隐性索取权的支付。在某些情况下,某些转向行动会使得企业不履行其隐性义务,造成非投资类的利益相关者拒绝达成与企业的隐性合约,从而增加显性合约的成本,降低企业转向成功的可能性。

其次,处在转向状态中但具有高 NOC 的企业,比那些同样面临财务困境但 NOC 相对为低的企业,其与非投资类利益相关者有着更牢固的关系。这意味着有更多的群体会关注处于转向状态中的企业并且更容易支持它们的转向行动。例如顾客会愿意比原定时间更早地预订企业的产品从而增加企业的产能利用率,雇员也会愿意在不提高工资的情况下工作更长的时间,抑或供应商也会接受暂时的价格让步。因此,与非投资类利益相关者的牢固关系可以增加转向成功的可能性。

对于前一种分析,我们认为如果企业能够采取合适的转向行动,同时避免给利益相关者发出其将不履行隐性索取权的信号,那么第一种情况对企业的负面影响完全可以消除,至少会减少。因此,从这个意义上说,高 NOC 给转向企业带来的积极影响应该超过第一种分析的负面影响。有如下假设:

H10:NOC 与转向成功正相关,即有着高 NOC 的企业更易转向成功。

3. 其他与组织背景相关的变量

除了 NOC 外,还存在有一些其他因素,它们也能够体现不同的组织特征,只不过这些因素在实证研究中没有像企业规模、过往业绩或者 NOC 那样拥有同等重要的研究地位,但它们对企业转向的影响仍然不能忽视,而且它们与 NOC 也具有一定的关联性。这些变量是:固定资产密集度、员工成本密集度、金融资产密集度、权益比例。

(1) 固定资产密集度

固定资产密集度是指固定资产占企业总资产中的比例,是区分不同行业特点和企业成本结构的指标。具有高固定资产密集度的企业有更大的可能性拥有专门性的资产和高的固定成本,这必然会使得成本削减和资产削减更困难。

H11a：固定资产密集度和转向成功负相关,即企业固定资本密集度越高,转向成功几率越低。

(2) 员工成本密集度

员工成本密集度是指员工成本和销售收入的比例。它可以作为企业处于服务型行业的标志。而服务型的企业实施转向也要更困难。

因为大多数转向管理研究的多为制造型的企业,那么在此基础上提出的转向行动或者建议对于服务行业而言可能是反作用的。如果企业引进一个新的管理团队,那么在这么做之前最好想清楚这样做是否伤害了一线员工。如果企业要减低成本,但是要冒破坏士气的风险,这会直接损害其交货的效率和对顾客的态度。如果企业建立严格的日常运营控制,可能这只是停留在口头上的一个建议而已,因为你的关键一线员工远离管理。更加糟糕的是,服务型公司的转向和制造企业的转向相比,一个显著的不同是,服务企业更容易陷入恶性循环,下滑的绩效导致业绩的进一步恶化。面对糟糕的结果,管理者削减成本,精简人员以及修正服务内容,这只会进一步损害公司管理者和一线员工的感情。低的士气又变成了差的服务,最后顾客流失,企业在竞争中落败。

这一段论证反映到下列的假设中为：

H11b：员工工资成本密集度与转向成功负相关,即工资成本越高,例如服务型的企业,其转向成功可能性越小。

(3) 金融资产密集度

金融资产密集度是对财务储备的量度。在高盛财经词典中,金融资产 (Financial Asset) 是指价值来自有合约性索偿权的资产,例如股票、债券及银行存款。利益相关者理论通常认为有着高NOC的企业应该有着大的财务储备,一方面,这可以给非投资类的利益相关者发出企业的行动将会有利于履行他们隐性索取权的信号。这将会使得处在转向状态下的企业在未来可以和非投资类的利益相关者达成隐性合约，从而增加转向成功的可能性。另一方面，财务储备代表尚未被企业吸收的闲散资源，它会在企业遇到问题时缓解压力，同时也可以让转向状态下的企业更快地做出反应。在 Moon（1996）的研究中就认为该变量和 ROA 的变化具有负向关系。

如果拥有高的 NOC 和低的 NOC 的企业不存在差别，例如在研究金融资产密集度和转向成功的关系中 NOC 不是一个权变因素，从而让 NOC 与这两个因素没有关联性。那么我们可能得出的假设为金融资产密集度和转向成功没有关联性。

H11c：金融资产密集度和转向成功不存在关联性，即金融资产不会影响到企业转向成功。

（4）权益比例

权益比例，即所有者权益和总资产的比值。一般认为，高的权益比例会拖延转向行动，因此，有以下假设：

H11d：权益比例与转向成功负相关，即权益比例越低，转向成功可能性越大。

研究中还有一个变量，即未分配收入与企业权益的比值。该变量是一个与 NOC 有着密切关系的变量。因为对于拥有众多隐性合约的中小企业而言，如果未分配收入占很高比例，这就是一个信号，让非投资类利益相关者相信企业会履行和他们的隐性索取权。但如果除去 NOC 的影响，这个变量本身和转向成功应该没有关系。

H11e：未分配收入与权益之间的比例与转向成功没有关联性。

4. NOC 与其他背景变量的交互作用

在利益相关者理论中，NOC 分别与金融资产密集度和权益比例有着非常重要的关联性。如果把 NOC 作为权变量，即作为一种弱化自变量和因变量关系的变量，我们就可以把原先高 NOC 和低 NOC 相互混合的样本进行分离，来分别考察具有不同 NOC 特点的企业与变量之间的关系。结合上述其他与组织背景相关的变量中提出的论证，我们可以得出以下假设：

H12a：NOC 和金融资产密集度之间的交互作用对于高 NOC 的企业转向成功具有正相关关系。

H12b：NOC 和金融资产密集度之间的交互作用对于低 NOC 的企业转向成功具有负相关关系。

H12c：NOC 和权益比例之间的交互作用与高 NOC 的企业转向成功正相关。

H12d：NOC 和权益比例之间的交互作用与低 NOC 的企业转向成功负相关。

5. NOC 与转向战略之间的交互作用

我们假定具有不同 NOC 的企业，转向行动的不同会导致转向成功的可能性也会发生变化。也就是说，管理的变化、成本的削减、资产的削减、销售收入的增加以及两种战略的变化对于转向成功的影响都可以由 NOC 这个变量来进行调节。

成本的削减如主营业务成本和期间费用的支出，如前面所分析的一样，与转向成功正相关。然而，利益相关者理论认为在转向状态下，企业重视成本因素，必然会忽视在企业中实施一些能够体现企业家行为的行动。因此，我们可以得到以下假设：

H13a：NOC 和成本费用变化的交互作用与高 NOC 的企业转向成功正相关。

H13b：NOC 和成本费用变化的交互作用与低 NOC 的企业转向成功负相关。

资产的削减如同成本削减一样，其组成固定资产、流动资产均与转向成功正相关。债务的减少与转向成功也是正相关关系。和成本削减一样，过分重视资产削减的转向行动在利益相关者理论看来，被认为是缺少创新精神和企业家精神的表现。因此，可以得到如下假设：

H14a：NOC 和固定资产的变化的交互作用与高 NOC 的企业转向成功正相关。

H14b：NOC 和固定资产变化的交互作用与低 NOC 的企业转向成功负相关。

然而，流动资产的减少与前面两个因素的分析有些不同。高 NOC 的企业具有较少的转向行动的选择，因为它们需要考虑所采取的转向行动对非投资类利益相关者的利益的影响，因此可能会较少采用成本和资产削减战略。而流动资产的削减主要是公司应收账款和存货的减少，这些项目对于非投资类利益相关者的影响要小于其他的成本削减措施。因此，具有高 NOC 特点的企业会更愿意采用流动资产削减的方式，而减少对其他资产削减方式的使用。因此，可以得出以下假设：

H14c：NOC 和流动资产的变化的交互作用与高 NOC 的企业转向成功负相关。

H14d：NOC 和流动资产的变化的交互作用与低 NOC 的企业转向成功正相关。

债务的削减与固定资产削减有着密切的关联，因此，其和 NOC 的相互作用与转向成功的关系也有着和固定资产削减相同的变化规律。

H14e：NOC 和负债变化的交互作用与高 NOC 的企业转向成功正相关。

H14f：NOC 和负债变化的交互作用与低 NOC 的企业转向成功负相关。

在 H5 中我们已经得出，销售收入的增加与转向成功正相关。NOC 高的企业一般不倾向于成本削减战略，因此增加销售收入是转向行动的一个重要的方式。

H15a：NOC 和销售收入增加的交互作用与高 NOC 的企业转向成功正相关。

H15b：NOC 和销售收入增加的交互作用与低 NOC 的企业转向成功负相关。

高 NOC 的企业，在选择公司层面和业务层面战略时，会考虑多选用对企业利益相关者触动不会太大的战略，比如在经营层面战略中会选择销售收入增加，而会避免成本削减，同样的，在公司层面战略中，高 NOC 企业也会选择对其利益相关者有利的战略，更不会轻易改变它们的股东以及顾客，因此，比较而言，高NOC的企业更偏向于通过业务层面战略上的变化来获得转向成功。

H16a：NOC和业务层级战略变化的交互作用与高NOC企业转向成功正相关。

H16b：NOC和业务层级战略变化的交互作用与低NOC企业转向成功负相关。

对于CEO变化与转向成功的关系，我们用假设H6进行表示，即CEO变化与转向成功正相关，但我们得出这个假设针对的是拥有高的NOC和低的NOC整个企业群。但如果新的管理者认为没有义务继续履行与非投资类利益相关者之间的隐性索取权，那么新的管理者会给非投资类利益相关者群体带来负面影响，从而减少未来与企业合作的可能性，因此具有高NOC的企业也会面临转向成功可能性的降低。对于低NOC的企业，更有效的新的管理方式的正面影响可能也会弥补管理的变化所带来的潜在利益相关者支持的减少。所以，我们得出以下两个假设：

H17a：NOC和CEO变化的交互作用与高NOC的企业转向成功负相关。

H17b：NOC和CEO变化的交互作用与低NOC的企业转向成功正相关。

公司层级战略变化和业务层级战略变化相比，相应地，我们有以下假设：

H18a：NOC和公司层级战略变化的交互作用与高NOC企业转向成功负相关。

H18b：NOC和公司层级战略变化的交互作用与低NOC企业转向成功正相关。

类似于对销售收入增加与NOC之间的关系分析，战略再定位有如下假设：

H19a：NOC和战略定位的变化的交互作用与高NOC的企业转向成功负相关。

H19b：NOC和战略定位的变化的交互作用与低NOC的企业转向成功正相关。

其他的 NOC 与组织内特征的变量，由于没有研究基础，所以没有得出相应的假设。

5.3.4 外部环境背景分析

在分析了组织背景因素与转向成功的关系、NOC 与组织内因素和转向行动之间的相互作用后，模型中的最后一个因素，外部环境背景分析同样在转向成功中起着非常重要的作用。有两个不同的外部环境因素被考虑，一个是作为企业的微观环境分析中的重要变量——行业环境，另一个是宏观环境中的重要变量——经济总体状况。

1. 行业环境

有关行业环境的变量有很多，比如行业增长率、研发密集度、行业密集度、进入和退出壁垒等。它们对转向成功都有着一定的影响。在本研究中，主要分析行业的结构性问题对转向成功的影响，因为这是在本书第三章中所提到的转向管理学者们普遍认为的行业环境中最有可能影响转向成功的因素。诸如行业长期的产能过剩、行业的长期需求减少，或者行业增长缓慢等结构性问题都会直接导致转向失败。

H20：作为导致企业转向困境部分原因的行业结构问题与转向成功负相关。

2. 经济总体状况

除了行业环境因素，经济总体状况在外部环境因素中同样也具有重要的地位。Bibeault（1982）研究发现，在所调查的样本中，宏观经济的复苏是排名第二位的影响转向成功的因素。如果企业业绩下滑一部分是由于经济衰退等大的宏观环境的影响，那么经济的复苏对于这些企业就绝对是个利好消息。因此，有下列假设：

H21：作为导致企业转向困境部分原因的经济总体状况的改变与转向成功正相关。

5.4 数据来源

本研究将中小上市公司作为研究样本，中小上市公司的定义借鉴2003年实施的《中小企业促进法》以及《大中小型企业划分标准》中对中小企业的界定，具体而言，本研究中的中小上市公司应满足以下条件：流通股低于5 000万股（含5 000万股）的上市企业且不满足大型和特大型企业标准的上市公司。除主板的中小上市公司符合此定义外，中小企业板的公司也符合中小上市公司的定义，但中小企业板在2004年才推出，观察期相对较短，因此本编的研究样本全部来自于主板中的中小上市公司，时间跨度选定为1995年至2004年。

数据收集方面，我们首先将使用财务数据来界定处于转向状态的企业和评价其转向战略是否成功，并确定数据收集的四个评判标准：1. 所收集的财务数据的年限为10年或10年以上的有效年限；2. 财务数据必须是公司合并报表后的数据；3. 财务数据的获取不能耗费太大的成本；4. 财务数据应该能够反映和代表面临转向状态的我国上市中小企业的普遍特点。经过四个标准的检验，我们认为Wind（万德）数据库基本能够满足所有的要求。因此，我们选择其作为主要财务数据的来源。

仅仅凭借财务数据还不能获得我们在研究中所需要的所有信息，因此其他渠道的二手资料的获取也是非常必要的。例如上市公司每年的年报等。阅读每一个上市公司每年的年报可以让我们对处于转向状态下的企业有一个更清晰的了解，一些诸如公司规模、职工人数、行业和业务特征的描述、企业产品的类型以及企业所发生的重大事件等信息都可以从年报中获取。

5.5 变量测量

5.5.1 转向位置

在先前对转向管理的研究中，我们发现很多实证研究在界定公司是否面临转向状态时,其标准各不相同。对转向位置的界定关系到样本的选择,因此,我们在本研究中也试图用更恰当的指标来描述这一状态。界定标准有如下两个原则:

(1) 对于绩效的评价的选择以及对此进行精确的定义。过去的研究基本上都是采用一种绩效评价指标,而在本研究中采用多种评价方法,如投资的回报率(ROI)、净收入、资产回报率(ROA)。

(2) 在选择好业绩评价标准后对相应的变化形式要做出描述。如选定评价指标后,再来决定在多长的时间,多大的程度上该指标变化可以视为转向阶段形成。

过去对于可操作性的转向位置存在多种定义,每种定义在精确性、实践性和样本规模上都各有其优劣势。不同的定义会导致不同的样本选择程序,因为对于转向状态恶化程度的描述和转向状态持续时间的界定不同,相应的样本也不同,当然也会导致不同的研究结论。因此,筛选样本是一个重要的起点。

1. 前期研究的转向位置定义比较

转向管理的执行者是实践者,包括经历过企业转向状态和正在经历转向状态的企业顾问、咨询师、内部管理人员以及为企业提供金融资助的银行等。他们中大多数对企业是否面临转向位置的判断建立在个人的经验和对企业的了解上,这些执行者们的定义是非常个性化的,而且是定性化的。因此,这种评判标准不具有复制和推广的意义。

学术派的研究者则较少根据经验来进行判断。尽管一些研究者也运用了与执行者们类似的业绩定性评价,但大多数的研究使用的都是更为严格、客观和可以复制的定量化的方法评判企业是否处在了转向位置。表 5-1 列出了过去的研究者曾经用过的对转向位置的评判定义。

表 5-1　　主要的研究者对转向位置的定义

研究者	转向位置的定义
Schendel 和 Patton	净收入流增长低于 GNP 的增长
Schendel、Patton 和 Riggs	净收入流增长连续四年低于 GNP 的增长
Hofer	综合企业的财务、市场、技术和生产能力等因素综合考察企业的运营和战略健康状况为负值
Bibeault	至少三年持续的，但非单调的，净收入的下滑
Hambrick 和 Schecter	企业的平均税前投资回报率（ROI）在连续两年内都低于 10%
Ramanujam	超过四年持续的税后 ROI 的减少，并且这期间至少有一年税后 ROI 低于 5%
Slatter	以使用资本回报作为财务业绩评价方法。除非采取短期的补救措施，否则已有证据显示未来该指标会下滑
O'Neil	企业的净收入增长连续三年低于行业的净收入增长
Pant	企业的税前资产回报（ROA）持续两年排名在行业倒数 25%
Thietart	ROI 连续两年低于可比较的企业或群体平均 ROI 的一半，同时伴有市场份额的降低
Bruton	对比 GNP，连续三年在净收入和 ROI 上的下滑，同时参考权威商业媒体对企业绩效的定性评价
Robbins Pearce 和 Robbins	在两年 ROI 和 ROS 的持续增长后，随后两年 ROI 和 ROS 值同时下降，而且其下降的比例要高于行业平均水平

续表

研究者	转向位置的定义
Arogyaswamy	连续四年在 ROI、边际净收入和现金流的变化上呈现下降趋势
Barker	至少连续三年 ROI 值低于无风险比例，在此期间有一年出现了负的净收入，Altman（1968）的破产预测 Z 值低于 3.00
Chowdhury 和 Lang	三个标准：两年的 ROI 下降，同时平均税前 ROI 低于 10%，非行业原因的业绩下滑
Lawrence	税前收入和临时费用至少持续两年增长，随后业绩大幅下滑，其值低于下滑前业绩的 50%
Moon	持续两年在 ROA 上的下降
Barker 和 Duhaime	持续三年 ROI 低于无风险利率，Altman（1968）的破产预测 Z 值要小于 3.00
Krueger	a. 税前和扣除临时项目（EBTE）外的收入绝对数值的下降，可能会伴有在总收入值上的下降；b. 在税前和扣除临时项目后的收入在任何一年达到亏损；c. 使用回归方法计算，收入和 EBTE 值连续四年或以上呈现斜率为负值的回归线
Francis 和 Esai	达到转向位置前 ROI 连续两年高于无风险利率，后连续三年低于无风险利率，且三年中有一年净收入为负值

续表

研究者	转向位置的定义
Smith 和 Graves	衰退前 Altman（1986）的破产预测 Z 值至少连续两年为负值
Pearce	ROE 至少连续两年高于行业平均水平，接着至少连续三个季度低于行业平均水平

在表 5-1 中所列示的 22 组不同的研究中，ROI 和收入，特别是净收入，是最常用到的评价企业绩效的指标。其中，11 组运用了 ROI，10 组用到了收入指标，2 组使用了 ROA，销售收入回报（ROS）、净资产收益率（ROE）、现金流、市场份额和 Altman（1968）的破产预测 Z 值都各使用了一至三次，但这些指标大多不是单独使用，而是与 ROI 或者收入指标联用。1987 年之前所有研究都运用单一指标，1987 年之后所有研究采用的都是多重评价方法和指标体系，特别是 ROI 和收入指标的联用。

在选定了评价指标后，还要考虑这些指标的变化要经历多长时间，达到何种程度我们才可以称之为转向状态。22 组中，至少所需要的平均下滑持续时间是 2.75 年。其中 9 组使用 2 年作为期限，6 组为 3 年，另外 4 组期限为 4 年，剩余 3 组没有说明具体持续年限。Hoffman 从 1976 年到 1986 年的研究回顾说明了其平均业绩下滑持续时间为 2.8 年，这和 19 组的平均值是非常接近的。另外一个显著特点是 22 组中的 10 组强调了业绩的下滑变化是单调的。其余各组虽然没有强调单调下滑，但要求持续的下滑，这其中有 3 组用到了斜率为负的回归线来定义指标下滑。

除了说明下降的期限和单调性之外，下滑状态的深度和严重性的描述也非常重要。下滑的严重程度可以使用某些指标作为标杆来进行衡量。例如以收入作为主要评价指标时，就可以辅之以 GNP 的增长比率作为标杆和参照物，22 组中有 3 组运用了这种方法。此外还有 1 组运用行业增长率作为参照标杆，2 组运用了负的收入作为辅助评价指标，另 1 组运用了低于业绩下滑前收入的 50% 作为辅助衡量标准。在以 ROI 作为主要评价指标时，同样也有多组采用联用或参照指标，如有 3 组采用了无风险比率作为参照指标，2 组用到了税后 ROI 值 10%，1 组用的是税后 ROI 值 5%，2 组使用行业平均 ROI 作为参照，1 组运用可比较的其他企业或其他群体的 ROI 来进行比较。当然，在 22 组中也存在既没有用 ROI 也没有运用收入作为评价指标的研究，但他们都用到了相类似的标杆参照指标。

同时在定义转向状态的过程中，既存在上述定量确定方法，也有运用定性方法，如商业媒体对于公司业绩的年终评价和报道等来考察企业是否进入到了转向阶段。尽管这也是一种很有效的选择样本的方法，但 22 组中仅有 1 组运用了这种方法。

客观地说，22 组研究中所采用的样本的定义和选择方法的不同，直接导致实证结果的较大差异。这也正是本章花较大篇幅对前人所做研究进行对比以及讨论的原因所在。

2. 本研究中所采用的定义

近年的研究多用多重指标来定义转向位置。最常用的是 ROI 和收入这两个指标。而且这两个指标都可以在 Wind 数据库中找到数据来源。同时，为了保证样本甄选的可靠性，在研究中还加入了一个参照检验指标——资产报酬率（ROA）。

ROI：投入资本回报率。投入资本回报率是公司在一定期间的税后净营业利润与全部投入资本的比值，全部投入资本指企业在经营中投入的现金，理论上等于股本加全部付息债务。

（1）ROI 的算法如下（算法来自 Wind 数据库）：

投入资本回报率 =［税后净营业利润/全部投入资本］×100%

税后净营业利润 =（利润表主营业务利润−利润表营业费用−利润表管理费用−利润表财务费用+利息费用）×（1−所得税率）

全部投入资本 =（资产负债表流动资产−资产负债表货币资金−无息流动负债）+（资产负债表固定资产净值+资产负债表在建工程−无息长期负债）

无息流动负债=资产负债表流动负债合计-资产负债表短期借款-资产负债表一年内到期的长期借款

无息长期负债=资产负债表长期负债合计-资产负债表长期借款-资产负债表应付债券

利息费用：如果财务报告中公布了财务费用明细，则"利息费用=利息支出-利息收入"；如果财务报告中未公布财务费用明细，则以"利润表财务费用"替代。一般而言，中期报告和年度报告中会公布财务费用明细。

在具体使用中，数据的提取还要注意以下事项。

报表数据全部取自合并报表；"所得税率"取自上市公司公布的年度财务报告年末所得税率；如果年报尚未公布，当年的所得税率按0处理；当全部投入资本小于等于0时，不进行运算。

第二类评价指标为收入，公司运营和非运营活动的总和，但要扣除应交税金和临时性项目。

选择ROI作为指标，是因为它反映了投资者对投入资金所期望的最低回报比率。收入值可以为正也可以为负，但两个指标都必须是税前的。表5-2列出了本研究对转向状态的定义。

表5-2　　　　　　本研究有关转向位置的定义

▷ ROI 连续三年呈单调性下降，并且至少有一年ROI值低于（<=）3%；或
▷ ROI 连续两年呈单调性下降，至少有一年的ROI为负值；或
▷ ROI 连续两年为负值；或
▷ ROI 某年低于-8%；或
▷ 收入某年达到负值（税前和扣除税前临时项目）

不同的时间界定是为了使研究能够包括更大范围内的拥有不同的时间段和财务严重程度的企业。一方面，对比以前的研究，其设定的下滑时间段平均为2.75年或者2.8年，本研究选取了稍长一点的时间段，至少三年。另一方面，考虑到这种下降有可能是平缓的，这样对于那些短时间内，比如一年内，业绩下降非常快（例

如ROI达到负值甚至亏损）的企业，三年的持续期显然太长。因此对于这种情况下的企业，适当缩短时间段，例如两年，甚至一年是恰当的。

除了时间设定，单调性问题也很重要。过去很多研究都认为要保持单调下降，但这又会导致忽视了这样一些样本，比如业绩下降很快的企业，一年内就到达业绩的最低点，之后几年虽然没有更差，但仍然在差的绩效范围徘徊，那么在这一情况下该企业的业绩并非单调下降，但显然已经面临转向状态。所以，本研究在定义时，只是针对两到三年内业绩下降相对缓和的企业提出单调性概念，而对于上述那些业绩严重下滑的企业则不做此要求。

同时在研究中还给定了四个参照值：ROI低于3%、负的ROI值、ROI低于-8%、负的收入。不同的参照值对应不同时间段。对于管理者，或者对于企业的利益相关者而言，只有对企业绩效不满意，他们才会采取转向行动。但何为不满意？业绩下滑不是很严重，但持续下降了较长一段时间；或者下滑时间不长，但业绩却很差等，都是现实中企业面临转向状态遇到的问题。这也是本研究加以着重考虑和区分的，尽可能包括现实中出现的种种转向问题，并试图用具体的指标来定义它，用参照值和时间段来描述它。

当然，为了使在实证研究中所挑选的样本尽可能是"真实"的转向企业，我们最后对每一个候选企业的财务绩效进行了两个层面上的检验。

定量检验：ROI的变化和ROA的变化规律是同步的，但ROI由于分母取值的不同，因此在波动幅度上要大于ROA。

ROA：资产报酬率是息税前利润与平均资产总额的百分比，由于各公司不同的资本结构和税收政策对净利润的影响程度不同，用净利润计算的收益率指标可比性较差，而采用息税前利润则克服了这个问题。另外，用息税前利润计算资产收益率更好地体现了财务匹配原则，分母是权益人和债权人的总投入，分子是可供权益人和债权人分配的总利润。

（2）ROA的算法如下：

资产报酬率=（息税前利润/平均总资产）×100%

平均总资产=（期初总资产+期末总资产）/2

注：计算时所有数据取自合并报表

在使用时，把符合标准的中小上市公司1995—2004年的ROI和ROA分别绘制成两条较为直观的曲线图，同时结合收入的考察，来选出符合上述条件的样本企业。选出的样本企业，我们可以确定其转向时所在的年份，同时由于ROI曲线的变化幅度要大于ROA，因此非常容易识别出企业的转向位置，但即便如此，仍然要通过ROA的检验，如果ROA和ROI曲线的变化趋势是一样的，样本企业才能最终确定。

另一层面的检验为定性评价，选出来的样本在转向期间的绩效情况还需要通过上市公司的年报和相关报道的检验。

比较前述22组对转向状态的定义，本研究的定义在多重指标检验和对业绩变化的模式描述上更为宽泛和灵活，因此，也使得本研究获得了较大的样本范围。同时经过了公开二手资料的定性交叉检验，样本的选择更具有现实性，这也为后面的研究工作打下了一个良好的基础。

根据我们的定义，截至2004年12月31日，我们在1 354家上市公司中，筛选出282家流通盘在5 000万股以下的中小企业（含5 000万股），同时从282家中小企业中选出了符合我们定义的样本公司80家。80家样本公司涉及9大不同的行业，如制造业、房地产、商贸零售、农业、能源交通、电子等。

5.5.2 转向成功与转向不成功

定义企业的转向状态后，下一步就是考察这些企业的转向行动的效果，转向结果分为两类：（1）转向成功，即企业成功地摆脱了财务困境；转向不成功，即企业没有成功，至少没有明显地恢复企业的业绩；（2）对于转向结果的界定和描述也是评价转向战略成功与否的重要部分。

1. 对以前转向结果界定的研究回顾

我们把以前的研究中所使用的转向结果的不同界定方法列示在

表5-3中。

表5-3　已有研究对转向结果的定义

研究者	转向结果的定义
Schendel 和 Patton	转向成功：超过GNP增长率的收入增长的企业 转向不成功：样本中不满足转向成功条件的其他企业，没有明确的定义
Schendel、Patton 和 Riggs	转向成功：连续四年净收入超过GNP的增长，允许在上升和下降阶段有两年的偏差 转向不成功：没有进行研究
Hofer	转向成功：对财务、市场、技术和生产能力，以及公司地位综合评估后所作出的有关企业运营和战略健康状况的积极评定 转向不成功：没有进行研究
Bibeault	转向成功：业绩显著、持续地提高 转向不成功：没有进行研究
Hambrick 和 Schecter	转向成功：企业的平均税前投资回报率（ROI）至少两年内要高于20% 转向不成功：企业的平均税前投资回报率（ROI）两年内仍然低于10%
Ramanujam	转向成功：超过四年持续的税后ROI的增加，且增加比率要超过5% 转向不成功：没有明确的定义，不满足转向成功的所有其他企业
Slatter	转向成功：企业已经完全恢复，并且有好的收益，在可见的未来也不会面临其他的威胁 转向不成功：没有进行研究

续表

研究者	转向结果的定义
O'Neil	转向成功：至少有两至三年的时间净收入增长超过行业净收入的增长 转向不成功：相对行业净收入的增长，至少有两至三年的时间净收入持续下降
Pant	转向成功：税前资产回报（ROA）在最近的两年排名于前25%行业企业内 转向不成功：税前资产回报（ROA）在最近的两年排名于后25%行业企业内
Thietart	在使用连续的ROI和市场份额变化进行回归分析后，认为转向成功和不成功的企业没有显著的不同
Bruton	在使用专家小组调查的业绩严重程度评级定性评判中发现转向成功和不成功企业没有显著的不同
Robbins Pearce 和 Robbins	转向成功：在至少两年内，ROI和ROS的持续增长要高于行业在这个阶段的平均水平 转向不成功：所有不满足转向成功条件的其他企业
Arogyaswamy	转向成功：在最近的四年内，ROI、边际净收入和现金流的变化均呈现斜率为正的回归线。同时在最近的两年内ROI值为正 转向不成功：在最近的四年内，ROI、边际净收入和现金流的变化均呈现斜率为负的回归线。同时在最近八年内ROI变化为斜率为负的回归线，并且最近四年内ROI的平均值没有超过10%
Barker	转向成功：至少连续三年ROI值高于无风险回报比例，且员工、资产和销售收入低于转向前企业值的50% 转向不成功：根据所定义的转向阶段标准，在进入转向状态后又有至少一年产生低的收益甚至发生亏损

续表

研究者	转向结果的定义
Chowdhury 和 Lang	转向成功：在下降阶段后保持两年以上的 ROI 平均值上升超过 10% 转向不成功：没有明确的定义，不满足转向成功的所有其他企业
Lawrence	没有给出可操作性的定义
Moon	转向成功：持续两年在 ROA 上的增长超过行业平均水平 转向不成功：没有进行研究
Barker 和 Duhaime	转向成功：至少持续三年 ROI 高于无风险回报利率 转向不成功：没有进行研究
Krueger	转向成功： a. 经过简单回归计算以及对比 GNP 增长率，四年或更长的时间内，税前和扣除临时项目（EBTE）后的收入呈上升趋势 b. 在第四年或恢复后的最近一年 EBTE 为负值 c. 在第四年或恢复后的最近一年 Altman 的 Z 值不低于 3.00 转向不成功：没有进行研究

这 19 组有关转向结果的界定已经全部列出，显然，其定义和描述比转向位置的界定更加多元化。

其中，有两项研究没有对转向结果，即转向成功或不成功做任何的界定。相反他们使用连续的 ROI 和市场份额变化进行回归分析，或者采用专家小组调查对业绩严重程度评级进行定性评判。这种方法的缺陷在于在连续性的分析中，没有办法严格区分转向成功和转向不成功的企业。所有的样本企业既没有显著的转向成功，也没有明显的转向失败，因此也无法得出最后的结论。或者，如果在定义时只采用一种评价指标，比如 ROI 或者市场份额，而不是 ROI 和市场份额，这样对比多重评价方法可以把定义范围缩小，从而得出可以使用的转向结果定义。

剩下的 17 组在定义和描述转向结果时，也各有不同。其中，有 7 组没有对转向不成功做出定义。应该说上述研究设计是不合理的，因为研究结果仅仅是通过研究转向成功企业的转向战略和行动所得出。可以想象，有的时候转向失败的企业所采用的转向战略和行动可能恰好也是转向成功企业所使用的。能够促使企业成功的转向战略和行动只有在它们与转向失败企业所组成的控制组进行比较研究后才能得出。有 10 组研究使用了控制组的设计。

这 10 组中，大多数研究把定义转向失败作为对定义转向成功的补充。这意味着，根据研究的定义，所有转向没有成功的企业都归为了转向失败。但是，可能在转向成功和转向失败企业之间应该还存在中间的概念，比如转向不成功但也不能说失败，比如还可能有一个相对值和绝对值的问题，如一个转向成功的企业的最差业绩可能和转向失败企业的最好的业绩是一样的值。在 10 组研究中只有两组，其转向成功和转向不成功的定义不是互补的（Hambrick 和 Schecter，1983；Pant，1987），除此之外，其余各组对于转向结果都是非此即彼的定义。这两组在转向不成功和成功之间加入了一个中间概念，即业绩的初步提高，如 Hambrick 和 Schecter（1983）在研究中就把平均税前投资回报率（ROI）至少两年内要高于 20% 的企业归为转向成功，而把平均税前投资回报率（ROI）两年内仍然低于 10% 的企业归为转向失败，而在这两个指标间的中间部分，即两年内平均税前投资回报率（ROI）在 10% 和 20% 的企业，显然，Hambrick 和 Schecter（1983）认为它们既不属于成功的行列，但也不能归结为失败，只能说其转向战略起到了一定的作用，但效果还不是特别显著，因此可以说业绩有初步的提高。Pant 的研究也是如此。所以，在这两个研究中，最后所选取的实证研究样本和其他的 8 组是不同的，因为他们在样本中去掉了这样一类既不能算转向成功的公司，也不能算转向失败的公司。而其他 8 组在前一阶段,即转向状态阶段选择完样本后,后一转向结果定义阶段就没有再做样本的甄别,而是非此即彼地把研究简化为不是转向成功就是转向失败这样一个互补概念。应该说,Hambrick 和 Schecter (1983) 以及 Pant (1987) 的方法更科学,可以提高实证结果的有效性,相应的也可以提高达到统计显著性结果的概率。

2. 本研究中所使用的定义

当然,在本研究中所要用到的转向结果定义要尽可能在总结前人研究的基础上扬长避短。因此,本研究所采用的界定方法和描述特征更多的与 Hambrick 和 Schecter (1983) 以及 Pant (1987) 相类似。

相类似于过去的研究,转向成功的定义都是相应的从转向位置的定义衍生的。例如在定义转向位置时运用最多的 ROI 和收入仍然也是定义转向成功时运用最多的衡量指标,因此在本研究中也仍然以这两个指标为主。同时,期限的规定也基本上是考虑转向状态持续的时间而界定的,19组中对转向成功的考察期平均为2.8年,在本研究中我们采用三年的期限。同时,我们把转向结果分为三类:转向成功、转向初步成功和转向失败。

对转向成功定义如表5-4所示。

表5-4　　本研究中对转向成功的定义

▷ 在经历最低的值(t_0)后的第三年(t_3)ROI 要高于6%,而且
▷ 在恢复期(t_1 到 t_3)ROI 和收入都不得低于下降阶段的业绩最低值(t_0),而且
▷ 在经历最低值(t_0)后的第三年的收入必须不能低于业绩下滑前的水平的50%。

第一个条件我们选取了一个参照值:6%。这看似武断,但实际上我们是参照中国的平均无风险利率水平来制定的。对于6%的理解是这样的,如果企业在采取转向战略和行动后,至少取得了其

投资溢价才认为转向成功。如果定义一个高于6%的值,那么在三年这相对较短的时间企业要获取如此高的回报,那只能是投资于一些投机项目才有可能做到。

第二个条件是为了保证由 ROI 和收入所表示的绩效指标表现在经历了最低值的业绩期有一个向上的趋势。

第三个条件是用来排除有可能出现的被分拆企业。

转向失败的企业至少要满足以下的一个条件(见表5-5):

表5-5　　　　　本研究中所使用的转向失败定义

▷ 在经历最低的值(t_0)后的第三年(t_3)ROI 要低于3%,或者
▷ 在经历最低值(t_0)后的第三年的收入为负数。

上述的两种分类与处于转向状态中的企业特性十分相似。明显地,如果一个企业在临近于转向位置或处于转向位置时绩效已经非常差了,那么这个企业也更容易归类为转向不成功的企业。

转向初步成功的企业既不属于转向成功也不属于转向失败范畴,即在规定期限内 ROI 为3%~6%的企业。图5-2标明了转向状态以及三种不同结果的转向描述。

基于以上的定义,从1995—2004年中国上市公司,有80家企业符合我们所定义的转向状态阶段,其中41家企业转向成功,31家转向失败,8家取得了初步的转向成功。为了进一步提高样本间的不同,以及比较转向成功和转向失败企业间的转向战略和行动,我们把这8家企业从样本中删除。在剩余的72家企业中,1家企业由于缺少相关的完备的财务数据,也从样本中删除。因此,最后的样本包括71家企业,其中41家为转向成功企业,30家为转向失败企业。

5.5.3　净组织资本

本研究一个重要的目标是研究在不同程度的净组织资本(NOC)下是否要使用不同的转向战略和行动。净组织资本的定义

第五章 业绩转向成功影响因素分析的理论模型和研究设计

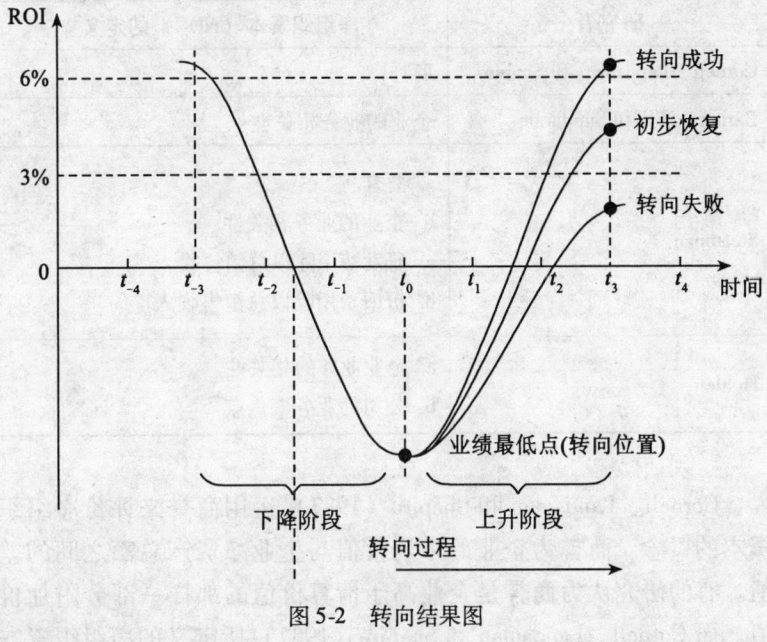

图 5-2 转向结果图

在其中起着非常重要的作用。我们在定义净组织资本前，先对以前的研究做一个总体的比较。

1. 对以前研究的回顾

利益相关者理论对此研究较少，同时，也很少有对于转向管理中的利益相关者的实证研究。相反的，与利益相关者有关的研究领域大多集中在债权评级变化对证券价格的影响、资本结构、分红政策以及治理结构上。

尽管研究方向不同，大多数的研究需要有一个净组织资本的运营定义。目前，对净组织资本的直接度量很少，只有通过一些间接的度量方法，如观察债权评级的变化对证券价格的影响、资本的结构以及红利政策等来研究净组织资本的变化从而检验利益相关者理论。已有研究对净组织资本的定义如表 5-6 所示。

表 5-6　已有研究对净组织资本（NOC）的定义

研究者	净组织资本（NOC）的定义
Cornell、Landsman 和 Shapiro	商誉
Barton、Hill 和 Sundaram	企业的业务相关性
Steadman	a. 商誉 b. 企业的业务相关性 c. 研发费用除以总销售收入 d. 折旧费用除以总销售收入
Holder	a. 企业业务的相关性 b. 公司的业务聚焦点

Cornell、Landsman 和 Shapiro（1987）运用商誉来评价净组织资本的概念。商誉为企业的市场价值与企业净资产总额之间的差值。有的研究认为商誉是企业高于清算价值的那样一部分附加价值。而 Cornell、Landsman 和 Shapiro（1987）所定义的净组织资本的概念，指的是组织资本和组织负债之间的差额。即在所有未来要偿付的隐性索取权的目前的市场价值下，企业为了偿付隐性索取权在目前和未来所要花费的成本之间的差额。相对于净组织资本的定义，商誉可能更多地体现的是一些因素的混合影响例如自由现金流、长期利率、风险、自由现金流的增长比例以及净组织资本。所以经常会有一些互相矛盾的情形出现，当企业净组织资本为 0 或者负值时，例如没有隐性合约或者隐性合约的成本超过了收益，但这时企业的商誉还是会存在，不会为 0 或者负值。因此可以说商誉和净组织资本这两个概念之间有一定的关联性，但其中关联性并不大。显然，本研究也不会采取这样一个本身有缺陷的定义。

Barton、Hill 和 Sundaram（1989）使用业务的关联性来代替净组织资本这一概念。它的合理性在于相连的业务之间会产生溢出效应而互相影响。如果企业某一部分业务的失败导致对已出售的隐性合约的索取权支付产生问题，那么非投资类的利益相关者马上会对产品线上或产品系列中的另一些产品的隐性合约索取权的支付表示怀疑，从而增加交易成本。因此，上述具有关联业务的企业确实由于业务的关联性强从而导致隐性合约的支付受到影响，实际上是使得净组织资本发生了变化。但这一合理性的存在是有特定条件的，其前提必须是业务的关联性对企业的净组织资本变化有着非常强的联系和影响。例如对于那些业务之间不存在关联或弱关联的企业，我们也不能否认它们存在高的净组织资本。因此，这一概念仍旧不能作为可以推广的净组织资本概念。

Steadman（1990）也使用了商誉和业务相关性的概念。同时还加上了研发费用和总销售收入的比例以及折旧费用占总销售收入比例这两个条件。研发与销售收入的比值在技术复杂性高的行业中经常会高一些。资产的专用性和复杂性使得企业会对隐性合约有更大的依赖性，也即与净组织资本有较大关联性。因此，Steadman（1990）用 R&D 这一指标来反映这种关系。但 R&D 只和资产的复杂性有关，而和资产的专用性没有关系。这意味着，高研发费用—销售收入比例的企业就是高净组织资本的企业。显然，这是不对的。第四个概念，Steadman（1990）运用了折旧费用与总销售收入的比例。折旧费用是和资产的密集度有关的概念，技术的复杂程度高也往往会导致资产的密集度高，因此折旧费用—销售收入的比例是和研发费用—销售收入比例相类似的概念，当然也具有和后者一样的缺陷。但相比而言，研发费用—销售收入的这一比例因为与净组织资本的关系更直接而显得更适合。

Holder（1992）使用了业务相关性和公司关注两个概念来反映净组织资本。相比于业务相关性，公司关注测度的是企业对其核心业务的集中程度，可以理解为"企业把销售收入分配到不同业务线的最大比例的部分"。

这四种不同的定义从不同的方面反映了过去的研究者对净组织资本这一概念在利益相关者理论中的不同理解。应该说，每一种定义都有其合理性，也有其缺陷。

2. 使用于本研究的定义：交易成本的框架

如前面章节所分析的，隐性合约之所以存在是因为在一些情况下，显性合约由于高的交易成本而无法达成。正如 Williamson（1985）所建议的，交易成本的三个主要来源是有限理性、复杂性、机会主义和资产专用性。高的交易成本导致对隐性合约的需求，因此产生高的 NOC。NOC 也与交易成本的三个来源相关。同时我们也知道在重复博弈的情况下，机会主义将不再产生较大的合约问题。那么，对于 NOC 的定义应该更多地讨论它与有限理性、复杂性和资产专用性之间的关系。

只有当复杂性和专用性相结合出现时，隐性合约才有存在的必要，同时我们也才有讨论 NOC 的必要。因此，可以得出以下结论，和非投资类利益相关者存在复杂关系以及具有专门关系投资为特征的企业，其 NOC 值也为高。

（1）复杂性

复杂性被认为是具有内部不稳定性和高度可变性的综合。这些变量具体到一个企业，可以是企业自身的变量（即内部的复杂性），也可以是有关企业环境的变量（即外部的复杂性）等。当然，我们不可能对每一个可能的变量都在实证研究中作检验。Lawrence（1995）曾经建议使用两个变量来表示复杂性：市场可变性和技术的可变性。

市场可变性（Market Volatility）：在本研究中可以用总销售收入来进行计算。这个变量是通过变化系数的形式来测量外部复杂性的。公式如下：

$$MV = \frac{\sqrt{\sum_{i=1}^{n} \frac{(S_i - \bar{S})}{n}}}{\bar{S}} \tag{5-1}$$

其中，S_i——第 i 年的企业总销售收入；

$\bar{S}$——样本企业从 1987 年到 1997 年的平均销售收入；

N——包括绩效最低点所在年限（t_0）在内的两个上升和下降区间（t_{-1} 和 t_{-2}）所对应的年限数。

基于变化系数，71 家样本企业分成了三组：低市场复杂性的企业（组 0），中等市场复杂性的企业（组 1）以及高度市场复杂性的企业（组2）。每一组都大致包含了各为1/3的样本企业。

技术可变性（Technological Volatility）：这是一个衡量内部复杂性的变量。公式如下：

$$TV = \frac{\sum_{i=1}^{n} \frac{C_i}{a_i}}{n} \tag{5-2}$$

其中，C_i——样本企业1987—1997年的第i年的资本支出；

a_i——样本企业1987—1997年的第i年的总资产；

n——包括绩效最低点所在年限（t_0）在内的两个上升和下降区间（t_{-1}和t_{-2}）所对应的年限数。

相应的，根据这种技术复杂性程度，这71家企业也分成了三组（组0、组1和组2）。

最后，可以根据三组不同的市场复杂性和技术复杂性算出平均的复杂性。平均复杂性可以和资产专用性一起来计算企业的NOC。

（2）资产专用性

资产专用性被解释为专门的关系投资。投资的专门性又取决于这种专门性投资是否与外部其他的合约关系所共享。也即如果专门性投资不是针对一个合约，那么所涉及的合约越多，投资的价值就越少。资产专用性定义中有三个方面需要考虑：资产专用性的不同类型、不同层面以及对利益相关者群体的影响。

Williamson（1985）区分了四种不同形式的资产专用性：地点专用性、物理资产专用性、人力资源专用性和专门资产。

首先，地点专用性指企业中存在的与地点有关的资产。例如，能源类型的生产工厂必须把厂址选在靠近煤炭或者提供其能源来源的地方。没有这种紧密的联系，那么运输成本将占据企业的大量费用。所以，这种类型的企业会首先考虑企业的选址问题。

物理资产专用性指能够满足特殊企业需要的专门设备和系统。例如银行金融机构的办公室，经常要在银行安全设备或者安全资金的存放设备等基础设施上投入大量资金，所以，这种专门性设备如果不被银行或金融机构类似的功能使用，那么它将毫无价值，企业也将承受损失。

人力资源专用性在于通过工作中逐渐发展和形成的专门性人才，或者说需要花费企业特殊的培训成本。知识在企业竞争中的作用越来越大，人力资源的专业性也越来越重要。

专门资产是指专门针对某特定客户所做的一些非连续投资。例如，为了满足和某位顾客的条约而加大产能，如果顾客不再和企业续签合同，或者企业处于转向阶段，那么可能会给企业带来产能过剩。

除了不同的类型，资产的专用性还可以从其不同的层面来进行描述。

如资产专用性的程度、资产/投资的数量、投资的重要性、投资给其他方的价值、投资的可见性、投资的持续性和投资风险。

这七个层面所描述的资产专用性特点，其中资产专用性的程度和投资/资产的数量被研究最多，这也说明这两个方面更重要。

除此之外，还可以用资产专用性对不同利益相关者的影响来进行分类。当一个企业拥有众多利益相关者群体，对资产专用性的定义应该更多集中在更重要的非投资类的利益相关者：顾客、雇员、供应商和管理者。非投资类的利益相关者越多地受到专门性投资的影响，那么资产的专用性重要程度越高。

如果资产专用性对不同的利益相关者有影响，而且资产专用性的形式和表现层面都很多，那么测度资产专用性不是一项容易的工作。特别是，资产专用性绝对值的计量基本是不可能的。因此，用相对值而不是绝对值的概念来计量资产专用性更为合理和现实。本研究采用相对值的计量方法，把企业划分为三组：低资产专用性的企业、高资产专用性的企业以及中等程度的资产专用性的企业。表5-7列出了不同类型的资产专用性对于重要的非投资类利益相关者群体的影响。

表 5-7 资产专用性对非投资类利益相关者群体的影响

	顾客	雇员	供应商	经理人	其他
地点专用性	生产和消费设备的地点靠近供应商	住房投资靠近工作地点；地方社会网络	生产设备地点靠近消费者	住房的投资靠近工作地点；地方商业网络	互补的服务网络
资产专用性和专用资产	高的生命周期成本；对服务或者修理的需要；减少操作成本；因为溢出对其他资产的价值产生影响的产品	带有限制性再销售的员工持股计划	专有机器或工具的发展和建设；收购特殊知识和技能的专门人才；对产能的增加；不能为顾客竞争对手服务的责任	带有限制性再销售的期权计划	定制化互补的产品和服务的发展和建设
人力资产的专门性	为安装和使用产品而做出的努力	有关企业专门的品质和知识；在一定时间内的有限的工作变换；当雇员离开公司后禁止在同行业内工作	有专门的培训以满足品质的要求	有关企业专门的品质或知识；在一定时间内有限的工作变换；当雇员离开公司后禁止在同行业内工作	有关产品的特殊知识和性能的培训以满足兼容性目标

根据表 5-7，我们可以清楚地看到上述不同类型的资产专门性是如何影响每一个非投资类利益相关者群体的。对于每一个企业，

表5-7用来决定资产专门性的总程度。通过利用企业年报和相关新闻报道等包含的信息，表5-7中的每一项，都可以用0（弱的资产专用性）、1（中等资产专用性）或者2（强资产专用性）来进行评价。15项的总和即代表企业总资产专用性的程度。根据上述方法，给71家样本公司资产专用性分15项分别打分再计算总和，根据分数，把所有样本公司分为三种类型：低的资产专用性、中等的资产专用性、高的资产专用性。

当复杂性和资产专用性做出评价和测量后，那么NOC的值就可以知道了。

（3）复杂性和资产专用性的综合

复杂性和资产专用性是NOC的两大先决条件，它们与NOC的关系如图5-3所示。

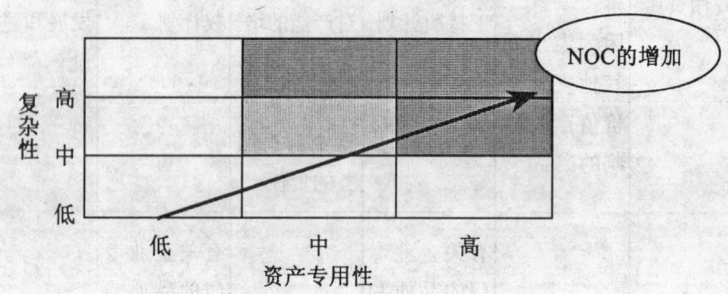

图5-3　由复杂性和资产专用性组成的NOC评价矩阵

对于一个有着合理NOC的企业，其合约关系应该最少具有中等程度的复杂性和资产专用性（图5-3灰色和黑色区域）。相应的，71个样本企业被分成三个组：不具有或者低NOC的企业（白色区域）、具有中等程度NOC的企业（灰色区域）、具有高NOC的企业（深灰色区域）。

NOC也可以被表示为连续的变量。在本研究中我们选用了虚拟变量。两个虚拟变量可以设定为：

NOC（1）：不具有或者低的NOC的企业。

NOC（2）：具有中等程度NOC的企业。

5.5.4 战略变化

战略变化是转向战略中要考察的一个重要部分。对战略变化的定义要能使我们计量战略变化的数量和程度，首先我们要确认公司级战略变化的内容。有如下的公司级战略的内容：

收购行业内的企业或业务单位；收购行业外的企业或业务单位；分离企业内组织单元；收获或清算没有多元化的资产；建立新的企业；建立合资企业或者战略联盟来进入行业外的业务；压缩、扩张或者同时压缩和扩张企业国内业务范围；压缩、扩张或者同时压缩和扩张企业国外业务范围；改变企业传统业务的优先序。

以上九种行动都可以视为企业的公司级战略行动。每一种行动的发生都说明企业战略在一定程度上发生了变化。但如何计算战略变化的程度呢？下面将给出根据内容的不同来计算公司级战略在转变期 $t-1$ 到 $t+1$ 的变化的方法。

在计算其变化的程度和数量时，首先把公司级战略分为两类，前三部分的战略内容为第一类，后六部分为第二类。有关第一类战略变化的建立公式如下：

$$CS_1 = X_a Y_a + X_b Y_b + X_c Z_c \tag{5-3}$$

其中，

a——收购行业内企业单元或企业；

b——收购行业外企业单元或企业；

c——业务单元的分离；

X——收购或分离单元的数目。5 分级制，没有单元被收购或兼并时 X 为 0，收购一个组织单元时 X 为 1，收购两个组织单元 X 为 2，三个组织单元 X 为 3，四或四个以上 X 为 4。

Y——收购企业所花费成本占整个企业销售额比率的权数。Y 为 1 表示收购企业占销售额比例小于 25%，Y 为 2 表示收购企业占销售额比例大于等于 25% 但小于 50%，Y 为 3 表示收购企业占销售额比例大于等于 50%。

Z——公司所分离的业务单元占公司整体销售额的比例。Z 为 1 表示分离企业占销售额比例小于 10%，Z 为 2 表示分离企业占销售额比例大于等于25%但小于10%，Z为3表示分离企业占销售额比例大于等于25%。

$$CS_2 = X_d W_d + X_e W_e + X_f W_f + X_g + X_h + X_i \qquad (5\text{-}4)$$

其中，

d——收获或清算没有多元化的资产；

e——建立新的企业；

f——建立合资企业或者战略联盟以进入行业外的业务；

g——压缩、扩张或者同时压缩和扩张企业国内业务范围；

h——压缩、扩张或者同时压缩和扩张企业国外业务范围；

i——改变企业传统业务的优先序。

X取值为0或1，如果上述变化在转向期间t_{+1}和t_{-1}时段发生，那么X为1，否则为0。

W为在企业转向期间第d、e、f行动发生时，企业所涉及的组织单元数目。W为0意味着没有组织单元的涉入，W为1意味着一个组织单元，W为2为2个组织单元，W为3即为3个组织单元，W为4则表示4个或以上组织单元都发生了上述变化。

最后，

$$CS = CS_1 + CS_2 \qquad (5\text{-}5)$$

即总的战略变化为第一类战略变化和第二类战略变化的总和。

根据上述对战略变化内容的定义以及对变化发生程度的计算，可以将每一个样本在转向前后的战略变化用一个具体的值表示。然后，把所有战略变化的数值分为高、中、低三组，分别代表战略变化的三种不同程度。于是，可以把战略变化的变量设定为一个二元虚拟变量：

CS（1）：战略变化为低的企业；

CS（2）：战略变化为中的企业。

在这里，统计中默认的变量为战略变化为高的企业。

5.5.5 其他变量

在本章的研究模型和假设中，还涉及一些其他的变量，下面我们将一一定义。

1. 转向位置的定义

企业转向状态的严重程度我们是以 ROI 测算的最低业绩点(t_0)位置来衡量的,在研究中简写成 TP(Turnaround Position),表示公司在最低业绩年度的 ROI 水平。

2. 转向战略的定义

转向行动指的是管理的变化,成本和资产的削减,销售收入的增加和战略再定位。针对每一项战略转向行动,在转向变化中取具有代表性的两个时点来考察转向行动对绩效的影响。在本研究中,选取的这两个时点所持续的时段称为转变期,两个时点分别为 t_{-1}(最低绩效的前一年)和 t_{+1}(最低绩效的后一年)。因为包括了转向状态的时间间隔,因此两年的时间框架是合理的。对于一个大的公众上市公司而言,从业绩的下滑到最后达到转向位置可能需要 1~3 年的时间,转向后至少 2 年才能看到理想的绩效。从下滑到业绩的恢复整个转向过程需要 5~6 年的时间。最低绩效(即转向位置点)的前一年是企业面临转向压力最大的一年,而转变期 t_{-1} 到 t_{+1} 能够反映一个较完整的转向过程,首先,由于压力启动转向;其次,执行转向行动;最后,在 t_{+1} 观察财务绩效。

(1)成本削减

成本削减要分别进行。研究转变期相关变量主营成本率(TS_COST)的变化、员工成本率的变化(TS_EMP)、营业费用率的变化(TS_OE)、销售费用率的变化(TS_ME)和财务费用率的变化(TS_FE)。负的变化意味着成本的削减。

(2)资产削减

资产削减同上。研究转变期固定资产(TS_FA)、现有资产(TS_CS)和债务的变化(TS_DEB)。负的变化意味着成本的削减。

(3)销售收入增加行动

即分析销售收入(TS_SALES)在转变期的变化。正值意味着增长。

(4)业务层面战略变化

业务级战略在转变期 t_{-1} 到 t_{+1} 的变化,首先给出该变量(TS_BS)的定义。如果有企业采取了削减或者收入增长战略,则为1,否则为0。

(5) CEO 的变化

设定二元虚拟变量。如果在转变期 t_{-1} 到 t_{+1} 间,CEO 变更,那么编码为1。这种变更不包括经理人员的正常换届。企业管理团队的信息来源于公司公布的年报信息和相关财经新闻报道。该变量在本研究中简称 TS_CEO。

(6) 主营业务发生转移

设定二元虚拟变量。如果在转变期 t_{-1} 到 t_{+1} 间,主营业务发生转移,那么编码为1。信息来源于公司公布的年报信息和相关财经新闻报道。该变量在本研究中简称 TS_SR。

3. 组织背景

(1) 规模

对企业规模的度量可以是总资产、销售额和员工数目。该变量简称为(OC_SIZE)。在本研究中,三种方法都被运用到规模的测量中以考察过去研究中有关规模的不同的研究结论是否由于测量指标不同而得出。总资产和销售收入数据来自于数据库,员工人数来自于公司的年报。所有方法的取值定在 t_{-1} 时点,也即转向行动实施之前。

(2) 其他组织变量

固定资产密集度(OC_FA_A)是固定资产和总资产的比值。其取值的时点为 t_{-1}。

员工成本密集度(OC_EMP_S):在 t_{-1} 年的员工成本和销售收入的比值。

金融资产密集度(OC_FIN_A):在 t_{-1} 年金融资产和总资产的比值。

权益密集度(OC_EQU_BF):在 t_{-1} 年所有者权益和总资产比值。

未分配收入密集度(OC_RP_EQU):在 t_{-1} 年未分配收入和总

所有者权益比值。

（3）NOC 和其他变量之间的交互作用

讨论 NOC 和其他变量的交互作用是一种权变的方法。研究交互作用的变量是为了观察 NOC 不同的企业是如何在与转向成功相关的变量上体现不同的。同样设立二元虚拟变量，即低 NOC（NOC（1））和中 NOC（NOC（2））。

NOC 和金融资产密集度的相互作用：分为两个变量，即 FNASI_BF * NOC（1）和 FNASI_BF * NOC（2）

NOC 和权益比例的相互作用：分为两个变量，即 EQTYI_BF * NOC（1）和 EQTYI_BF * NOC（2）

NOC 和未分配收入密集度的相互作用：分为两个变量，即 RETEI_BF * NOC（1）和 RETEI_BF * NOC（2）

NOC 和转向各行动之间的交互作用见第六章。

4. 外部环境背景

公司的环境背景分析分为行业状况和一般经济状况两个部分。

（1）行业状况

对行业状况的分析采用二元虚拟变量。如果在 t_{-1} 年出现了以下任意一个行业问题，该变量（EC_IC）赋值为 1：不利的政策变化；转移生产到劳动力工资低的国家和地区；长期的需求紧缩；持续的产能过剩；价格战。

（2）一般经济状况

同样，设立二元虚拟变量来描述一般经济状况。如果出现经济问题，即 GDP 出现了负的增长，经济总体倒退等，那么该变量（EC_GE）赋值为 1。

第六章 业绩转向成功影响因素的研究分析和研究发现

基于研究的理论模型以及相应的假设和以前的实证研究结果，我们设定了如下的自变量和控制变量。本研究所有的分析变量和简称汇总如表 6-1 所示。

表 6-1　　　　　　　　　　本研究中的自变量

转向位置
TP：t_0 的业绩（以 ROI 来测定）
转向战略：
TS_COST：主营业务成本率的变化（变化比率）
TS_EMP：员工工资成本的变化（变化比率）
TS_OE：营业费用率的变化（变化比率）
TS_ME：管理费用率的变化（变化比率）
TS_FE：财务费用率的变化（变化比率）
TS_CA：流动资产的变化（存货和应收账款）（变化比率）
TS_FA：固定资产的变化（变化比率）
TS_DEBT：负债的变化（变化比率）
TS_SALES：销售收入的变化（变化比率）
TS_CEO：CEO 的变化（二元虚拟变量：0 或 1）
TS_BS：业务层级战略的变化（二元虚拟变量：0 或 1）
TS_CS：公司层级战略的变化
TS_CS（1）：无或程度较小的公司级战略变化（二元虚拟变量：0 或 1）
TS_CS（2）：中等程度的公司级战略变化（二元虚拟变量：0 或 1）
TS_SR：公司主营业务发生重大转移（二元虚拟变量：0 或 1）

续表

组织背景：
OC_SIZE_S：规模（以销售收入来测定）
OC_SIZE_EMP：规模（以员工人数来测定）
OC_SIZE_A：规模（以总资产来测定）
NOC：净组织资本
NOC（1）：低的净组织资本（二元虚拟变量：0 或 1）
NOC（2）：中等净组织资本（二元虚拟变量：0 或 1）
OC_FA_A：固定资产密集度（在 0 和 1 之间变化的比率）
OC_EMP_S：员工工资成本密集度（在 0 和 1 之间变化的比率）
OC_FIN_A：金融资产密集度（在 0 和 1 之间变化的比率）
OC_EQU_A：权益比率密集度（在 0 和 1 之间变化的比率）
OC_RP_EQU：未分配收入密集度（在 0 和 1 之间变化的比率）

环境背景：
EC_IE：企业所处行业的结构性问题（二元虚拟变量：0 或 1）
EC_GE：宏观经济问题（二元虚拟变量：0 或 1）

在研究中因变量是转向结果，即转向成功或不成功。企业转向成功即为"是"，转向失败即为"否"，可知因变量是一个虚拟的两分变量。当因变量只有两个值时，学者们通常会采用 Logistic 回归进行实证分析。同样，本研究也使用此研究方法。

6.1 多重 Logistic 回归结果

6.1.1 总体实证方案描述

1. 拟解决的主要问题

相比于单变量回归模型，多重回归模型在统计意义上最大的目的就是可以用每一个变量与其他变量在分布和关联性上的不同来调整这种估计的影响。因此多重回归分析中，每一个估计的系数都提供了一个 logit 估计值来调整在模型中其他系数的影响。

在多元回归分析中要考虑三个问题。一是观察在上市中小企业转向过程中的数据结果分析是否会取得与以前实证研究相同的结果，特别是比较中国企业和外国企业在转向管理中影响因素的不同。二是分析 NOC 的不同是如何影响企业转向成功的。三是观察 NOC 如何与企业组织背景下的因素相互影响以及不同的 NOC 水平如何影响企业所实施的转向行动。

2. Logistic 回归分析的模型和步骤

相应地，有三组不同的多变量 Logistic 回归分析：

不考虑 NOC 的情况下分析转向成功的决定因素（与先前国外研究可比较的研究问题）。

考虑 NOC 的情况下分析转向成功的决定因素，但是不考虑 NOC 与其他组织因素和转向行动之间的关系（分析 NOC 对企业转向成功的影响）。

考虑 NOC 的情况下分析转向成功的决定因素，同时包括考虑 NOC 与其他组织因素和转向行动之间的关系（分析 NOC 与企业其他组织因素的相互影响，尤其是考虑 NOC 对所实施的转向战略的影响）。

为了避免产生以前研究中有关企业规模的相互矛盾的结论，在本研究中我们对规模采用了三种不同的评价标准：总资产、员工人数和总销售收入。为了避免多重共线性的影响，对规模的每一个评价标准，都有独立的多变量回归模型。因此，三个不同的多变量 Logistic 回归模型要运用到三组不同的分析中，那么一共有九组不同的分析结果。

3. 最优回归方程的选择

为了使回归方程中的自变量都变得显著，同时这个方程的 R^2 又尽可能大，应该找一个最优的回归方程，这个方程包含尽可能多的对 y 有较大影响的变量，同时这些变量又都是显著的。一个直观的办法，就是算出所有不同自变量组合的回归方程，从中挑选最优者。实际中可以根据经验，选择若干对 y 影响较大的变量，然后按照一定的规则，对变量进行自动选择、检验以决定取舍，使方程在一定条件下最优。在 SPSS 的 Logistic 回归中，提供了全部纳入法、向前回归和向后回归三种将自变量纳入回归模型的方法。同时，向前和向后回归变量移出方程所采用的检验方法有：

（1）条件法（Conditional）：依据条件参数似然比检验的结果剔除变量。

（2）似然比法（LR）：依据偏似然比检验的结果剔除变量。

（3）瓦尔德法（Wald）：依据 wald 检验的结果剔除变量。

向前法和向后法在运用时区别不大。但在检验方法的选择上，Wald 最适合于两分类因变量的 Logistic 回归（Binary Logistic Regression）。本研究采用的是向后回归法：Wald（Hauck，1977）。本研究所用的统计分析软件为 SPSS13.0。

6.1.2 不考虑 NOC 的分析

在不考虑 NOC 的情况下分析转向成功的决定因素，其目的是想把对中国上市公司的数据进行分析所得出的结论，和先前的大多数由美国转向管理专家们所做的有关美国公司转向管理的研究结果进行比较。而先前的这些研究都没有考虑到 NOC 这样一个权变量。考虑到规模的设定有不同的标准，因此我们有三组不同的 Logistic 回归模型被分析：

1. 以销售收入作为企业规模的分析结果（模型 1-1）

把以销售收入为评价标准的企业规模变量和所有其他表 6-1 中的变量（除去 NOC 和两个以总资产和员工人数为标准的企业规模变量），代入 Logistic 回归模型中。经过向后回归法，模型 1-1 中的变量如表 6-2 所示。

表6-2　　　　　　　　模型1-1方程式的变量

	B	S.E.	Wald	df	Sig.
TS_COST	2.972	1.697	3.065	1	0.080 **
TS_OE	0.675	0.286	5.577	1	0.018 ***
TS_ME	−0.448	0.215	4.331	1	0.037 ***
TS_DEB	−0.999	0.441	5.133	1	0.023 ***
TS_SALE	0.862	0.580	2.209	1	0.137 *
EC_IE	1.387	0.706	3.861	1	0.049 ***
OC_SIZE_S	0.000	0.000	3.049	1	0.081 **
Constant	−0.806	0.563	2.052	1	0.152

注：* 代表弱显著性水平（<0.15）；
　　** 代表中等显著性水平（<0.10）；
　　*** 代表强显著性水平（<0.05）。

如表6-2所示，主营业务成本率的变化（TS_COST）、公司营业费用率（TS_OE）、管理费用率的变化（TS_ME）、负债（TS_DEB）、销售收入（TS_SALE）以及行业环境问题（EC_IE）都与转向成功相关。有四个变量显著相关。其中，管理费用和企业债务的变化与转向成功显著负相关，这一结果支持本研究提出的假设H2d和H3c，即管理费用下降和债务的减少有利于企业转向成功。另一个显著性因素是营业费用的变化（TS_OE），和先前的假设不同的是，该因素与转向成功呈正相关关系，即营业费用的增加会增大转向成功的可能性。这一结论与转向管理执行者们所推崇的成本削减战略是相悖的。本结果中另一因素，主营业务的成本变化率也与转向成功呈正相关关系，即主营业务成本增加会增大转向成功可能性。虽然这一因素只是中等程度相关，但其结论仍与转向管理执行者提倡的成本削减战略的观念产生分歧。实际上，如果注意到另一个因素也进入模型方程中，这一看似相悖的结论也就得到了解释。销售收入与转向成功显著正相关，意味着销售收入增加会增大转向成功的可能性。这也就不难解释为什么营业费用的增加与转向成功正相关。在会计核算中，营业费用包括企业再销售产品、自制半成品和工业性劳务过程中发生的各种费用以及专设销售机构的各种经费。具体包括的项目内容为：包装费、运输费、装卸费、保险费、广告展览费和租赁费以及企业为销售本企业产品而专设的销售机构的费用。而企业为了扭转困境，可以从两个方面提高销售收入，一是生产销售更多的产品，二是提高产品单价。由于困境中的企业其产品声誉会受到一定程度的影响，提高产品单价通常很难实现，所以现实的做法是生产更多的产品，用各种促销手段甚至低价销售产品，虽然销售费用增加了，但可以尽快使企业获得转向成功所需的现金流。TS_SALES 与转向成功正相关，从而支持假设 H4 和以前的研究结论。中等显著的因素是以销售收入为标准的公司规模（OC_SIZE_S）。规模与转向成功正相关，支持 H9 和 Ramanujam（1984）的研究结果。规模大的公司有更多的经验和拥有更多公开的和隐藏的资源储备。在表 6-2 中没有出现的其他变量说明在研究模型下没有呈现出显著性。

结论还显示行业结构问题会促使企业转向成功，这是一个具有统计意义但不具有经济学意义的结果。从交互表分析可以得出，在行业出现问题时（即为 1 时），20 家企业有 14 家转向成功，转向成功的比例为 66.7%，要高于转向不成功的企业。同时，在阅读出现行业问题的公司年报时也发现，这些企业在解决行业结构问题时，往往最终会发生重大战略转移，更换重要股东，主营业务改弦易张。14 家转向成功的企业中有一半即 7 家企业主营业务发生了重大转移。这些可能都是导致行业结构问题与转向成功正相关的原因。从这一点来看，外部因素，特别是行业结构性问题，比起企业内部的管理问题，更容易引起管理者的关注，使他们认识到企业所面临的危机，从而更积极地应对企业的问题，采取积极措施，促使中小企业尽快转向。因此，与其说行业结构问题增加企业转向几率，不如说行业问题是企业转向的触发器。

Logistic 回归分析中还有一个重要的回归系数可以解释事件发生的几率，即转向成功发生的几率有多少。事件发生比指发生这个事件的概率和不发生这个事件的概率的比值。

与 logitP 不同，发生比具有一定的实际意义。它代表一种相对风险。这一概念在博弈时使用较多。因此，对 Logistic 回归系数的解释通常是从发生比的指数表达式出发的。

在取得了 Logistic 回归系数各 b_i 的解以后，将其代入 Ω 函数：

$$\Omega = \text{Exp}[a + b_1 x_1 + b_2 x_2 + b_3 x_3] \tag{6-1}$$

要分析 x_2 变化一个单位对于 Ω 的影响幅度，可以用 $(x_2 + 1)$ 表示，并将其代入（6-1）式表示新的发生比值 Ω^*：

$$\begin{aligned} \Omega^* &= \text{Exp}[a + b_1 x_1 + b_2(x_2 + 1) + b_3 x_3] \\ &= \text{Exp}[a + b_1 x_1 + b_2 x_2 + b_3 x_3 + b_2] \\ &= \Omega \, \text{Exp}[b_2] \end{aligned} \tag{6-2}$$

将两个发生比集中在一起，有：

$$\Omega^*/\Omega = \text{Exp}[b_2] \tag{6-3}$$

这一变化前后的两个发生比 Ω^*/Ω 称为发生比率（Odds Ratio；或相对风险比，Relative Risk Ratio）。它可以测量自变量一个单位的增加给原来的发生比所带来的变化。一般的表达式为：

$$\Omega^*/\Omega = \text{Exp}[b_i] \tag{6-4}$$

如果 $i = 2$，说明在其他情况不变的条件下，x_2 一个单位的变化使原来的发生比扩大 $\text{Exp}[b_2]$ 倍。在一般情况下，发生比率还可以表达一个自变量取某一特定数量变化或多个自变量同时变化情况下前后发生比之间的关系。

以发生比的指数表达式来解释回归系数，比 logitP 更有统计学的意义，该概念尤其在医药科学领域得到了广泛应用。通过该值，可以近似了解某事件会更易发生，或不会发生。即转向成功发生的 $(x = 1)$ 几率要大于转向失败 $(x = 0)$ 的几率。几率比在这个特性上可以视为一种风险比例。运用 SPSS 求解，几率比即表 6-3 中在 95% 置信区间下的 $\text{Exp}(B)$。

表6-3　　　　　　　　　**模型1-1 变量的发生比**

	Exp(B)	95.0% C. I. for Exp(B)	
		Lower	Upper
TS_COST	19.526	0.701	543.806
TS_OE	1.963	1.122	3.437
TS_ME	0.639	0.419	0.974
TS_DEB	0.368	0.155	0.874
TS_SALE	2.368	0.760	7.384
EC_IE	4.001	1.004	15.952
OC_SIZE_S	1.000	1.000	1.000
Constant	0.447		

表6-3显示，类似于TS_COST、TS_OE等为连续变量，发生比指的是一单位连续变量的变动所发生的变化。举例来说，TS_ME的exp[B]为0.639，即管理费用每增加一个单位，转向成功的概率要减少36%（=1−0.639）。类似的，销售收入增加一个单位，那么转向成功概率比起没有增加销售收入的企业要提高1.368倍。其他类似的连续变量的发生比也可以如上式计算。

除了系数的显著性和发生比，重要且完备的Logistic回归模型也是非常重要的。有如下方法可以评价模型的完备性。

由于Logistic回归方程求解参数采用最大似然估计，因此其回归方程的整体检验可通过似然函数值（Likelihood）表示。所谓似然函数值表达的是一种概率，即在假设拟合模型为真实情况时可以观察到这一特定样本数据的概率，因此这个函数值处于[0, 1]。因为对这个函数值取自然对数后在数学处理上更为方便，而且又因为这个函数值是个极小的小数，其对数值是个负数，所以通常对似然函数值先取自然对数再乘以−2以后应用。在SPSS中会报告这一指标，标志为"−2 Log Likelihood"（见表6-4）。在本研究中，模型1-1的该值为69.134。截距模型的差值称为Chi-square（见表6-5）。

Chi-square 模型检验了虚无假设 H_0，除了常数之外的所有自变量的系数为 0。给定模型 1-1 中的 Chi-square 模型为 27.582，有 7 个自变量，整体模型的显著性水平为 0.001（见表 6-5），该值越小表示自变量的作用越显著。因此，可以认为从该测量方法来看，模型 1-1 具有较好的拟合度。

表 6-4　　　　　　　　模型 1-1 的拟合度检验

Step	−2 Log likelihood	Cox &Snell R Square	Nagelkerke R Square
15	69.134（b）	0.322	0.433

表 6-5　　　　　　　　模型 1-1 的综合性检验

		Chi-square	df	Sig.
Step 15	Step	−1.845	1	0.174
	Block	27.582	7	0.001
	Model	27.582	7	0.001

a　A negative Chi-squares value indicates that the Chi-squares value has decreased from the previous step.

第二种判断拟合度的方法，即用拟合优度指标（Goodness of Fit）来比较所观察概率。其公式定义为：

$$Z^2 = \sum_{i=1}^{n} \frac{(y_i - \widehat{p_i})^2}{\widehat{p_i}(1 - \widehat{p_i})^2} \quad (6\text{-}5)$$

然而，这一指标在评价模型拟合程度方面没有太大的用处。因此，在本研究中没有选用此指标来对模型进行评价。

在表 6-4 中，还有两个值，分别为 Cox&Snell R^2 和 Nagelkerke R^2，它们试图加强在 Logistic 回归模型中所解释的"变化"部分。其内容近似于在 OLS 回归模型中的 R^2，尽管在 Logistic 回归模型中变化的定义是不同的。和 Cox&Snell R^2 不同的是，Nagelkerke R^2 更合理，因为它能从理论上达到 1 这个最大值，类似于最小二乘法的回归。表6-4中的Nagelkerke R^2 值为0.433，可以看到在结果中有43.3%的变动被模型1-1解释。这个数据在统计学分析中不是特别理想，即目前进入方程的变量还不足以反映转向成功的影响因素。

当然，用更逼真的方法来评价模型1-1的拟合度莫过于把模型1-1中的各项预测值用观测结果的分类表来表示（见表6-6）。

表6-6　　　　　　　　模型1-1的分类表

	Predicted		Percentage Correct
	T		
Observed	0.00	1.00	
Step24　T　0.00	20	10	66.7
1.00	7	34	82.9
Overall Percentage			76.1

a　The Cut value is 0.500.

表6-6提出了组合0.5的切割值，即转向成功概率大于等于0.5的企业都列为转向成功。分类表显示有20家企业正确预测为转向失败，34家企业正确预测为转向成功。反对角线列出了被错误预测转向结果的企业个数。总共有17家企业被错误估计了转向结果，其中，7家被错误估计为转向失败，10家企业被错误估计为成功。那么可以得出，转向失败的正确率为66.7%，转向成功的正确预测率为82.9%。总体而言，71个样本中有76.1%的比例被正确预测了企业的转向结果，可以说模型1-1的拟合度还是较高的。

对于每一组企业，分类表只能决定估计的概率是大于还是小于0.5。它没有能够完全覆盖模型1-1所提出的概率分布，SPSS提供了一个柱状的概率图（见图6-1）。

```
Step number: 15
     Observed Groups and Predicted Probabilities

      8
F
R     6
E
Q                                                                    1
U                                                                    1
E     4                                                             11
N                                                                   11
C                                              1                  1 11
Y                                              1                  1 11
    2 0   00           0 1 1  1   0 111   11 1    1 111111    1
    0     00           0 1 1  1   0 111   11 1    1 111111    1
    0  0100000    00  00100 01 0010101000 111 11 1 1 000111 1 1
    0  0100000    00  00100 01 0010101000 111 11 1 1 000111 1 1
Predicted
Prob:  0           0.25           0.5          0.75           1
Group: 00000000000000000000000000000000001111111111111111111111111111
```

Predicted Probability is of Membership for 1.00
The Cut Value is 0.50
Symbols: 0 - 0.00
        1 - 1.00
Each Symbol Represents 0.5 Cases.

图 6-1 模型 1-1 预测概率分布图

如果模型 1-1 成功地把转向成功的企业从失败的企业中区分出来，那么转向成功（标志为 1）应该在 0.5 的右边，而转向失败（标志为 0）在 0.5 的左边。如图 6-1 所示，仅有两个转向成功企业的概率值在 0.25 以下，而且仅有 6 个转型成功企业其概率值大于 0.75，这一结果再次确认了模型的较好的拟合度。如果企业被错误地进行预测，对于银行家和投资者而言，他们宁愿看到被预测为转向失败的企业实际上转向成功,而不愿意看到被预测为转向成功的企业实际上正在面临转向失败。因此,分类原则,即以前的切割值为 0.5,需要改变以降低犯更多类似错误的概率。例如,投资者更愿意去投资那些预计转向成功概率高于 0.9 的企业,如图 6-1 所示。通过柱状图,我们可以根据分析目标的不同来选择不同的分类原则。

另一种对拟合度的检验方法称为 Hosmer 和 Lemeshow 检验。该方法根据模型预测概率的大小将所有观察单位十等分,然后根据每一组中因变量各种取值的实测值与理论值计算 Pearson 卡方检验。自由度为组数减 2。该方法通常适用于自变量很多或自变量中包含连续性变量的情况。本研究中由于具有自变量多,而且多数自变量为连续性变量的特点,因此该拟合度的检验方法非常适合。71 家处在转向状态下的企业被平分为 10 组(除最后一组有 8 家企业)。表 6-7 比较了转向成功和失败企业的观察概率和估计概率的不同。

表 6-7　　模型 1-1 的 Hosmer 和 Lemeshow 检验

Step	Chi-square	df	Sig.
15	10.230	8	0.249

表 6-7 中 Chi-square 检验用于评价观察值和估计值之间的差。对于模型 1-1,Chi-square 值的重要性水平为 0.249,因此认为观察值和估计值之间没有差异,不能被否定,由此可见模型的拟合度较高。反映到研究中即假设(H2d,H3c,H4,H9)成立,而且以前对于美国公司的研究中的结论,包括 Ramanujam(1984)关于企业规模的正向影响等也都被证实。然而,模型 1-1 的结果却没有体现所谓的转向中的弹力球影响。

2. 以员工人数作为企业规模的分析结果(模型 1-2)

和模型 1-1 不同的是,这一节我们使用企业的员工人数来定义企业规模。第二部分的分析仍然不考虑 NOC 的影响,同时也试图发现是否由于企业规模定义不同,会产生和前一部分和以前研究不同的甚至自相矛盾的结论。除了变量 OC_SIZE_E,其他列在表6-1中的变量(除另两类规模计量变量和 NOC 及交互项外)经过 Wald 后向逐步回归后,其结果列示如下(见表6-8)。

表6-8　　　　　　　模型 1-2 中的变量

		B	S. E.	Wald	df	Sig.
Step 18(a)	TS_COST	4.218	1.677	6.323	1	0.012***
	TS_OE	0.351	0.198	3.144	1	0.076**
	TS_ME	−0.334	0.189	3.141	1	0.076**
	TS_SALE	1.068	0.525	4.149	1	0.042***
	OC_FA_A	3.683	1.987	3.435	1	0.064**
	Constant	−1.015	0.731	1.930	1	0.165

注:* 代表弱显著性水平(<0.15);
　　** 代表中等显著性水平(<0.10);
　　*** 代表强显著性水平(<0.05)。

如表6-8所示,模型 1-2 中出现的变量和模型 1-1 中出现的变量有一些差异。主营成本的变化、营业费用、管理费用、销售收入进入了模型 1-1 的方程,同时也进入了模型 1-2 的方程。差异方面除了规模的评价标准由销售收入替换成员工人数,同时规模作为自变量在模型 1-2 中没有最后进入方程之外,模型 1-1 中的债务的变化和行业环境的因素也没有进入模型 1-2。模型 1-2 中出现了一个新的变量,即固定资产在总资产中的比例,这一变量在最后方程中显示的是与转向成功正相关,但非强相关。即固定资产比例高的企业,在转向中容易成功。这一结论的产生主要原因是样本中大多数的中小上市公司都为制造型企业,其比例占到总样本数的70%,因此以固定资产高为代表的制造型企业特点在研究中也就显得突出了。同样的,与模型 1-1 一样,TS_COST、TS_OE 和 TS_SALE 都与转向成功正相关。甚至于,TS_SALE 与转向成功在模型 1-2 中为高度正向相关。这充分说明中小上市公司在实施转向时，相比于采取保守的削减战略，反而更倾向于采取积极的、凸显企业家精神的行动，如增大销售收入，这一点在本模型中与固定资产比例高的特点也可以体现出来，企业在转向时不是清算、减少固定资产，尽快变现，而是为了增大销售收入，更积极地采购固定资产，或通过兼并转换固定资产，发挥固定资产的利用价值。

总之，模型1-2中的变量的系数和显著性指标和模型1-1相比虽然没有很大的变化，但总体说来，模型1-2的各项性能都不及模型1-1（见表6-9）。

表6-9　　　　　　　　模型1-2变量的发生比

	Exp(B)	95.0% C. I. for Exp(B)	
		Lower	Upper
TS_COST	67.864	2.535	1816.615
TS_OE	1.421	0.964	2.094
TS_ME	0.716	0.495	1.036
TS_SALE	2.911	1.041	8.137
OC_FA_A	39.752	0.809	1953.295
Constant	0.362		

首先模型的拟合度，模型1-2似乎不如模型1-1。模型的-2LL为77.591，要高于模型1-1相应的指标，说明拟合度要低于模型1-1的拟合性（见表6-10、表6-11）。

表6-10　　　　　　　　模型1-2的拟合度检验

Step	-2 Log Likelihood	Cox & Snell R Square	Nagelkerke R Square
18	77.591（b）	0.236	0.317

表 6-11　　　　　　　　模型 1-2 的综合性检验

		Chi-square	df	Sig.
Step18（a）	Step	-1.959	1	0.103
	Block	19.124	5	0.002
	Model	19.124	5	0.002

Cox&Snell R^2 和 Nagelkerke R^2 值也要比模型 1-1 相应的值低。特别是 Nagelkerke R^2 为 0.317，对方程解释能力不理想。Chi-square 值为 29.492 的显著性水平为 0.01，这仍然是一个比较高的值。比较分类表我们仍然会发现模型 1-1 比模型 1-2 有更高的拟合度。

虽然模型 1-1 中对转向不成功的预测成功率为 66.1%，这一数字到模型 1-2 中就减少到 53.3%。但对转向成功的正确预测比例提高到 87.8%，但模型 1-2 中总体正确率还是有所减少，从模型 1-1 的 76.1% 减少到 73.2%（见表 6-12）。

表 6-12　　　　　　　　模型 1-2 的分类表

			Predicted		
			T		Percentage Correct
Observed			0.00	1.00	
Step24	T	0.00	16	14	53.3
		1.00	5	36	87.8
Overall Percentage					73.2

a　The cut value is 0.500.

最后一个评价指标 Hosmer 和 Lemeshow 检验也可以看出统计量为 2.503，自由度为 8，$p=0.962$，模型拟合良好。其他结果在这里我们也不一一分析并列出（见表 6-13）。

表 6-13　　　　模型 1-2 的 Hosme 和 Lemeshow 检验

Step	Chi-square	df	Sig.
18	2.503	8	0.962

3. 以总资产作为企业规模的分析结果（模型 1-3）

比较模型 1-1 和模型 1-2，第三种对于企业规模的评判标准为企业总资产（OC_SIZE_A）。将这种不同的规模计量单位带入模型方程，不仅可以和以前的针对美国等西方国家公司所做的转向研究相比较，而且还可以观察在不考虑 NOC 的情况下是否存在与前两种模型不同的研究结果，该结果是否由对规模的计量标准不同带来的。代入变量 OC_SIZE_A 以及其他表 6-1 中的变量（除另两类规模计量变量和 NOC 及交互项外），经过 Wald 后向逐步回归后，其结果列示如下（见表 6-14）。

表 6-14　　　　　　　　模型 1-3 的变量

		B	S.E.	Wald	df	Sig.
Step 18(a)	TS_COST	4.218	1.677	6.323	1	0.012***
	TS_OE	0.351	0.198	3.144	1	0.076**
	TS_ME	−0.334	0.189	3.141	1	0.076**
	TS_SALE	1.068	0.525	4.149	1	0.042***
	OC_FA_A	3.683	1.987	3.435	1	0.064**
	Constant	−1.015	0.731	1.930	1	0.165

注：*代表弱显著性水平（<0.15）；
　　**代表中等显著性水平（<0.10）；
　　***代表强显著性水平（<0.05）。

与表 6-8 相比较，表 6-14 列示了与本模型相关的变量。可以看到，每一个变量的 β 系数和显著性水平与模型 1-2 都是相似的，甚至 S.E.，Wald 系数也是相同的，发生比和模型 1-2 是一样的

（见表6-15）。

表6-15　　　　　　　模型1-3的变量发生比

	Exp(B)	95.0% C. I. for Exp(B)	
		Lower	Upper
TS_COST	67.864	2.535	1 816.615
TS_OE	1.421	0.964	2.094
TS_ME	0.716	0.495	1.036
TS_SALE	2.911	1.041	8.137
OC_FA_A	39.752	0.809	1 953.295
Constant	0.362		

同时模型1-3的拟合程度也和模型1-2相同（见表6-16、表6-17）。

表6-16　　　　　　　模型1-3的拟合度检验

Step	−2 Log Likelihood	Cox &Snell R Square	Nagelkerke R Square
18	77.591（b）	0.236	0.317

表6-17　　　　　　　模型1-3的综合性检验

		Chi-square	df	Sig.
Step 18（a）	Step	−1.959	1	0.162
	Block	19.124	5	0.002
	Model	19.124	5	0.002

a　A negative Chi-squares value indicates that the Chi-squares value has decreased from the previous step.

模型1-3的分类表也和模型1-2相同。两个模型中预测的结果都是16家企业转向失败，36家企业转向成功。总的正确率为73.2%（见表6-18、表6-19）。

表 6-18　　　　　　　　　　模型 1-3 的分类表

Observed	Predicted		
	T		Percentage Correct
	0.00	1.00	
Step24　T　0.00	16	14	53.5
1.00	5	36	87.8
Overall Percentage			73.2

a　The cut value is .500

表 6-19　　　　　　　　　　模型 1-3 的 hosmer 检验

Step	Chi-square	df	Sig.
18	2.503	8	0.962

　　模型 1-3 的剩余 SPSS 输出结果基本上和模型 1-2 的结果类似，因此不再列示。类似于对模型 1-1 的评价，模型 1-2 和模型 1-3 几乎相同，说明后两个模型拥有更好的一致性，但总体而言，三个模型还是具有较高的稳定性。在三个模型分析完毕后，我们也可以判断针对以前所作的研究，规模评价标准的不同并非实证研究中得到互相矛盾结果的原因。但规模本身对于转向成功的影响，模型 1-1 显示，与转向成功正相关，与先前 Ramanujam（1984）所做研究的结论是一致的，但这一结论在模型 1-2 和模型 1-3 中并未获得支持。说明虽然规模的计量标准不同，不会对转向成功的其他结果的得出产生影响，但对于规模这个自变量本身，还是存在一定影响的，在本研究中，以销售收入为计量的规模和转向成功具有正相关关系，而以员工人数和总资产计量的规模则和转向成功没有显著关系。

　　三个模型都没有考虑 NOC，但都证明有一个较好的拟合度以及支持我们提出的以下假设（H2d，H3c，H4，H9），同时也支持 Ramanujam（1984）提出的企业规模于转向成功的正向关系的结果。三个模型都没有显示出"转向中的弹性球效应"。总之，模型 1-1、模型 1-2 和模型 1-3 都是建立在对中国中小上市公司的研究基础上,其结果与先前研究大的区别在于,中国中小上市公司在转向过程中,更注重采取积极的转向战略。但由于模型的解释性还不高,说明影响企业转向成功的因素还没有完全挖掘,研究还有待进一步修正。

6.1.3 考虑 NOC,但不考虑其交互作用关系的分析结果

因为以前的研究中都没有涉及 NOC 这一变量,所以为了使研究结果更具有可比性,我们在前面一节讨论的是不考虑 NOC 情况下所得到的结论,那么这一节我们就要引入 NOC 这一权变量来做研究。同样我们也要分别在不同的企业规模定义下设定回归方程。

1. 以销售收入作为企业规模的分析结果(模型 2-1)

在对销售收入、NOC 以及其他列示在表 6-1 中(除去另外两种企业规模计量标准变量)的变量进行逐步回归分析之后,结果如表 6-20 所示。

表 6-20　　　　模型 2-1 的变量

		B	S. E.	Wald	df	Sig.
Step 20(c)	TS_OE	1.248	0.617	4.096	1	0.043 ***
	TS_CA	1.618	0.700	5.350	1	0.021 ***
	TS_DEB	-2.277	1.003	5.148	1	0.023 ***
	TS_SALE	1.751	0.861	4.142	1	0.042 ***
	TS_SR	3.305	1.203	7.549	1	0.006 ***
	EC_IE	1.608	0.935	2.962	1	0.085 **
	NOC			12.613	2	0.002 ***
	NOC(1)	-7.418	2.089	12.609	1	0.001 ***
	NOC(2)	-5.606	1.784	9.876	1	0.002 ***
	OC_SIZE_S	0.000	0.000	3.851	1	0.050 ***
	Constant	2.190	1.346	2.648	1	0.104

注:* 代表弱显著性水平(<0.15);
　　** 代表中等显著性水平(<0.10);
　　*** 代表强显著性水平(<0.05)。

如表6-20所示，更多的变量进入新的方程。八个变量与转向成功强相关。其中，运营费用的变化（TS_OE）、债务的变化（TS_DEB）、销售收入（TS_SALE）和规模（OC_SIZE_S）都与转向成功显著相关，这和以前的研究是一样的。不同的是在模型2-1中，主营业务成本的变化量不再进入方程。但销售收入仍保持了强相关，说明该变量在模型中的稳定性。有四个新进变量，流动资产的变化，主营业务变化和第一次进入回归计算的NOC，都显示出了强相关性。企业流动资产越多，企业转向成功几率越高，对于变量的解释可以归结为销售收入的增加所带来的企业现金流的增加。另一个不同在于主营业务发生转移会增加转向成功几率。对于业绩不好的上市公司而言，流通盘相对较小，为企业收购兼并提供了条件。一方面资产重新组合可以使证券市场的资源进行合理流动，另一方面非同业之间的并购也会使企业战略方向发生重大转移。经过资源合理流动的企业也越易转向成功。然而，最大的不同在于NOC进入了模型的构建而且显示出显著性。具有低NOC的企业，即NOC为（1），那么比那些NOC为高的企业有更低的概率取得转向成功。这显然支持H10的假设，即在转向过程中如果能够获得利益相关者的支持其转向成功可能性越大。相应的，具有中等程度NOC的企业，即NOC为（2），那么比高NOC的企业取得转向成功的几率更低。因为NOC的计量，分为高、中、低三个层级。Logistic回归分析专门提供了虚拟变量的分类处理。分别拥有高、中、低三个层级的NOC企业，设定为两个虚拟变量，NOC（1）代表低的NOC水平，NOC（2）代表中等程度的NOC水平，SPSS默认变量为高NOC的企业。

发生比可以让我们评价NOC和其他变量对转向成功概率的影响（见表6-21）。

表 6-21　　　　　　　模型变量发生比

	Exp(B)	95.0% C. I. for Exp(B)	
		Lower	Upper
TS_OE	3.485	1.040	11.676
TS_CA	5.044	1.280	19.875
TS_DEB	0.103	0.014	0.733
TS_SALE	5.763	1.067	31.125
TS_SR	27.261	2.579	288.138
EC_IE	4.995	0.800	31.187
NOC			
NOC(1)	0.001	0.000	0.036
NOC(2)	0.004	0.000	0.121
OC_SIZE_S	1.000	1.000	1.000
Constant	8.936		

注：* 代表弱显著性水平（<0.15）；

　　** 代表中等显著性水平（<0.10）；

　　*** 代表强显著性水平（<0.05）。

模型的拟合度分析如表 6-22、表 6-23 所示。

表 6-22　　　　　　模型 2-1 的拟合度检验

Step	−2 Log Likelihood	Cox &Snell R Square	Nagelkerke R Square
20	41.064（b）	0.543	0.730

表 6-23　　　　　　模型 2-1 的综合性检验

		Chi-square	df	Sig.
Step 20	Step	10.544	1	0.001
	Block	55.652	9	0.000
	Model	55.652	5	0.000

第六章 业绩转向成功影响因素的研究分析和研究发现

表 6-22 显示出模型 2-1 有很高的显著性。基于 Nagelkerke R^2，模型 2-1 解释出了总偏离的 73%，这一结果要好于模型 1-1、模型 1-2 和模型 1-3。−2LL 降低了 20 有余，为 41.064，显示出模型的拟合度提高了。同时 Cox&Snell R^2 和 Nagelkerke R^2 分别都有所提高。显然，NOC 加大了模型的拟合度，这一特点从分类表中也可以看到（见表 6-24）。

表 6-24　　　　　　　　模型 2-1 的分类表

		Predicted		
		\multicolumn{2}{c}{T}	Percentage Correct
Observed		0.00	1.00	
Step24　T	0.00	25	5	83.3
	1.00	6	35	85.4
Overall Percentage				84.5

a　The cut value is 0.500.

在模型 2-1 下，有 5 家企业而不是像模型 1-1 的 10 家企业被错误地认为转向成功，这样使得总体预测成功率从 76.1% 上升到 84.5%。然而，分类比率不应该被过分强调，因为它只考虑了预计概率是否大于或小于切割值 0.5 而不考虑估计概率的分布。这个模型更详细的描述可以从所观察到和估计的概率的柱状图得到（见图 6-2）。

比较模型 1-1 和模型 2-1 的柱状图（见图 6-2），模型 2-1 无论是转向成功还是转向失败都表现出更好的拟合性。这说明加入了 NOC 的模型能够更好地分离这两组不同的转向结果。相似的结果可以由 Hosmer 和 Lemeshow 的拟合度检验得出（见表 6-25）。

表 6-25　　　　模型 2-1 的 Hosmer 和 Lemeshow 检验

Step	Chi-square	df	Sig.
20	3.205	8	0.921

```
                Step number: 20
                Observed Groups and Predicted Probabilities
        16                                                          1
                                                                    1
                                                                    1
    F                                                               1
    R   12                                                          1
    E                                                               1
    Q                                                               1
    U    0                                                          1
    E    8 0                                                        1
    N    0                                                          1
    C    0                                                          1
    Y    0                                                         1 1
         4 0                                                       1 1
         00                      1 1                       1 11 1
         00   00           0 0 0         1               1 1111
         00   00   0 0  0 1  1010 01    00 1 1 0  11    1 0011111
Predicted
    Prob:  0         0.25           0.5          0.75          1
    Group: 0000000000000000000000000000000011111111111111111111111111111
```

Predicted Probability is of Membership for 1.00
The Cut Value is 0.50
Symbols: 0 - 0.00
         1 - 1.00
Each Symbol Represents 1 Case.

图 6-2 模型 2-1 的预测概率分布

对于模型 2-1，Chi-square 为 3.205，要低于模型 1-1 的相应值（10.230），这显示出在观察值和估计值之间的差距在 10 组企业群中要低于模型 1-1。这也体现在下面的显著性水平上（0.921），说明估计值和观察值不存在差异。

模型 2-1 证明了比模型 1-1 有更好的拟合度，同时也有更高的准确率。它支持模型 1-1 中的规模与转向成功正相关，而且在本模型中呈现显著相关。然而，最重要的发现在于 NOC 显著正向影响企业转向成功概率。即有着高 NOC 的企业有一个高的转向成功概率，其中的原因在于高 NOC 的企业可能与利益相关者有着更紧密的联系。基于模型 2-1 的结果，紧密的利益相关者关系在转向过程中有着至关重要的作用。

2. 以员工人数作为企业规模的分析结果（模型 2-2）

正如模型 2-1 一样，模型 2-2 同样也引入了 NOC 的变量，同时对企业员工人数、NOC 以及其他列示在表 6-1 中（除去另外两种企业规模计量标准变量）的变量进行逐步回归分析，结果如表 6-26 所示。该研究的目的是为了发现如果换一种企业规模的计量标准，是否会影响 NOC 和企业转向成功所存在的这样一种显著的正相关关系，同时也可以检验模型的稳定性。

表 6-26　　　　　　　模型 2-2 的变量

	B	S. E.	df	Wald	Sig.	Exp(B)
Step 18(b) TS_OE	1.803	0.732	1	6.059	0.014 ***	6.067
TS_ME					0.338	
TS_CA	1.188	0.490	1	5.882	0.015 ***	3.280
TS_DEB	-2.033	0.861	1	5.574	0.018 ***	0.131
TS_CS			2	6.307	0.043 ***	
TS_CS(1)	-0.704	1.176	1	0.359	0.549	0.495
TS_CS(2)	1.933	1.072	1	3.254	0.071 **	6.912
OC_EQU_A	-9.085	4.094	1	4.924	0.026 ***	0.000
EC_IE	2.179	1.078	1	4.088	0.043 ***	8.836
NOC			2	5.550	0.062 **	
NOC (1)	-15.953	37.309	1	0.183	0.669	0.001
NOC (2)	-13.370	37.358	1	0.128	0.720	0.001
Constant	17.656	37.616	1	0.220	0.639	5E+007

注：＊代表弱显著性水平（<0.15）；

　　＊＊代表中等显著性水平（<0.10）；

　　＊＊＊代表强显著性水平（<0.05）。

表 6-26 列示了进入模型 2-2 的企业变量。和模型 2-1 不同的是，规模和主营业务的变化没有进入方程。但是，和 NOC 同样进行分层处理的 CS 进入了模型。考察 NOC 对企业转向成功的影响是本研究一个重要的方向，另一方面我们也试图从数据中发现转向成功中公司级战略变化的程度对转向影响的证据。NOC 和转向成功之间仍然和模型 2-1 显示的一样，具有正向相关性，但显著性有所减弱。所有者权益与总资产的比例也进入方程，所有者权益在总资产中比例越低，转向越易成功。支持假设 H11d。高权益比的企业，往往在面临危机或困境时应对较慢，同时高的权益比也会使企业经营者在实施转向时决策自由度降低，因此倾向于采取一些保守而非积极的转向战略，从而导致转向失败。

公司级战略的变化和 NOC 一样，分为三个层级：高、中和低。在 Logistic 回归分析中设置成两个虚拟变量进行逐步回归，CS（1）代表公司级战略没有变化或者变化很小的企业，CS（2）代表中等程度的战略变化的企业，SPSS 默认的对照组是战略变化较大的企业。因此，在方程中可以看到，TS_SC（2）与转向成功中等显著正相关，同时 Exp（B）值为 6.912，意味着战略变化为中等的企业比战略变化较大的企业有更高的概率转向成功，这个差值为 6.912 倍。这一结论支持假设 H7。

表 6-27　改变对照组的模型 2-2 的变量描述

	B	S. E.	Wald	df	Sig.	Exp（B）
Step 18(b) TS_OE	1.803	0.732	6.059	1	0.014	6.067
TS_ME	-0.273	0.316	0.744	1	0.388	0.761
TS_CA	1.188	0.490	5.882	1	0.015	3.280
TS_DEB	-2.033	0.861	5.574	1	0.018	0.131
OC_EQU_A	-9.085	4.094	4.924	1	0.026	0.000
EC_IE	2.179	1.078	4.088	1	0.043	8.836
TS_CS			6.307	2	0.043	

续表

	B	S. E.	Wald	df	Sig.	Exp(B)
TS_CS(1)	2.637	1.122	5.523	1	0.019	13.976
TS_CS(2)	0.704	1.176	0.359	1	0.549	2.022
NOC			5.550	2	0.062	
NOC(1)	2.583	1.121	5.306	1	0.021	13.239
NOC(2)	15.953	37.309	0.183	1	0.669	84816.091
Constant	0.998	1.683	0.352	1	0.553	2.714

注：* 代表弱显著性水平（<0.15）；

** 代表中等显著性水平（<0.10）；

*** 代表强显著性水平（<0.05）。

同时，由于 NOC 和 CS 分别为二分类的虚拟变量，但如果我们改变对照组，即改变 NOC（1）和 NOC（2）的代表意义。比如改变系统默认的对照组，由 last 改为 first，那么此时 NOC（1）代表 NOC 为中等程度的企业，NOC（2）代表 NOC 为高的企业，对照组为低 NOC 的企业。CS 定义的概念同上，这时我们可以得到改变了参照组后的模型方程。因为在上面的方程中，我们可以得到中等程度的战略变化要比大的战略变化更利于转向成功，但是对中等程度的战略变化与低的战略变化之间的关系无从了解，如果改变参照组，把低的战略变化作为参照组，那么 CS（1）的 Exp（B）得到的就是中等程度的战略变化与低的战略变化发生的比率。在表中，我们看到有显著正相关关系，发生比为 13.976，说明中等程度的战略变化的企业比低的战略变化企业更易转向成功，这个概率发生的倍数为 13.976。

NOC 的分析同上。可以从表中得到结论，NOC 为中的企业与 NOC 为低的企业相比，前者有 13.239 倍的概率高于后者转向成功。通过改变参照组，使我们能够更全面地了解各变量之间的相互关系。

模型 2-2 的拟合度较好（见表 6-28），并且其总体显著性水平为 0.000（见表 6-29），这与模型 2-1 也是相似的。

表 6-28　　　　　模型 2-2 的拟合度检验

Step	−2 Log Likelihood	Cox & Snell R Square	Nagelkerke R Square
18	37.840（d）	0.564	0.758

表 6-29　　　　　模型 2-2 的综合性检验

		Chi-square	df	Sig.
Step 18	Step	10.311	1	0.001
	Block	58.876	10	0.000
	Model	58.876	10	0.000

其中，−2LL 为 37.840，比模型 2-1 的 41.064 要低，显示出更好的拟合性。同时，影响因素对方程的解释为 75.8%，这一比率也比模型 2-1 的 73% 要高。模型 2-2 的拟合度也可以从分类表中看出（见表 6-30）。

表 6-30　　　　　模型 2-2 的分类表

			Predicted		
			T		Percentage Correct
Observed			0.00	1.00	
Step24	T	0.00	25	5	83.3
		1.00	5	36	87.8
Overall Percentage					85.9

a　The cut value is 0.500.

总体准确率为 85.9%，模型 2-2 相对要高于模型 2-1（84.5%），这说明模型质量较高。Hosmer 和 Lemeshow 的拟合度检验，观察值和估计值的柱状图也要优于模型 2-1，具体结果不再解释(见图6-3、表6-31)。

```
Step number: 18
           Observed Groups and Predicted Probabilities

       32
    F
    R   24
    E                                                              1
    Q                                                              1
    U                                                              1
    E   16                                                         1
    N                                                              1
    C                                                              1
    Y                                                              1
        8                                                          1
            0                                                      1
           00 1    0                                              11
           0000000  000 1 00  0  0   1   0 0 1  1100 0  11  1111
Predicted
  Prob:   0         0.25      0.5          0.75          1
  Group:  000000000000000000000000000001111111111111111111111111111
            Predicted Probability is of Membership for 1.00
                     The Cut Value is 0.50
                     Symbols: 0 - 0.00
                              1 - 1.00
                 Each Symbol Represents 2 Cases.
```

图 6-3　模型 2-2 的预测概率分布图

表 6-31　　　　　　**模型 2-2 的 Hosmer 检验**

Step	Chi-square	df	Sig.
18	4.577	8	0.802

事实上，模型 2-2 中的显著性值、拟合度都要优于模型 2-1，但模型中没有出现自相矛盾的结论，这可以解释为两个模型具有稳定性，同时也揭示了 NOC 对于转向成功在统计学上的重要影响。

3. 以总资产作为企业规模的分析结果（模型 2-3）

NOC 的重要性仍是模型 2-3 分析的主要目的。同样的步骤运用到模型 2-3，得出结果如表 6-32 所示。

表 6-32　　　　　　　模型 2-3 的变量

		B	S. E.	Wald	df	Sig.	Exp(B)
Step 15(a)	TS_OE	1.673	0.695	5.795	1	0.016***	5.330
	TS_FE	−0.138	0.078	3.104	1	0.078**	0.871
	TS_CA	1.846	0.877	4.435	1	0.035***	6.337
	TS_DEB	−2.936	1.401	4.390	1	0.036***	0.053
	TS_SALE	1.463	0.880	2.760	1	0.097**	4.317
	TS_CS			6.933	2	0.031***	
	TS_CS(1)	2.038	1.465	1.934	1	0.164	7.672
	TS_CS(2)	3.442	1.348	6.517	1	0.011***	31.261
	TS_SR	2.994	1.305	5.265	1	0.022***	19.972
	EC_IE	2.327	1.117	4.340	1	0.037***	10.247
	NOC			11.661	2	0.003***	
	NOC(1)	−8.212	2.409	11.620	1	0.001***	0.010
	NOC(2)	−6.211	2.002	9.624	1	0.002***	0.020
	Constant	2.558	1.835	1.943	1	0.163	12.912

注：* 代表弱显著性水平（<0.15）；
　　** 代表中等显著性水平（<0.10）；
　　*** 代表强显著性水平（<0.05）。

从表 6-32 中可以看出，模型 2-3 的 β 系数，显著性值和模型

2-2 相比略有变化,但基本相似,说明尽管运用了不同的规模评价方法,这一组模型的稳定性同样相当高。NOC 显著与转向成功正相关,支持假设 H10,说明企业与利益相关者的紧密关系,有较大的可能性保证转向成功。

同样,对于 NOC 和 CS 的处理,我们可以参照模型 2-2 的做法,如表 6-33 所示。

表6-33　　改变对照后的模型 2-3 的变量

	B	S.E.	Wald	df	Sig.	Exp(B)
Step 15(a) Constant	-1.736	1.877	0.855	1	0.355	0.176
TS_OE	1.673	0.695	5.795	1	0.016	5.330
TS_FE	-0.138	0.078	3.104	1	0.078	0.871
TS_CA	1.846	0.877	4.435	1	0.035	6.337
TS_DEB	-2.936	1.401	4.390	1	0.036	0.053
TS_SALE	1.463	0.880	2.760	1	0.097	4.317
TS_SR	2.994	1.305	5.265	1	0.022	19.972
EC_IE	2.327	1.117	4.340	1	0.037	10.247
TS_CS			6.933	2	0.031	
TS_CS(1)	1.405	1.058	1.762	1	0.184	4.075
TS_CS(2)	-2.038	1.465	1.934	1	0.164	0.130
NOC			11.661	2	0.003	
NOC(1)	2.001	1.142	3.071	1	0.080	7.400
NOC(2)	8.212	2.409	11.620	1	0.001	3686.640
Constant	-3.617	1.321	7.495	1	0.006	0.027

注:*代表弱显著性水平(<0.15);
　　**代表中等显著性水平(<0.10);
　　***代表强显著性水平(<0.05)。

模型 2-3 的拟合度、综合性检验如表 6-34、表 6-35 所示。

表 6-34　　　　　模型 2-3 的拟合度检验

Step	−2 Log Likelihood	Cox & Snell R Square	Nagelkerke R Square
15	38.117（c）	0.562	0.755

表 6-35　　　　　模型 2-3 的综合性检验

		Chi-square	df	Sig.
Step15(a)	Step	−1.757	1	0.185
	Block	58.599	11	0.000
	Model	58.599	11	0.000

模型 2-3，其−2LL 值为 38.117，而模型 2-2 的值为 37.840，模型 2-3 的拟合度要略低于模型 2-2，模型的解释能力也要低于模型 2-2，但比起−2LL 值为 41.064 的模型 2-1，模型 2-3 仍要更优。不过，模型 2-3 的分类正确率是最高的（见表 6-36）。

表 6-36　　　　　模型 2-3 的分类表

		Predicted		
		T		Percentage Correct
Observed		0.00	1.00	
Step24　T	0.00	27	3	90.0
	1.00	3	38	92.7
Overall Percentage				91.5

a　The cut value is 0.500.

Hosmer 和 Lemeshow 的拟合度检验，观察值和估计值的柱状图和对于异常样本的分析和模型 2-1、模型 2-2 也是类似的，因此具体结果不在此列示（见图 6-4、表 6-37）。

第六章 业绩转向成功影响因素的研究分析和研究发现

```
              Step number: 15
              Observed Groups and Predicted Probabilities

        16                                                              1
                                                                        1
                                                                        1
   F                                                                    1
   R    12                                                              1
   E       0                                                            1
   Q       0                                                            1
   U       0                                                            1
   E     8 0                                                            1
   N       0                                                            1
   C       0                                                            1
   Y       0                                                           11
         4 00                                                          11
           00                                                          11
           00        0              0     0           1 1           11111
           00 0 1 0 0  0  100    0  01  0 1 1   0    101  11 11 1 111101
Predicted
  Prob:   0           0.25           0.5          0.75             1
  Group: 000000000000000000000000000000001111111111111111111111111111111

              Predicted Probability is of Membership for 1.00
                        The Cut Value is 0.50
                        Symbols: 0 - 0.00
                                 1 - 1.00
                       Each Symbol Represents 1 Case.
```

图 6-4　模型 2-3 的预测概率分布图

表 6-37　　模型 2-3 的 Hosmer 和 Lemeshow 检验

Step	Chi-square	df	Sig.
15	4.944	8	0.764

在第二组三个模型中，运营费用、债务、流动资产、销售收入和 NOC 都和转向成功显示出相关关系。公司级战略变化和主营业务变化也显示了和转向成功具有一定的正向相关性。总体结果显示了模型的稳定性，尽管对企业规模是有三种不同的评价标准的。在三个模型分析完毕后，仍然可以得到和第一组类似的结论，我们也可以判断规模评价标准的不同并非造成实证研究中得到互相矛盾结果的原因。但同时规模本身对于转向成功的影响，模型 2-1 显示，与转向成功正相关，与先前 Ramanujam（1984）所做研究的结论是一致的，但这一结论在模型 2-2 和模型 2-3 中并未获得支持。说明虽然规模的计量标准不同，不会对转向成功的其他结果产生矛盾的影响，但对于规模这个自变量本身，还是存在一定的影响的，在本研究中，以销售收入计量的规模和转向成功具有正相关关系，而以员工人数和总资产计量的规模则和转向成功没有显著关系。

加入了 NOC 的第二组，清晰地证明了这样的观点：企业与其利益相关者存在密切的关系，特别是和顾客有着密切的联系，那么有更大的机会获得转向成功，同时也反复证明了中等程度的公司级战略变化要优于变化过大的企业。在第五章中列出了如何计算公司级战略变化的公式和算法。所谓战略变化数量和程度高，意味着在转向期间，涉及变动的部门过多，金额过大，企业花费过多的资源进行战略行动，或战略行动过于复杂等。作为转向中的企业，最需要的也许就是企业的资源了。同时从第一组和第二组的研究中，我们发现中小上市公司面临转向时，更多的是采取积极的应对方法，而非消极保守的削减战略，这种积极的业务层面战略同样会影响到公司级的决策，因此公司级战略的变化也不会是保守或消极的，但公司级战略变化面临一个度的问题，在前面的章节中，我们分析了公司级战略要更耗费企业的时间和资源，因此，如何利用好企业的有限资源，同时又能积极地去应对改善企业所处的困境，是转向中企业转向战略要考虑的重要问题，正因为如此，中等程度的战略变化才显得更合时宜。然而，这一部分的研究没有考虑 NOC 与企业组织背景中其他变量和转向战略之间的关系。

6.1.4 考虑了 NOC 和其交互关系的分析结果

在第三组模型中，考虑了 NOC 和其他组织变量以及 NOC 和转向行动之间的交互关系情况。本部分研究的目的是深入研究有关在转向过程中 NOC 与其他变量的关系的交互作用是如何影响转向成功的。

根据利益相关者理论和第五章的分析，我们列出下面的相关变量（见表6-38）。

表6-38　　　　组织变量中与 NOC 相关的变量

资本结构
- INT_1:OC_EQU_A by NOC(1)
- INT_2:OC_EQU_A by NOC(2)
- INT_3:OC_RP_EQU by NOC(1)
- INT_4:OC_RP_EQU by NOC(2)

财务储备
- INT_5:OC_FNA_A by NOC(1)
- INT_6:OC_FNA_A by NOC(2)

组织特征
- NT_7:OC_FA_A by NOC(1)
- INT_8:OC_FA_A by NOC(2)
- INT_9:OC_EMP_S by NOC(1)
- INT_10:OC_EMP_S by NOC(2)

相应的，NOC 与转向战略之间的相关关系也有如下变量（见表6-39）。

表 6-39　　　　NOC 与转向战略相关的变量

业务层级战略

削减战略
- INT_11:TS_COST by NOC(1)
- INT_12:TS_COST by NOC(2)
- INT_13:TS_EMP by NOC(1)
- INT_14:TS_EMP by NOC(2)
- INT_15:TS_OE by NOC(1)
- INT_16:TS_OE by NOC(2)
- INT_17:TS_ME by NOC(1)
- INT_18:TS_ME by NOC(2)
- INT_19:TS_FE by NOC(1)
- INT_20:TS_FE by NOC(2)
- INT_21:TS_CA by NOC(1)
- INT_22:TS_CA by NOC(2)
- INT_23:TS_FA by NOC(1)
- INT_24:TS_FA by NOC(2)
- INT_25:TS_DEB by NOC(1)
- INT_26:TS_DEB by NOC(2)

销售收入增长的市场战略
- INT_27:TS_SALE by NOC(1)
- INT_28:TS_SALE by NOC(2)

其它业务层战略的变化
- INT_29:TS_BS by NOC(1)
- INT_30:TS_BS by NOC(2)

公司层级的战略

CEO 的变化
- INT_31:TS_CEO by NOC(1)
- INT_32:TS_CEO by NOC(2)

公司层战略的变化
- INT_33:TS_CS by NOC(1)
- INT_34:TS_CS by NOC(2)

公司主营业务的转移
- INT_35:TS_SR by NOC(1)
- INT_36:TS_SR by NOC(2)

像前两组模型分析一样,对于规模仍然按照三种不同的标准分别带入不同的回归方程中,以评价模型的稳定性并检查早期研究结果中的互相矛盾的结果是否由于规模计量标准的不同造成。

1. 以销售收入作为企业规模的分析结果(模型3-1)

模型3-1包括了NOC和与NOC有相关关系变量。同样的,对OC_SIZE_S、NOC以及表6-1中的其他变量,还有与NOC相关的变量进行逐步回归分析后,得到结果如表6-40所示。

表6-40　　　　　模型3-1的变量

	B	S. E.	Wald	df	Sig.	Exp(B)
Step 31(b) TS_OE	0.840	0.418	4.029	1	0.045 ***	2.316
TS_CA	0.833	0.377	4.876	1	0.027 ***	2.301
TS_DEB	-1.213	0.552	4.836	1	0.028 ***	0.297
OC_EQU_A	-3.343	1.875	3.178	1	0.075 **	0.035
EC_IE	1.818	0.797	5.204	1	0.023 ***	6.157
OC_SIZE_S	0.000	0.000	4.934	1	0.026 ***	1.000
NOC * OC_RP_EQU			1.651	2	0.438	
NOC(1)by OC_RP_EQU	0.897	1.941	0.213	1	0.644	2.452
NOC(2)by OC_RP_EQU	-2.079	1.654	1.580	1	0.209	0.125
NOC * TS_BS			10.566	1	0.001 ***	
NOC(1)by TS_BS	-3.087	0.950	10.566	1	0.001 ***	0.046
Constant	1.202	1.141	1.109	1	0.292	3.326

注: * 代表弱显著性水平(<0.15);
　　** 代表中等显著性水平(<0.10);
　　*** 代表强显著性水平(<0.05)。

如表6-40所示,曾经进入第一组和第二组模型分析中的营业费用、流动资产、负债、权益比、企业规模和行业因素,同样的也包括在模型 3-1 中。β 系数和以前模型所显示的一样都具有高的显著性。然而，尽管如此，但它们并非完全相近。企业规模在其他的模型中都是显著的，在模型 3-1 中虽然也呈显著性，但要略高于其他模型的显著性水平。再加上 NOC 的一些相关性变量加入模型 3-1 中，部分替代了以前 NOC 所显示的高显著性。

在模型 3-1 中，与 NOC 交互作用相关的因素只有一个与转向成功显著相关。NOC（1）by TS_BS，与转向成功负相关。这意味着在低 NOC 的企业，更多地运用业务层级的战略，反而会减少转向成功可能性。这说明低 NOC 的企业，更适合于实施公司级的战略。一般而言，公司级战略在企业中要耗费更多的资源，甚至可能会有战略业务的重大转移，而这些行动或多或少会损害到企业内非财务利益相关者的权利，例如高层经理人员的更换，业务的改变而带来的顾客的变化，等等。如果是高 NOC 的企业，在处理这些问题时，可能考虑更多的是利益相关者的需求，因此会谨慎地实施公司层面的战略变化，而会相对偏好发展业务层面的战略。

比较第一组和第二组模型的计算，相同的进入方程 3-1 的因素发生比都在同范围的值域中，但并非完全类似，总体上还是可以说明模型 3-1 比较稳定。然而模型 3-1 的拟合度在三组模型中为中，要差于模型 2-1 但优于模型 1-1（见表 6-41、表 6-42）。

表 6-41　　　　　　模型 3-1 的拟合度检验

Step	-2 Log Likelihood	Cox & Snell R Square	Nagelkerke R Square
31	62.431（d）	0.383	0.515

表 6-42　　　　　　模型 3-1 的综合性检验

		Chi-square	df	Sig.
Step15(a)	Step	1.761	2	0.415
	Block	34.285	9	0.000
	Model	34.285	9	0.000

如表6-41所示，-2LL值为62.431，这说明在拟合度方面该模型更出色。Nagelkerke R^2 实际在内容上类似于OLS回归中的 R^2，其值为0.515，这也说明比原来的模型拟合度更高。在分类表中也可以发现模型3-1的这一特点（见表6-43）。

表6-43　　　　　　　　模型3-1的分类表

		Predicted		
		T		Percentage Correct
Observed		0.00	1.00	
Step24　T	0.00	20	10	66.7
	1.00	8	33	80.5
Overall Percentage				74.6

a　The cut value is 0.500.

分类表中综合正确率为74.6%，模型3-1的预见特征不及第二组模型。一个更详细的模型3-1的检验可以从估计概率的柱状图得到（见图6-5）。

图6-5显示了转向成功和不成功的企业都很好地聚合到了各自的末端。同样的，我们可以从Hosmer和Lemeshow拟合度检验看到这种好的拟合性（见表6-44）。

表6-44　　　　　模型3-1的Hosmer和Lemeshow检验

Step	Chi-square	df	Sig.
31	9.204	8	0.325

但是，在估计值和观察值无差异的概率为0.325。比较早期的模型，意味着中等的拟合。

Step number: 24

Observed Groups and Predicted Probabilities

```
     20
                                                                    1
F                                                                   1
R    15                                                             1
E                                                                   1
Q                                                                   1
U                                                                   1
E    10                                                             1
N                                                                   1
C                                                                   1
Y     0                                                             1
      5 0                                                           1
        0                                                       1  11
       00  000           1        0              1         1   11
       00 00 010  0 1 1  0  00 0   00  1    1 111  010  11 01 1 11
Predicted
Prob：  0             0.25            0.5            0.75         1
Group：0000000000000000000000000000001111111111111111111111111111111
```

Predicted Probability is of Membership for 1.00

The Cut Value is 0.50

Symbols：0 - 0.00

1-1.00

Each Symbol Represents 1.25 Cases.

图6-5 模型3-1的预测概率分布图

从模型3-1可以发现根据企业的NOC水平调整其转向行动也可以增加转向成功几率。同时我们也要看到一些指标反映了模型在稳定性上要差于前面两组。那么在以后的研究中有必要对后面不同计量方法的企业规模变量的模型，应用交叉检验的方法来检验。

2. 以员工人数作为企业规模的分析结果（模型 3-2）

对于模型 3-2 的分析，同上面所有的研究程序，其结果如表 6-45 所示。

表 6-45　　　　　　　模型 3-2 的变量

	B	S. E.	Wald	df	Sig.	Exp(B)
TS_COST	4.907	2.005	5.993	1	0.16	135.291
TS_EMP	1.381	0.672	4.220	1	0.040***	3.978
TS_OE	0.486	0.227	4.582	1	0.032***	1.626
TS_ME	−0.431	0.249	2.987	1	0.084**	0.650
OC_FA_A	5.655	2.704	4.372	1	0.037***	285.663
OC_EQU_A	−4.646	2.162	4.620	1	0.032***	0.010
NOC * TS_BS			6.118	2	0.047***	
NOC(1) by TS_BS	−1.006	1.312	0.588	1	0.443	0.366
NOC(2) by TS_BS	−2.651	1.087	5.953	1	0.015***	0.071
NOC * OC_RP_EQU			1.349	2	0.509	
NOC(1) by OC_RP_EQU	−2.326	2.906	0.641	1	0.423	0.098
NOC(2) by OC_RP_EQU	−1.327	1.469	0.816	1	0.366	0.265
NOC * OC_FA_A			4.279	1	0.039***	
NOC(1) by OC_FA_A	−9.061	4.380	4.279	1	0.039***	0.001
Constant	3.264	1.616	4.077	1	0.043	26.143

注：* 代表弱显著性水平（<0.15）；
　　** 代表中等显著性水平（<0.10）；
　　*** 代表强显著性水平（<0.05）。

类似于模型 1-2 和模型 2-2，在模型 3-2 中同样也包括了营业费用、固定资产比例、管理费用、权益比等变量。而且大多数变量都显示出高度相关，但 β 系数和前面的模型不一致。同时，新进变量员工成本显示转向中，如果企业更注重员工的投入，比急于裁员或削减员工工资要更易成功。这也从另一方面说明第三组模型的稳定性不及前面的两组模型。除此之外，NOC 与其他变量之间的交互作用变量也有两个出现在模型 3-2 中。首先，NOC（2）by TS_BS 与转向成功强负相关，这说明中等程度 NOC 的企业比高 NOC 的企业转向时，更适合于采取公司级的战略。第二，NOC（1）by OC_FA_A 与转向成功显著负相关。说明低 NOC 的企业，如果企业固定资产比例较低，那么这种类型的企业转向较易成功。虽然，在结果中，OC_FA_A 与转向成功是正相关的。即固定资产比例越高的企业，转向越容易成功，其系数为 5.655，而其与 NOC（1）的交互项系数为 -9.061，两者差值为 -3.406，因此对于低 NOC 的企业，如果其组织特征呈现出固定资产占总资产比例很小的情况，比如贸易零售企业，那么比起高 NOC 的企业，转向更易成功。因为作为低 NOC 的企业，与利益相关者的关联性不强，此时要获得转向成功，只有尽可能利用企业自身的条件，通常我们会认为低的固定资产比例代表企业低的固定成本，因此对于低 NOC 的企业而言，拥有低的固定资产会加大转向成功的可能性。模型 3-2 比模型 3-1 的交互作用指标多。

模型 3-1 和模型 3-2 的 β 系数与前面两组的 β 系数相比较，很明显模型 3-2 的 β 系数值要比模型 3-1 更接近于以前两组的值。说明模型 3-2 比模型 3-1 要更稳定。

表 6-46　　模型 3-2 的拟合度检验

Step	-2 Log Likelihood	Cox & Snell R Square	Nagelkerke R Square
37	57.578（c）	0.424	0.570

第六章 业绩转向成功影响因素的研究分析和研究发现

表6-47　　　　　　　　　　模型3-2的综合性检验

		Chi-square	df	Sig.
Step15a	Step	1.757	2	0.415
	Block	39.138	11	0.000
	Model	39.138	11	0.000

-2LL值为57.578，要好于模型3-1的-2LL值，但是比之于模型2-2的37.840又相差甚远。Nagelkerke R^2 值为0.57显示了模型3-2的拟合度（见表4-46、表4-47）。这一点在分类表中就显现得更清楚（见表6-48）。

表6-48　　　　　　　　　　模型3-2的分类表

			Predicted		
			T		Percentage Correct
observed			0.00	1.00	
Step 15	T	0.00	22	8	73.3
		1.00	7	34	82.9
Overall Percentage					78.9

a　The cut value is 0.500.

模型3-2的正确率为78.9%。类似于以前两组模型，模型2-2的正确率为85.9%，模型1-2为73.2%，模型3-2的正确率是居中的，要略高于模型3-1的74.6%的正确率。另外，图6-6表示的是观察值和估计值的柱状图比较。

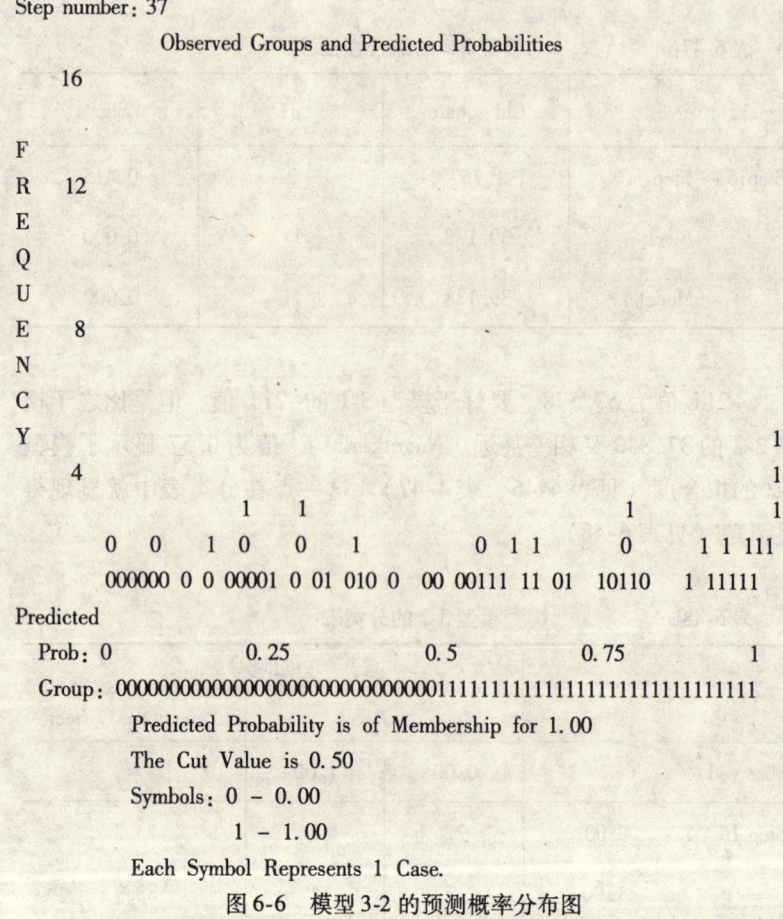

图 6-6 模型 3-2 的预测概率分布图

如图 6-6 所示，转向成功和转向失败的企业都没有在同一个方向上聚集到它们各自的末端。这一结果同样可以从 Hosmer 和 Lemeshow 拟合度检验中得到证实（见表 6-49）。

表 6-49　模型 3-2 的 Hosmer 和 Lemeshow 检验

Step	Chi-square	df	Sig.
37	7.125	8	0.523

如表6-49所示,显著性为0.523,表明转向成功的估计值和观察值之间不存在显著差异。模型的拟合度要好于模型3-1,而模型3-1只是在两端组概率拟合较好。但模型3-2的稳定性要差于模型3-1。

尽管模型3-2和模型3-1出现了种种不同,但是模型3-2和模型3-1一样确认了调整的财务政策可以增加转向成功的可能性。同时,模型3-2强化了根据NOC程度来调整转向行动从而增加转向成功几率的结论。当然,这还需要第三个模型来进一步证实。

3. 以总资产为企业规模的分析结果(模型3-3)

对于模型3-3的分析,同上面所有的研究程序,其结果如表6-50所示。

表6-50　　　　　　　模型3-3的变量

Variable	B	S. E.	Wald	df	Sig.	Exp(B)
CRISPERF	0.045	0.021	4.500	1	0.034 ***	1.046
TS_OE	2.258	0.955	5.594	1	0.018 ***	9.564
TS_CA	1.677	0.654	6.571	1	0.010 ***	5.349
TS_DEB	−2.494	1.108	5.073	1	0.024 ***	0.083
TS_CS			6.819	2	0.033 ***	
TS_CS(1)	−1.845	1.494	1.524	1	0.217	0.158
TS_CS(2)	2.718	1.323	4.220	1	0.040 ***	15.148
OC_EQU_A	−14.397	5.727	6.319	1	0.012 ***	0.000
EC_IE	4.081	1.643	6.170	1	0.013 ***	59.229
NOC			6.580	2	0.037 ***	
NOC(1)	−12.842	5.120	6.292	1	0.012 ***	0.000
NOC(2)	−11.389	5.040	5.107	1	0.024 ***	0.000
NOC * OC_FIA_A			3.997	2	0.136	
NOC(1) by OC_FIA_A	−13.009	8.741	2.215	1	0.137 *	0.000
NOC(2) by OC_FIA_A	7.613	5.497	1.918	1	0.166	2023.398
Constant	18.373	7.239	6.442	1	0.011	95341531.045

注:* 代表弱显著性水平(<0.15);

　　** 代表中等显著性水平(<0.10);

　　*** 代表强显著性水平(<0.05)。

除了对于企业规模的计量标准不同,模型 3-3 中出现的变量和前两组模型是一致的。除了 NOC 的交互项进入了方程之外,还有一个因素也进入了方程——转向位置。结果显示转向位置与转向成功正相关,即达到转向位置时企业绩效越高,企业转向成功可能性越大。本研究同样也没有证实以前研究中所提出的弹性球效应。但和 Ramamnujam 等人的研究结论是一致的。OC_FIA_A * NOC(1)与转向成功弱负相关,支持 H12a,这说明低 NOC 的企业与高 NOC 的企业相比,其财务储备占总资产的比例越小,转向越易成功。这和利益相关者理论是一致的,也支持了高 NOC 企业的财务储备占总资产较大比例的财务政策。

模型的拟合度检验如下(见表 6-51、表 6-52):

表 6-51　　模型 3-3 的拟合度检验

Step	−2 Log Likelihood	Cox & Snell R Square	Nagelkerke R Square
15	33.023 (f)	0.592	0.796

表 6-52　　模型 3-3 的综合性检验

		Chi-square	df	Sig.
Step15a	Step	−1.546	1	0.214
	Block	63.693	12	0.000
	Model	63.693	12	0.000

−2LL 值为 33.023,Nagelkerke R^2 值为 0.796,显示出模型 3-3 比模型 3-2 在拟合度上有很大提高。同样,这一特点在分类表中也反映出来(见表 6-53)。

第六章 业绩转向成功影响因素的研究分析和研究发现

表 6-53　　　　　　　　**模型 3-3 的分类表**

		Predicted		Percentage Correct
		T		
Observed		0.00	1.00	
Step 15　T	0.00	27	3	90.0
	1.00	3	38	92.7
Overall Percentage				91.5

a　The cut value is 0.500.

在表 6-53 中，模型 3-3 的综合正确率为 91.5%，模型 3-3 在所有模型中有着最好的预测质量。Hosmer and Lemeshow 拟合度检验以及异常样本也比模型 3-2 的表现要好（见图 6-7、表 6-54）。

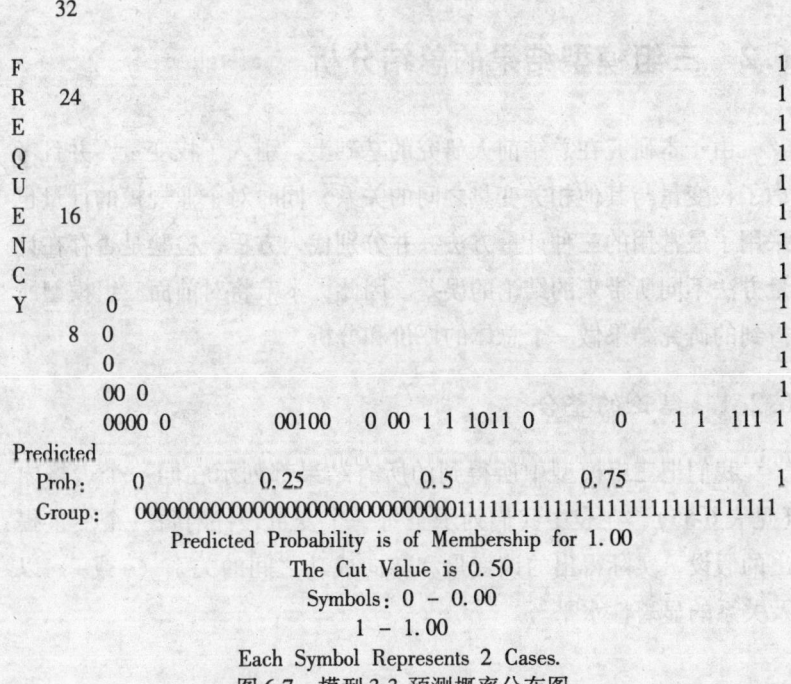

图 6-7　模型 3-3 预测概率分布图

表 6-54　　模型 3-3 Hosmer and Lemeshow 检验

Step	Chi-square	df	Sig.
15	7.690	8	0.464

模型 3-3 的拟合和预测指标检验在所有模型中都是最好的，方程的解释能力也是最好的，达到 79.6%。但总体说来第三组模型稳定性要差于第一组和第二组模型。模型 3-3 在所有九个模型中性能是最好的，同时也证明了转向行动和财务政策之间的调整给企业带来的益处。尽管模型 3-1 中只有一些结论能够在模型 3-2 和模型 3-3 中得到证实，但总体而言，三个模型都证实了根据 NOC 程度来调整转向行动从而增加转向成功几率的结论。

6.2　三组模型结果的总结分析

由于本研究在总结前人研究的基础上，引入了权变量，并且考虑了权变量与其他相关变量之间的关系，同时对企业规模的计量也采用了最常用的三种计量方法，并分别代入方程，检验是否存在计量方法不同所带来的结论的误差。因此，本节将对前面三组模型所得到的研究结果做一个总体的评价和分析。

6.2.1　结论的整合

我们把三组模型中所得到的所有结果都列示在同一个表格内（见表 6-55），在表中我们列示了每一个变量，针对每一个变量提出的假设，实际得出的该变量和转向成功之间的关系（+或-）以及关系的显著性水平。

表6-55　　　　　　　　　　三组模型的研究结果

假设	变量	模型1-1	模型1-2	模型1-3	模型2-1	模型2-2	模型2-3	模型3-1	模型3-2	模型3-3
转向位置										
H1	TP	+								+***
转向战略											
H2a	TS_COST	−	+**	+***	+***					
H2b	TS_EMP	−							+***	
H2c	TS_OE	−	+***	+**	+**	+***	+***	+***	+***	+***
H2d	TS_ME	−	−***	−**	−**				−**	
H2e	TS_FE	−					−**			
H3a	TS_FA	−								
H3b	TS_CA	−			+***	+***	+***			+***
H3c	TS_DEB	−	−***			−***	−***			
H4	TS_SALE	+	+*	+***	+***	+***	+***			
H5	TS_BS	+								
H6	TS_CEO	+								
H7	TS_CS	+				+***	+***			+***
H8	TS_SR	+			+***	+***	+***			
组织背景因素											
H9	OC_SIZE_S	+	+**			+***		+***		
H9	OC_SIZE_E	+								
H9	OC_SIZE_A	+								
H10	NOC	+				+***	+***			+***
H11a	OC_FA_A	−		+**	+**				+***	
H11b	OC_EMP_S	−								
H11c	OC_FIN_A	/								

185

续表

假设	变量	模型1-1	模型1-2	模型1-3	模型2-1	模型2-2	模型2-3	模型3-1	模型3-2	模型3-3
H11d	OC_EQU_A	−				−***		−***	−***	
H11e	OC_RET_EQU	/								
NOC与组织因素的交互										
H12a	NOC(2)*FIN_A	+								
H12b	NOC(1)*FIN_A	−								−*
H12c	NOC(2)*EQU_A	+								
H12d	NOC(1)*EQU_A	−								
/	NOC(2)*FA_A	/								
/	NOC(1)*FA_A	/							−***	
/	NOC(2)*EMP_S	/								
/	NOC(1)*EMP_S	/								
/	NOC(2)*RET_EQU	/								
/	NOC(1)*RET_EQ	/								
NOC与转向战略的交互										
H13a	NOC(2)*COST	+								
H13b	NOC(1)*COST	−								
H14a	NOC(2)*FA	+								
H14b	NOC(1)*FA	−								
H14c	NOC(2)*CA	−								
H14d	NOC(1)*CA	+								
H14e	NOC(2)*DEB	+								
H14f	NOC(1)*DEB	−								
H15a	NOC(2)*SALE	+								
H15b	NOC(1)*SALE	−								

第六章 业绩转向成功影响因素的研究分析和研究发现

续表

假设	变量	模型1-1	模型1-2	模型1-3	模型2-1	模型2-2	模型2-3	模型3-1	模型3-2	模型3-3
H16a	NOC(2)*BS	+							+***	
H16b	NOC(1)*BS	−						−***		
H17a	NOC(2)*CEO	−								
H17b	NOC(1)*CEO	+								
H18a	NOC(2)*CS	−								
H18b	NOC(1)*CS	+								
H19a	NOC(2)*SR	−								
H19b	NOC(1)*SR	+								
外部环境因素分析										
H20	EC_IE	−	+***		+***	+***	+***			
H21	EC_									

注：* 代表弱显著性水平（<0.15）；

** 代表中等显著性水平（<0.10）；

*** 代表强显著性水平（<0.05）。

我们将对三组九个模型的结论进行整合。反映转向位置的变量为TP，即在业绩最差年度的ROI。TP在多变量分析中都显现出和转向成功具有强相关性。但这种强相关性却因为企业规模计量方式的改变而有所改变。这也说明了为什么对转向企业以前的研究所得出的有关转向位置的结论会各不相同。在以总资产定义规模的情况下，转向位置，即企业最差业绩点的位置，是影响转向成功的因素。基于对71家上市公司的数据分析以及所做的定义，我们得出业绩下滑不严重的企业比业绩下滑严重的企业有更好的转向成功前景。因此，H1假设被支持。但因为只有一个模型显示这一结论，所以在研究中不能视为普遍可推广的结果。

有关企业转向战略的假设研究。在业务层战略方面，销售收入增加的转向行动（TS_SALE）是在所有转向行动中显著性最强的。TS_SALE 在多变量分析中都与转向成功高度正向强相关，于是支持 H5 假设。但这一发现也是惊人的，因为几乎所有的转向执行者们都认为成本削减是最重要的转向行动。在研究中还发现余下的转向战略中，运营费用（TS_OE）的增加、管理费用（TS_ME）的减少、流动资产的增加、债务（TS_DEB）的减少与转向成功之间的关系是肯定的。运营费用的增加、管理费用的减少、债务的减少都将增加转向成功可能性，结论支持假设 H2d、H3e。成本与转向成功之间的关系在多元分析的第一组模型中表现出中等显著相关性，这主要是因为成本与销售收入的增加有很大的关联性。但在第二组和第三组模型中表现不显著，这主要是在后面的模型中加入了 NOC，同时销售收入的作用更显著了，所以成本对于转向成功的关系被模型进行了调整。同时，我们从第二组和第三组模型的解释能力、拟合度等方面的检验指标来看，第二组和第三组模型有着更好的性能，实际上这种性能体现在指标上就是剔除了一些不合理的结论。

削减资产的方法最适合那些销售位于盈亏平衡点以下的企业，削减资本可以减少企业过剩的产能和固定成本，另一方面也可以提高营运资金的灵活性和减少企业的债务。资产和负债削减设定了三大要素：流动资产的削减、固定资产的削减、债务的削减，在研究中只有债务的削减假设得到显著性支持。这说明，在中小企业转向中与资产相关的债务削减是重要的，这其实也与销售收入增加的行动相关联，随着资产的改进，销售收入的增加能够提高企业的偿债能力，因此间接减少了企业的利息支出，从而债务得到削减。

因此，我们可以从研究中得出一个重要的结论，中小企业在实施转向过程中，在业务级战略层面，增加销售收入和与销售收入相关的活动是最重要的转向战略内容（H4）。

在公司级的战略层面上，研究没有显著性的支持假设 H6，即没有明显的证据表明高层管理者——CEO 的更换对企业转向成功起着决定性的作用。在研究中我们发现，90%的企业在转向过程中，都更换了 CEO，但转向的结果却有很大的不同，说明大部分企业都意识到了领导者对于企业的重要性，但并非所有的企业都意识到如何贯彻领导者的意图以及如何执行企业的转向战略在企业中才是至关重要的。模型中还多次证明了公司级战略的变化对转向成功的影响。研究显示，中等程度的公司级战略变化是转向成功的保证，而过多或过少的战略变化都会降低企业转向成功几率。实际上对于中小企业而言，面临持续绩效下降或者显著的绩效下降，都会或多或少采取应对措施来挽救企业，经营级的战略是企业首先运用的，因为其耗费资源少，而且使用前准备时间少，实施快，效果如何也马上能够知晓。但公司层面的战略实施相对有困难，同时实施时由于更耗费资源且时间长，对企业的影响也不能立竿见影，因此具有更大的风险。本研究得出的结论可以指导企业在选择战略变化时掌握适合的尺度，而不会因为实施的困难放弃对公司级战略的选择，从而失去了转向的时机，最终导致转向失败。主营业务的重大转移和改变对于转向成功也有着积极的影响，这个结果的得出主要是因为中小上市公司中很多都是依靠兼并收购、资产的转换和置换而获得了更合理的资源、更有效的管理方式，从而转向成功。

企业的组织背景与转向行动也有着一定的关系。

企业规模是一个显著性因素。在研究中，我们对企业规模采用了三种不同的计量方法，OZ_SIZE_S、OZ_SIZE_E 和 OZ_SIZE_A，即以销售收入、员工人数和总资产分别作为规模的计量标准。但在所有的九个多变量模型中只有在以销售收入计算规模时，才得到规模和转向成功有着显著正向关系的结论。而且在模型 2-1 和模型 3-1 中，这一变量的显著性水平还相当高。规模和企业的转向成功正相关，即规模大的企业因为有更高层次和更多的资源，因此也更容易取得转向成功，支持假设 H9，同时也说明虽然我们研究的是中小企业，但这其中同样也会有企业规模上的差异。在以前的研究中，认为规模与企业转向成功多为正向关系，那么在本研究中这一结论再次得到证实，但结论的得出仅仅限定在以销售收入作为计量的规模评价中。这同时也说明规模计量标准的不同，对于规模与转向成功之间的关系还是有很大影响的。但规模的计量的不同，不会对其他影响转向成功的因素产生影响，虽然有个别的因素只出现在某一个模型中，但至少在本研究中没有得出自相矛盾的结果。这证明了以前研究结论中所产生的有分歧的结论并非由于规模的计量不同而产生，产生误差的原因可能主要还是在研究方法的选择以及样本的大小等方面。

四个有关组织特征的变量，固定资产密集度（OC_FA_A）、员工成本密集度（OC_EMP_S）、金融资产密集度（OC_FIN_A）和权益资本密集度（OC_EQU_A）中，有一个因素在多个模型中显示出强相关性。即权益比越高，转向成功可能性越小，支持假设H11d。该假设成立的基本论证是高权益比的企业，往往在面临危机或困境时应对较慢，同时高的权益比也会使企业经营者在实施转向时决策自由度减小，因此倾向于采取一些保守而非积极的转向战略，从而导致转向失败。固定资产密集度这一指标也显示出与转向成功的相关性，也即固定资产在总资产中的比例越低，转向成功概率越低。这和企业多采用扩大销售收入的转向行动是对应的，企业不是变卖固定资产，尽快变现获取现金，而是积极通过兼并转换固定资产，甚至增加固定资产，来带动销售收入的增加，从而发挥固定资产的利用价值。但这一结论只在前两组模型中的模型1-2和模型1-3中得到。当加入NOC这一变量后，固定资产密集度和转向成功就没有显著性的关系了。

在转向成功中NOC也被认为是一个至关重要的因素。在第二组模型中，三个有关NOC的分析（不包括NOC与其他变量的交互关系），在模型2-2中中度相关，模型2-1和模型2-3高度相关。同时，在所有三个模型中，NOC与转向成功都是正相关，即高NOC的企业更易转向成功，由此支持假设H10。同时在研究中还发现，基于复杂性和资产专门性评判，把71个样本企业的NOC划分为高、中和低三种类型，在高NOC企业和低NOC企业的不同就在于高NOC的企业与顾客之间都有着高的关系专门投资。因此，高NOC，特别是基于与顾客紧密关系的NOC会增加企业转向成功可能性。但NOC的这种显著性关系只有在对NOC进行单独研究时才能得到（模型2-1、模型2-2、模型2-3），而一旦NOC的交互变量进入模型（模型3-1、模型3-2、模型3-3），NOC的显著作用就不明显了，取而代之的是与 NOC 发生交互作用的变量对转向成功的影响。这说明实际上并非 NOC 增加了企业转向成功几率，而是企业调整的财务政策和根据 NOC 程度不同而选择的转向战略增大了企业转向成功的可能性。

再来分析 NOC 与其他变量交互作用对转向成功的影响。首先分析财务政策调整的影响，OC_FIN_A * NOC（1）在模型 3-1 中显示与转向成功强负相关。这说明低 NOC 的企业，相对会减少金融资产在企业的储备，因为它们不需要发出信号来保证在未来对非财务利益相关者隐性合约的支付，因此，低 NOC 的企业会把流动资金用于实施一些公司层面的战略活动，从而提高转向成功可能性。高 NOC 的企业，基于高的金融资产与总资产的比例，实际上是向非投资类的利益相关者发出积极的信号，从而补偿由于企业适应环境速度减慢带来的负面影响。比较 NOC 与金融资产占总资产比例的交互作用，单独的 OC_FIN_A 与转向成功都不显著相关。也即支持假设 H11c。这意味着在转向过程中金融资产密集度单个变量对转向成功没有任何意义，但它与 NOC 交互作用后其与转向成功发生显著关系。

企业转向战略的调整能够显著地增加转向成功几率。基于模型 3-1、模型 3-2 发现 TS_BS 与转向成功之间的显著负相关。低 NOC 的企业采取公司层面的战略变化时比高 NOC 的企业采用同种层面的战略，取得转向成功的概率明显增加。这说明低 NOC 的企业更适合进行公司层的战略变化。高 NOC 的企业有一种不是很明显的倾向更愿意采取业务层面的战略行动，这一现象通过模型 3-1 中 TS_BS * NOC（1）与转向成功强负相关反映出来。类似的，同样也可以从 TS_BS * NOC（2）和转向成功之间的强负向关系（模型 3-2）反映出来。组织特征与 NOC 的交互项中，有一个指标显示出和转向成功具有相关性，即低 NOC 的企业，如果该企业还同时具有低的固定资产密集度，那么比高 NOC 具有低固定资产密集度的企业，更容易转向成功。因为低 NOC 的企业，转向时较少获得利益相关者的支持，和他们之间的关系也不紧密，在这种情况下，一方面，企业会更多、更快地发生诸如兼并收购、转换主营业务等公司层面的战略活动,这些行动都会触及企业利益相关者的利益,因此在这种情况下低 NOC 的企业要获得转向成功,可能要依靠组织本身的一些有利因素,比如低的资本密集度的企业,通常固定成本也低,这样的企业一般而言转向灵活,所以也更容易转向成功。尽管这些结论并非在第三组每一个模型中都有所体现,但第三组模型的总体结果,尤其是两种不同层级的战略在转向中的作用,证实了根据企业 NOC 的不同从而调整的转向战略会增加转向成功几率。

除了企业转向战略的调整、财务政策的调整、企业规模、NOC、金融资产密集度和权益资本密集度之外,没有其他的变量反映在研究中,表明它们在转向过程中没有显著的作用。

最后一组决定因素是有关企业所处外部环境的。我们把外部环境背景分析分为行业和宏观环境分析。其中,行业结构问题(EC_IE)与转向成功相关。在多变量分析中,行业结构问题显示了对于转向成功的持续的正相关关系。对于这一结论的解释是行业的结构问题比之企业内部的管理问题,更容易引起管理者的注意,因此也能够更快地对于行业结构问题所造成的绩效下滑进行积极应对,因此转向成功可能性增大。行业的结构问题与其说是影响转向成功的重要因素,不如说是企业积极实施转向管理的触发器。相对于行业结构问题,有关外部环境中的其他因素(EC_GE)对于转向过程没有显著影响。

比较上述所有企业转向成功的决定因素可以发现,采取更积极的转向战略,如销售收入的增长行动而不是保守的削减战略,是本研究中的重大结论。同时,适当的公司层面的战略和企业的 NOC 对于转向成功也有着重要的关系。以前研究所提出的成本削减在企业转向中的作用显然被过分夸大了,而企业面临的组织和环境背景在其中起到的作用又被低估了。尤其是,NOC 与企业财务政策和企业转向行动之间的相互关系,即根据 NOC 程度的不同而调整的财务政策和转向战略,在本研究中被证明对转向成功有着积极的影响。本研究的这些发现对转向管理的理论和实践研究具有一定的意义。

6.2.2 对于转向管理实践的意义

本研究结果的意义不仅适用处于转向管理中的企业，同时还适用于处于管理转向企业的投资类和非投资类的利益相关者。

1. 对于转向执行者的意义

本研究的结果不支持减少成本对增加转向成功可能性的假设，这一结论与广大的转向管理执行者们一贯奉行的成本削减至上的观点是相对的。本研究认为高的销售收入相对于转向中的成本削减意义更重大。这也是转向管理执行者所没有想到的。因此，转向管理执行者们不应该只是把关注的焦点放在企业内部，比如成本削减上，而是应该用更开阔的视野，集中于能够增加销售收入的种种行动。除此之外，管理者们还应该根据自己企业的 NOC 类型来调整企业财务政策和转向战略。低 NOC 企业的执行者应该多采取一些凸显企业家精神的转向行动，同时要尽可能克服低 NOC 给企业带来的劣势，更多地利用组织特点，比如低的固定资产密集度等、低的权益资本密集度，给企业更好地实施公司层面的战略做好准备。而高 NOC 企业的执行者一方面与利益相关者关系紧密，可以在企业绩效下滑、利润下降时，利用利益相关者，特别是与非投资类的利益相关者的关系，获得信任和支持，从而减少企业变化的阻力，成功实现转向。同时，为了维护与利益相关者之间的关系，他们会更多地在业务层面实施转向战略。

2. 对于投资者的意义

关注销售收入增加的转向行动和调整转向战略对投资者也是有利的。投资者例如银行或其他类型的投资人，都内生有获取最大利益回报的愿望，所以他们会尽可能影响企业的执行者们来支持他们所推荐的转向行动。然而，对投资者而言，转向行动之外的其他决定因素也是非常重要的。企业在转向位置的绩效水平、企业所面临的行业结构问题、成本费用比例以及企业是否制定了适合于自身 NOC 水平的财务政策等都对企业转向成功有着重要的影响，同时也是投资者在投资之前就要充分考虑到的。总之，单纯从数目上来判断，转向行动之外的决定因素比转向行动本身更重要。尽管转向行动的重要性主要表现在转向计划上，投资者也应该对超出企业执行者们控制之外的决定因素有一个清醒的认识。实际上，在71家企业中，30家样本企业转向失败，占到总数的42%。这一数据没有考虑到这样一个事实，在中国的证券市场上，由于经营不善而退市的企业是非常少的，很多经营不善的企业通过在证券市场上置换壳资源，获得了新生。但在现实中的中小企业就没有那么幸运了，有数据显示，我国中小企业的生存寿命只有2.9年，超过10年的中小企业可以说在总数中只占到很小的比例。所以，现实中真正的转向失败企业可能达到了50%~70%。

3. 对非投资类利益相关者的意义

非投资类利益相关者是在本研究中非常重要的被研究群体。员工认为在企业面临转向时可能会有与企业所达成的隐性索取权在未来不能被偿付的风险，因此，对于员工而言，签订隐性合约要有一种相对谨慎的态度。对于供应商而言，其处在一个相对矛盾的位置上，一方面对于低NOC的企业，其更适合的转向行动是降低材料成本，那么这样势必会影响到供应商的利益。另一方面，高NOC的企业，会关注凸显企业家精神的行为，例如投资新的工厂和设备，这样又会进一步加深企业与供应商之间的联系。相比以前的研究，管理者在本研究中没有发现与转向成功存在明显的关系。对于非投资类利益相关者而言，顾客恐怕是这里面受影响最小的群体，因为他们是企业提高销售收入行动的中心，而且这一行动在转向行动中非常重要。

4. 对企业财务管理的意义

金融资产与总资产的比例和企业的权益比会对转向成功产生影响，但两者与转向成功的关系产生的来源是不一致的。前者与转向成功之间的关系必须要考虑NOC，后者对转向成功的影响则是直接的，但两者对于转向成功的影响都是显著的。虽然，研究中没有显示权益比与 NOC 之间的交互作用对转向成功有着显著影响，但根据利益相关者理论，同时结合研究中的结论，权益比越高，转向成功机会越小，可以推断低 NOC 的企业，如果拥有高的权益比，那么转向成功概率比高 NOC 企业拥有高的权益比更低。因为低 NOC 的企业没有必要向非投资类利益相关者传递它们会履行隐性索取权的信号，因此，会增加转向的阻力。研究中我们得出企业要根据 NOC 来调整财务政策。这意味着高 NOC 的企业要有充足的财务储备，而低 NOC 企业则要避免由于不合适的高权益比给企业带来的阻力而延误转向时机。然而，企业的财务政策，即金融资产的数量不能经常改变，尤其在转向阶段也不可能在短时间内增加。因此，财务政策和企业 NOC 的匹配性在企业面临转向之前就已经存在了。如果企业已经处于转向中，财务管理者应该明确一旦企业恢复，就必须重新建立其与企业 NOC 相匹配的财务政策。这可以帮助企业在未来的另一个战略转向中做好充分的准备，特别是企业处于一个周期经济的行业中。

6.2.3 对于转向管理研究的意义

本研究认为选择的研究方法，尤其是选定的评价标准、统计研究方法都会深刻影响到研究的结果。例如以前研究中所得出的有关转向状态严重程度和企业规模与转向成功之间的相互矛盾的结论，表明在转向管理中选用研究方法的不同而使结果产生了较大的差异。单纯依靠 ROI 和 ROA 的变化或者 ROI 和 ROA 来判断转向成功会误判那些有很严重利润损失但是后来又实现中等程度转向好转的企业。这种潜在的误差因素存在于前人的转向研究中。特别是在 1980 年以后的所有研究，都把 ROI 的变化、ROA 的连续变化作为回归分析的因变量，同时把转向结果笼统地分为两类——转向成功和转向不成功。本研究对于决定企业转向成功和转向不成功，使用的是多种评价方法，这样可以适当消除由于单纯依赖 ROI 或 ROA 所造成的结果的失真。

同时，研究还运用了发表在一些公开财经类报纸杂志上的财经新闻和文章。研究中在观察每一个样本公司转向期间时，还用到了样本公司每年的年度报告，同时还参考了相关网站对样本企业公开信息发布的文章，用来检验对于转向状态和转向结果的评判。

转向成功的因变量使用了二分法以及用外部二手资料来证实企业的情况，这些都是为了在研究中能够建立控制组，从而不仅研究转向成功，同时还研究转向失败的企业。只有这样，才能够把决定转向成功的因素单独地分离出来。

当然统计方法的选择也在研究中起到了重要的作用。第一组模型由于没有充分考虑到影响转向成功的因素，所以在模型的拟合度和解释能力等各方面都不尽如人意。但第二组加入 NOC 这一自变量后，模型的各方面指标都得到了提高，进入方程的因素之间的合理性也增强了。第三组模型由于又加入了与 NOC 交互作用的因素，我们看到，模型 3-3 具有最好的性能，方程的解释能力将近 80%，预测能力更高达 90% 以上，拟合度的指标也非常理想，说明分析 NOC 与其他因素的交互项可以发现更多隐含的因素。但同时我们也应该看到，第三组模型的稳定性是最差的，其主要的原因是规模的不同计量以及 NOC 与交互项作用不稳定。第三组模型还有一个最大的特点就是产生了一些有效的结论，这一结论可以让企业更好地运用 NOC 的概念，也许企业的 NOC 很难在短时间内改变，但在企业转向的非常状态，我们可以根据 NOC 的不同水平来采取相应的转向战略和行动，尽可能地利用企业自身存在的优势，避免可能的劣势，从而让所有的企业都能更快、更好地转向成功。

最后，鉴于 NOC 的引入作为自变量形式的调整因素为本研究提供了有价值的观点，即企业根据自身 NOC 采取匹配的财务政策和转向战略，那么在未来的转向管理研究中还可以加入更为广泛的权变量以及分析权变量与其他相关变量交互作用，讨论它们对转向成功的共同影响。

6.3 研究结论

本研究的总体目标是基于转向管理文献综述和利益相关者理论，对影响中国中小上市公司转向成功的因素进行研究。我们从深沪上市公司中选取了71家中小企业,并考察它们从1995年到2004年十年期间的业绩,找出各自不同的转向位置和转向期限。所有的财务数据来自于Wind数据库。这71家中小上市公司中,都有过至少一次的转向经历,其中41家企业转向成功,30家企业转向失败。基于这些数据,我们提出了要解决的三个主要的问题。因为在这之前,没有专门针对中国企业转向管理的研究,更不用说专门针对中小企业转向管理的相关发现,所以我们的第一个研究任务是分析哪些因素会影响中国中小企业转向成功。这些因素是否和以前大多针对美国企业转向管理的研究发现是一致的,如果不一致,究竟在哪些方面存在不同?更进一步的问题是,什么样的战略内容和战略变化更适合中小企业?第二个研究问题是:利益相关者与企业的关系会影响到转向成功?在研究中,我们借鉴了以前的研究成果,用NOC来代表利益相关者与企业的关系。于是有了第三个研究问题:拥有不同利益相关者关系的企业,其转向管理采用的转向战略的侧重点是否相同?企业不同的组织特点会给不同NOC的企业带来什么影响,企业如何去利用这些特点,扬长避短?

针对第一个研究问题,我们有如下发现:如果排除NOC对企业的影响,那么存在哪些因素会对中国中小上市公司的转向成功起着决定作用?在研究中,所有的因素都被放入了转向管理研究的模型中,这个模型由五个部分组成:转向位置、转向战略、外部环境背景、组织背景以及转向结果。其中,转向战略分为业务层级的转向战略和公司级的转向战略;组织背景分为组织规模、NOC和组织特性。

转向位置在以前的研究中被认为对企业转向过程起着重要的作用。但研究结果互相矛盾,有研究者认为转向位置有着弹性球效应,即转向位置的绩效越差,转向成功可能性越大,而另外的研究者们则得出相反结论,转向位置的绩效越差,转向成功可能性越小。本研究的结果支持后一种结论。但结果并不稳定,所以该结论不是重要的发现,不能推广也不具普适性。

在企业业务层级的转向战略选择中,销售收入的增加和与销售收入增加相关的行动对转向成功的影响至关重要。销售收入增加可以提高企业转向成功可能性，收入的增加带来营业费用、流动资产的增加，但管理费用和企业债务在减少，这一系列的数据关系可以解释为企业通过销售增加，带动企业现金收入增加，从而减少债务的良性的转向过程。而非传统的转向管理者们所提倡的以成本削减为核心的转向过程。相比较美国的转向管理执行者们的保守行为，中国的中小企业的转向管理者更偏好能够凸显企业家精神的行动，因此采取更积极的措施应对绩效的下降。

在公司级的战略选择中，研究没有显著性地支持高层管理者——CEO的更换对企业转向成功起着决定性的作用。在研究中我们发现，大多数企业在转向过程中都更换了CEO，但转向的结果却有很大的不同，说明大部分企业都意识到领导者对于企业的重要性，但并非所有的企业都意识到贯彻领导者的意图以及执行企业的转向战略在企业中才是至关重要的。模型中还多次证明了公司级战略的变化对转向成功的影响。研究显示，中等程度的公司级战略变化是转向成功的保证，而过多或过少的战略变化都会降低企业转向成功几率。本研究得出的结论可以指导企业在选择战略变化时掌握适合的尺度，而不会因为实施的困难放弃对公司级战略的选择，从而失去了转向的时机，最终导致转向失败。主营业务的重大转移和改变对于转向成功也有着积极的影响，这个结果的得出主要是因为上市中小公司中很多都是依靠兼并收购、资产的转换和置换而获得了更合理的资源、采用了更有效的管理方式，从而转向成功。

相对于公司的转向战略，组织背景的影响在转向成功中也有着重要的地位。以前的研究都把重点放在转向行动和措施方面，对企业组织本身与转向成功的关系研究较少。从本研究得到的结果来看，以前的研究过分夸大了转向行动对于转向成功的贡献，而忽略了组织特性和与企业相关的组织特点对转向成功的影响。企业规模仍然可以视为对转向成功有显著影响的变量。并且规模越大，转向成功概率越大。

四个有关组织特征的变量，固定资产密集度、员工成本密集度、金融资产密集度和权益资本密集度中，员工成本密集度在本研究中没有显示和转向成功存在相关关系。权益资本密集度则显示出强相关性。即权益比越高，转向成功可能性越小。该假设成立的基本论证是高权益比的企业，往往在面临危机或困境时应对较慢，同时高的权益比也会使企业经营者在实施转向时决策自由度减小，因此倾向于采取一些保守而非积极的转向战略，从而导致转向失败。固定资产密集度这一指标也显示出与转向成功的相关性，但这一结论只在前两组模型中的模型1-2和1-3中得到。当加入NOC这一变量后，模型的各项性能指标得到了很大的改善，固定资产密集度和转向成功就没有显著的关系了。这说明该变量关系是不稳定的，这一结果也不能视为可推广的普适性的结论。金融资产密集度作为单个独立变量，在本研究中没有显示出与转向成功的关系，但是当它与NOC进行交互后，则有着显著的相关关系。

除了组织背景因素外，外部环境的因素也被纳入模型中。我们把外部环境背景分析分为行业和宏观环境分析。其中，行业结构问题（EC_IE）与转向成功相关。在多变量分析中，行业结构问题显示了对于转向成功的持续的正相关关系。对于这一结论的解释是行业的结构问题比之企业内部的管理问题，更容易引起管理者的注意，因此也能够更快地对于行业结构问题所造成的绩效下滑积极应对，因此转向成功可能性增大。行业的结构问题与其说是影响转向成功的重要因素，不如说是企业积极实施转向管理的触发器。对比于行业结构问题，有关外部环境中的其他因素（EC_GE）对于转向过程没有显著影响。

从对第一个问题的研究发现中，我们可以得出，在企业转向过程中，除了以前研究较多的转向战略行动外，实际上，组织、环境的各个因素对企业转向成功同样是至关重要的。特别是企业的组织特性，它们的形成有着路径依赖性，特别是形成的过程、条件和结果超出了转向管理者个人的控制范围。因此本研究对于投资者的意义在于当考察一个企业所选择的转向战略时，可能更多的还要结合企业的隐性特征、例如组织特征、与利益相关者的关系以及企业所处的外部环境等。在这样一个综合的背景下再去研究企业是否可能成功转向。

与以前的研究相比，本研究的结论没有本质上的不同，也没有出现存在较大分歧的结论，但是由于在模型构建上吸收了以前的研究成果，同时有针对性地克服和弥补了以前研究中的不足之处，因此结论比以前的研究更加全面。但是仍然发现一些问题。比如，对于规模的计量我们采用了三个不同的标准——销售收入、员工人数和总资产，只有在以销售收入为计量标准的情况下才能够得出规模和转向成功的显著正向关系。同时，说明规模计量标准的不同，对于规模与转向成功之间的关系还是有很大影响的，这也说明了以前的研究为什么得出规模与转向成功两种截然不同关系的结论。但规模的计量的不同，不会对其他影响转向成功的因素产生影响，虽然有个别的因素只出现在某一个模型中，但至少在本研究中没有得出自相矛盾的结果。这证明了以前研究结论中所产生的有分歧的结论并非由于对于规模的计量不同而产生的，可能产生误差的原因主要还是在研究方法的选择以及样本的大小等方面。例如以前所做的研究中得出的有关转向位置与转向成功之间相互矛盾的结论，表明了在转向管理中选用研究方法的不同而使结果产生了较大的差异。单纯依靠 ROI 和 ROA 的变化或者 ROI 和 ROA 来判断转向成功会误判那些有很严重利润损失但是后来又实现中等程度转向好转的企业。这种潜在的误差因素存在于前人的转向研究中。特别是 1980 年以后的所有研究都把 ROI 的变化、ROA 的连续变化作为回归分析的因变量，同时把转向结果笼统分为两类——转向成功和不成功。本研究对于决定企业转向成功和不成功，使用的是多种评价方法，这样可以适当消除单纯依赖 ROI 或 ROA 所造成的结果的失真。

有关第二个研究问题，研究认为 NOC 在企业转向成功中起着至关重要的作用。实际上 NOC 是有关企业和利益相关者关系的一项评价指标。NOC 在企业转向中的作用实际上也是利益相关者对企业转向的影响，尤其是非投资类利益相关者在转向中的作用不能忽视。研究中发现，NOC 与转向成功正相关，即高 NOC 的企业更易转向成功，这意味着转向中的企业与利益相关者关系越紧密，转向成功可能性也就越大。高 NOC 企业和低 NOC 企业的不同就在于高 NOC 的企业与顾客之间都有着高的关系专门投资。因此，高 NOC 特别是基于与顾客紧密关系的 NOC 会增加企业转向成功可能性。

第三个研究问题没有把 NOC 作为一个独立的自变量来看待，而是认为 NOC 作为企业与利益相关者之间关系的度量，必定会通过影响企业内部转向战略而对转向成功产生影响，或者这种关系还会与企业的组织特征结合给转向成功带来影响。支持这一论断的结论在于把 NOC 的交互项代入模型（模型 3-1、模型 3-2、模型 3-3）后，NOC 的显著作用就不明显了，取而代之的是与 NOC 发生交互作用的变量对转向成功的影响。这说明实际上并非 NOC 增加企业转向成功几率，而是企业调整的财务政策和根据 NOC 程度不同而选择的转向战略增大了企业转向成功可能性。在财务政策方面，低 NOC 的企业更适合于低的金融资产储备，同时低的固定资产密集度对转向成功也有帮助。在转向战略选择方面，低 NOC 企业偏向公司层级战略变化，而高 NOC 企业则更适合经营层级的战略变化。因此，转向中的企业如果能够根据 NOC 水平，结合自身的组织特点，从而灵活地调整财务结构和转向战略，将会对转向成功带来积极的影响。

第三编 中小企业主要利益相关者显性利益与业绩转向关系研究

第三编 中小企业主受利益相关者影
响与私业绩效间关系研究

第七章 主要利益相关者显性利益与业绩转向关系的假设和研究设计

对转向管理的研究多集中在引起转向的原因和影响转向成功的因素上。中国企业有着和西方企业不同的生长背景和独特的企业文化，这些都会给成长中的企业留下深深的烙印，同时也会给面临转向选择的企业带来影响。在中国文化里，关系的含义是相当丰富的，在很多时候关系甚至重于制度。中小企业由于规模小，资源匮乏，利益相关者对其生存和发展的影响作用更大。而根据现代企业理论，企业是所有利益相关者的企业，利益相关者对企业的生存和发展起着重要作用。另外中小企业因为规模小，沟通更顺畅，其与利益相关者的关系更为紧密，但由于资源匮乏，中小企业在业绩转向过程中面临更多困难，其要想取得转向成功，更需要取得利益相关者的支持。第六章实证研究结果证实了这一结论。中小企业为了取得利益相关者的支持，则必须尽可能地满足利益相关者的利益要求，尤其是主要利益相关者的利益要求。利益相关者的利益大致分为显性利益和隐性利益，显性利益具有较好的可度量性。本编跳出已有的研究框架，从利益相关者的角度出发，选取我国中小上市公司作为分析样本，采取实证研究方法，探寻中小上市公司主要利益相关者的显性利益与我国中小上市公司业绩转向管理的关系，为我国中小企业的业绩转向提供理论指导。

7.1 主要利益相关者利益要求的理论分析和研究假设

7.1.1 以前的研究分析

本编在对主要利益相关的显性利益与我国中小上市公司业绩转

向管理关系研究之前，首先要明确主要利益相关者的利益要求，进而确定其显性利益要求。

周鹏和张宏志（2002）认为，股东的利益要求是追求利润并实现其战略目标，企业管理者追求更高的薪酬、在职消费以及职业声誉，员工追求工资收入、各种福利和晋升机会。

邓汉慧和赵曼（2007）对我国企业核心利益相关的利益要求做了实证分析，将核心利益相关者界定为股东、管理者和员工。研究得出：（1）股东的利益要求主要是企业长期生存和发展、高额利润或资本回收、良好的企业形象、管理者及员工的忠诚和经营信息透明度；（2）管理者的主要利益要求是高额薪酬、稳定的工作、提升自己的人力资本、较高的社会地位、企业长期生存和发展、融洽组织、人际关系、上级的信任、晋升职位和良好企业形象；（3）员工的主要利益要求是工资、福利、良好的工作条件、企业认同自己、积累工作经验、有机会参与企业管理、企业长期生存和发展、融洽组织、人际关系、上级信任与合理授权和决策程序的公正性。

任海云和王梅梅（2006），将股东、经营者、职工、债权人、政府、供应商和消费者七个主体界定为企业的主要利益相关者，从显性契约利益及隐性契约利益两个角度分别分析了他们在企业中的利益要求。

之后，任海云（2007）又提出了企业主要利益相关者的显性利益，并对其进行了分析和量化。她按照主动性、重要性、能否量化三个标准，将股东、管理人员、职工、债权人、国家、供应商六个主体，作为所界定的主要利益相关者。分析他们的主要显性利益要求，并以传统财务报表为基础，从各报表中科目的组合对主要利益相关者显性利益进行量化。

7.1.2 本研究的分析及量化

本研究以陈宏辉和贾生华（2004）的分类为基础，将股东、债权人、供应商、管理层、员工、政府和顾客七个主体界定为主要利益相关者，他们其实就是陈宏辉和贾生华的研究中所指的核心利益相关者和蛰伏利益相关者。本研究在前人的基础上，对主要利益相关者在企业的显性利益进行了分析和量化。

1. 股东的显性利益

传统的企业理论认为企业的目标是股东财富最大化,可见股东在企业中的重要性。赢得股东的支持与理解是企业持续发展的保障。从理论上看,股东是企业的所有者,需要关心企业的全面财务状况,但在有限责任制度下,由于股票自由转让,股东经常变化,因此股东在企业中的利益追求主要集中在获利能力、其投入资产的保值增值和企业运营状况。所以股东在企业的显性利益可以用企业盈利能力、资本累积率和营运指标反映,本研究用总资产周转率和净资产增长率表示股东在企业的显性利益,在计算净资产增长率时本应考虑分红和增发股票,但转向中的企业盈利较少,且增发股票有着严格的条件限制,所以这里忽略分红和增发的问题。指标的计算公式如表7-1所示,下同。由此提出如下研究假设。

表7-1　主要利益相关者显性利益指标的定义

利益相关者	指标	计算公式
股东	总资产周转率	2×营业收入/(期初总资产+期末总资产)
	净资产增长率	(期末所有者权益−期初所有者权益)/期初所有者权益
债权人	流动比率	流动资产/流动负债
	资产负债率	总负债/总资产
	现金流量流动负债比率	2×经营现金净流入/(期初流动负债+期末流动负债)
	已获利息倍数	息税前利润总额/利息支出

续表

利益相关者	指标	计算公式
供应商	外购成本	期末应付票据−期初应付票据+期末应付账款−期初应付账款+期初预付款项−期末预付款项+购买商品与支付劳务现金
	应付账款、票据周转率	2×外购成本/（期初应付账款+期末应付账款−期初应付票据+期末应付票据）
	应付账款、票据保障比率	（流动资产−短期借款−一年内到期的长期负债）/（期末应付账款+期末应付票据）
	现金应付账款、票据比率	现金/（期末应付账款+期末应付票据）
管理层	管理层平均报酬	管理层报酬总额/管理层人数
员工	员工平均报酬	（期末应付职工薪酬总额−期初应付职工薪酬总额+支付给职工以及为职工支付的现金）/员工人数
政府	应纳税额	期末应交税费−期初应交税费+支付的各项税费
顾客	营业成本率	营业成本/营业收入

H1：股东的显性利益越得到满足，越有利于转向成功。

2. 债权人的显性利益

企业作为一个独立的经营主体，必须拥有一定的资产，该资产供经营者运营，企业对这些资产拥有法人财产权，这些资产的终极所有者有两大类，一类是债权人，另一类是股东。债权人作为公司经营资金的供给者之一，是企业不可或缺的利益相关者。债权人向企业投入的资金与股东的投入存在着本质差别，他们投入企业的是资金的使用权，而非所有权。因此，债权人只能按照约定利率享受借出资金的到期利息，而无法参与税后利润的分配。债权人最关心的是他们能否到期收回本金和利息，因此其关注的重点是企业的偿债能力、收回本金和利息的保障程度。所以本研究用流动比率、资产负债率、现金流量流动负债比率和已获利息倍数表示债权人的显性利益。由此提出如下研究假设。

H2：债权人的显性利益越得到满足，越有利于转向成功。

3. 供应商的显性利益

供应商处于企业价值链的下游，与企业及整个产业的发展紧密相连。随着经济的发展，供应商的专业化程度不断提高，导致他们所承担的风险也相应上升，因此供应商与企业的利益紧密相连。当今的市场是买方市场，存在着激烈的商业竞争，竞争机制迫使企业以各种手段来扩大销售。出于扩大销售的竞争需要，企业不得不以赊销或其他优惠方式招揽顾客。供应商将原材料赊销给企业，其主要显性利益是扩大销售并及时收回货款。因此供应商在企业中的显性利益一方面体现在其销售额的增长，即企业外购成本的增长，另一方面体现在其赊销货款的可收回性上。供应商的销售体现在买方企业的购买支出上，一方面体现在资产负债表的应付和预付款项的变动上，另一方面体现在现金支出上，反映在现金流量表中的"购买商品与支付劳务现金"。供应商赊销货款的可回收性反映在企业的应付账款的周转速度和对应付账款的支付保障程度上。所以本研究用外购成本，应付账款、票据周转率，应付账款、票据保障比率，现金应付账款、票据比率表示供应商的显性利益（在计算应付账款、票据保障比率时扣除了短期借款和一年内到期的长期负债，这是因为考虑到银行借款偿还的刚性大于赊购的应付款项）。同时，提出如下研究假设。

H3：供应商的显性利益越得到满足，越有利于转向成功。

4. 管理层的显性利益

管理层作为企业一个重要的内部利益相关者，负责执行董事会制定的若干决策，在公司中具有举足轻重的地位。与股东的有形投入不同，经营者对公司的投入主要为高水平的经营能力。虽然管理层也是公司雇员，但其与一般雇员显著不同，对企业的经营状况具有重大影响，所以本研究将其单独作为一类利益相关者，而且上市公司年报也单独披露其状况。鉴于我国中小上市公司期权激励尚不普遍，经营者的显性利益也主要是薪酬，所以本书用管理层平均报酬表示管理层的显性利益。同时提出如下研究假设。

H4：管理层的显性利益越得到满足，越有利于转向成功。

5. 员工的显性利益

员工投入企业的也不是有形资产，主要是专业化程度较高的特殊技术。在他们所追求的利益中，属于显性契约利益的主要是薪酬，体现资产负债表中应付职工薪酬和现金流量表"支付给职工以及为职工支付的现金"项目上。应付职工薪酬的变动和"支付给职工以及为职工支付的现金"科目，反映员工本期的实际薪酬，即雇员的显性经济利益。所以本研究用员工平均报酬表示员工的显性利益，由此提出如下研究假设。

H5：员工的显性利益越得到满足，越有利于转向成功。

6. 政府的显性利益

政府是企业的监管者，维护着市场的竞争秩序，依法享有征税的权力。经济利益的焦点主要是企业的纳税情况，它在企业的显性利益是企业的纳税额。企业本期的纳税发生额反映在资产负债表的应交税费的增减变动和现金流量表支付的各项税费项目上。所以本研究中本期应纳税额表示政府的显性利益，同时提出如下研究假设。

H6：政府的显性利益越得到满足，越有利于转向成功。

7. 顾客的显性利益

顾客购买企业的产品或服务必须花费一定的成本,这构成了企业的销售收入。顾客花钱购买企业的产品或服务以后,也就相当于对企业进行了一定程度的专用性投资,所以消费者也是企业的一个重要利益相关者。企业的生存和发展最终要依赖顾客购买其产品或服务来实现。当今市场为买方市场,激烈的市场竞争使得产品的售价趋近于其为顾客提供的价值。顾客所花费的成本可以分为物化成本和经济附加值两个部分,其中物化成本部分体现在企业的营业成本率上,它反映了企业为顾客服务的效率。所以本书用营业成本率表示顾客的显性利益,由此提出如下研究假设。

H7:顾客的显性利益越得到满足,越有利于转向成功。

7.2 样本的选取

本研究涉及中小上市公司的业绩转向过程,而一个完整的经济周期一般为10年,企业不可避免地受整个经济环境的影响,故在一个完整的经济周期中研究其转向过程更为合理,因此本研究的时间跨度选定为2000—2009年。研究数据来自国泰安数据库和公司年报。

1. 中小上市公司定义

中小企业板的公司符合中小上市公司的定义,但中小企业板推出只有6年,观察期相对较短,因此本研究除了在中小企业板中选取少量样本外,研究数据以主板的中小上市公司为主。

中小企业是与所处行业的大企业相比人员规模、资产规模与经营规模都比较小的经济单位。不同国家、不同经济发展的阶段、不同行业对其界定的标准不尽相同,且随着经济的发展而动态变化。各国一般从质和量两个方面对中小企业进行定义,质的指标主要包括企业的组织形式、融资方式及所处行业地位等,量的指标则主要包括雇员人数、实收资本、资产总值等。量的指标更为直观,数据选取容易，大多数国家以量的标准进行划分，如美国国会 2001 年出台的《美国小企业法》对中小企业的界定标准为雇员人数不超过 500 人，英国、欧盟等在采取量的指标的同时，也以质的指标作为辅助。

原国家计委、国家统计局、原国家经贸委和财政部共同设立的《大中小型企业划分标准》规定，我国特大型企业要求年销售收入和资产总额均在 50 亿元及以上，大型企业要求年销售收入和资产总额均在 5 亿元及以上，其余为中小企业。近年来，中国主板上市公司扩张迅速，因此，本书第二编实证研究选用的中小上市公司判定标准不适合于 2004 年之后的上市公司，故本研究定义的中小上市公司为发生财务困境危机的年度该公司营业收入和资产规模不同时高于 5 亿元。因此本研究中主板上市公司中满足中小上市公司定义的共有 460 家公司。

2. 转向位置的测量

不同的研究者对转向位置的定义各不相同，采用比较多的有收入指标、资本回报率（ROI）、资产报酬率（ROA）、权益净利率（ROE）和 Altman（1986）破产 Z 值、综合指标等，其中最多的是采用 ROI（资本报酬率）指标定义的。ROI 指标主要是衡量资本的获利能力，而进行转向管理也正是由于对企业业绩不满意，可见用获利能力定义转向位置是比较合适的。企业的 ROA（资产回报率）也是衡量企业获利能力的一个比较好的指标，另外考虑到近年来我国证券市场波动较大，中小上市公司受其影响更大，有些公司可能出现投入资本为负值的现象，再加上和上一编研究的考察时间跨度不同，所以本研究采用 ROA 作为公司业绩的衡量指标。

以前的研究有定义企业某年的业绩骤然恶化到一定程度即达到转向位置，或者一段时期持续恶化达到转向位置，持续恶化期一般为 2~3 年，最长的为 4 年。同时考虑到国债利率较好地代表了无风险利率水平，而无风险利率代表了投资者能接受的最低获利水平，故本节以国债利率作为业绩衡量标准。2000—2009 年凭证式 3—5 年期国债利率最低为 2.07%。综合以上因素，本研究定义转向位置为：

(1) ROA 连续三年呈单调性下降，并且至少有一年低于 2%；或

(2) ROA 连续两年为负值；或

(3) ROA 某年低于-8%（研究期第一年除外）。

在研究期第一年的 ROA 低于-8%，不作为转向位置考察，这是因为在开始时点即位于转向位置，之后判断转向成功与否没有正常水平作为参考，不易确定其是否取得转向成功。

为了便于说明，将企业达到转向位置的时点标记为 t_0。

截至 2009 年 12 月 31 日，在已选取的主板中小上市公司中达到转向位置的公司共有 203 家，中小企业板中达到转向位置的有 8 家，删除 23 家资料不全的公司，初步样本企业为 188 家。

7.3 研究变量的测量

7.3.1 转向结果的测量

在以前的研究中，对于研究结果的定义各不相同，选取的衡量指标也不相同。其中综合指标更全面，能更好地衡量转向结果。因此本研究也选用综合指标。在定义转向位置时，本研究采用了 ROA 指标，这里继续将其作为一个关键指标定义转向结果。此外，在我国上市公司连续 3 年亏损，将面临退市危机，而且我国的会计法规相对不够完善，企业操纵会计数据的可能性很大，而收入相对于 ROA 较不易被企业操纵，所以在判断企业转向结果时还参照了其收入水平。

在确定转向失败的 ROA 水平时，没有选取 2%，而选取了相对较低的 1%，这是因为考虑到中小上市公司尚不成熟稳定，其业绩波动较大，3 年的观察期相对较短，而选取比较低的 ROA 水平能够更好地对转向成功与失败的企业进行对比研究。在判断企业转向成功与否的考察期中，观察期为 1~4 年，大多为 2~3 年，同时根据调查，我国中小企业的平均寿命为 2.9 年，故本研究以 3 年为

观察期，将判断转向结果的时点标记为 t_3。综上本研究转向结果的定义如下：

转向成功：

（1）在经历业绩低点（t_0）后的第三年的 ROA 大于 4%；且

（2）在恢复期，（t_1 到 t_3）ROA 收入都不得低于下降阶段的业绩低值（t_0）；且

（3）在经历业绩低点（t_0）后的第三年（t_3）的收入不低于业绩下滑前的水平的 50%。

转向失败：

在经历最低的值（t_0）的第三年（t_3）的 ROA 小于 1%。

188 家样本公司有 19 家既不符合转向成功，也不符合转向失败的标准，处于业绩恢复阶段。在最终选取的 169 家样本公司中有 78 家公司取得了转向成功，以 1.00 表示，91 家公司转向失败，以 0.00 表示。

7.3.2 自变量的测量

本研究 7.1.2 节分析了主要利益相关者在企业中的显性利益，这里在其基础上定义了本研究的自变量（见表 7-2）。

表 7-2 　　　　　　　　　　自变量的定义

主要利益相关者	变量定义
股东	总资产周转率变动(X_1) = 总资产周转率 t_3 - 总资产周转率 t_0
	净资产增长率(X_2) = （净资产 t_3 - 净资产 t_0）/ 净资产 t_0
债权人	流动比率变动(X_3) = 流动比率 t_3 - 流动比率 t_0
	资产负债率变动(X_4) = 资产负债率 t_3 - 资产负债率 t_0
	现金流量流动负债比率变动(X_5) = 现金流量流动负债比率 t_3 - 现金流量流动负债比率 t_0
	已获利息倍数变动(X_6) = 已获利息倍数 t_3 - 已获利息倍数 t_0

续表

主要利益相关者	变量定义
供应商	外购成本增长率(X_7) = (外购成本t_3 - 外购成本t_0)/外购成本t_0
	应付账款、票据周转率变动(X_8) = 应付账款、票据周转率t_3 - 应付账款、票据周转率t_0
	应付账款、票据保障比率变动(X_9) = 应付账款、票据保障比率t_3 - 应付账款、票据保障比率t_0
	现金应付账款、票据比率变动(X_{10}) = 现金应付账款、票据比率t_3 - 现金应付账款、票据比率t_0
管理层	管理层平均报酬增长率(X_{11}) = (管理层平均报酬t_3 - 管理层平均报酬t_0)/管理层平均报酬t_0
员工	员工平均工资增长率(X_{12}) = (员工平均工资t_3 - 员工平均工资t_0)/员工平均工资t_0
政府	纳税增长率(X_{13}) = (应纳税总额t_3 - 应纳税总额t_0)/应纳税总额t_0
顾客	营业成本率变动(X_{14}) = 营业成本率t_3 - 营业成本率t_0

在计算增长率的过程中可能出现Xt_0为负值的情况，如某企业在转向位置t_0年的净资产可能为负值，直接计算可能没有意义。因此本研究进行了如下处理，当Xt_0和Xt_3同时为负值时，X增长率 = $(Xt_3 - Xt_0)/|Xt_0|$；当Xt_0为负值，而Xt_3为正值时，此时直接计算增长率没有意义，而X指标由负值变为正值说明其状态已有较大改变，本研究将其增长率的百分数定义为1.0，即其增长一倍，代表其状态的改变。

第八章 主要利益相关者显性利益与业绩转向关系的实证结果分析

多元线性回归可用于分析一个连续因变量与一组自变量之间的关系。若以某事件的发生概率 P 为因变量,因变量与自变量之间通常不再存在线性关系,而且从理论上讲,某事件发生率的取值范围为 $0\sim1$,但在线性模型的条件下,不能保证在自变量的各种组合下,因变量的取值仍然限制在 $0\sim1$。而本研究的因变量转向结果为分类变量,线性回归不再适用,而 Logistic 回归研究的是分类变量与一组自变量的关系,因此本研究选用 Logistic 回归模型。

8.1 多重共线性检验

Logistic 回归分析的假设之一是自变量间不存在多重共线性,所以本书先对自变量进行了多重共线性检验。本书采用的检验指标是容许度(TOL)和方差膨胀因子(VIF),检验结果如表8-1所示。从表8-1可知,本研究的自变量的 TOL 均大于 0.1;VIF 均在 $1.0\sim3.5$,远小于10,因此可以认为自变量之间不存在明显多重共线性。

表8-1 自变量多重共线性检验表

	X_1	X_2	X_3	X_4	X_5	X_6	X_7
TOL	0.608	0.813	0.698	0.738	0.780	0.938	0.799
VIF	1.646	1.230	1.432	1.355	1.281	1.066	1.251
	X_8	X_9	X_{10}	X_{11}	X_{12}	X_{13}	X_{14}
TOL	0.908	0.288	0.302	0.882	0.945	0.791	0.952
VIF	1.101	3.467	3.317	1.133	1.058	1.265	1.051

第八章 主要利益相关者显性利益与业绩转向关系的实证结果分析

8.2 单个利益相关者模型分析

本部分研究中,我们把利益相关者定义为股东、债权人、供应商、管理层、员工、政府、顾客,下面分别对上述利益相关者的显性利益与转向结果的关系进行分析。

1. 股东的显性利益与转向结果的关系

股东的显性利益与转向成功的 Logistic 回归结果如表 8-2 所示。从表 8-2 可以看出,在代表股东在企业的显性利益的自变量中,净资产增长率和总资产周转率都是强显著的,它们都与转向成功正相关。总资产周转率变动每增加一个单位,转向成功的概率就提高 14.398 倍;净资产增长率每增加一个单位,转向成功的概率就增加 1.863 倍。这说明在单独考察股东的显性利益与转向成功的关系中,股东的显性利益与转向成功正相关,支持假设 H1。

表 8-2　　　　股东显性利益 Logistic 回归结果

	B	S. E.	Wald	df	Sig.	Exp(B)
净资产增长率	0.622	0.201	9.614	1	0.002***	1.863
总资产周转率变动	2.667	0.779	11.717	1	0.001***	14.398
Constant	−0.590	0.217	7.364	1	0.007	0.554

注:a. * 代表弱显著(<0.15);
　　b. ** 代表中等显著(<0.10);
　　c. *** 代表强显著(<0.05)。

2. 债权人的显性利益与转向结果的关系

债权人的显性利益与转向成功的 Logistic 回归结果如表 8-3 所示。从表 8-3 可以看出,在代表债权人在企业的显性利益的自变量中,资产负债率变动、流动比率变动和已获利息倍数变动是强显著的，资产负债率变动与转向成功负相关，流动比率变动与转向成功正相关。资产负债率越低，企业的长期偿债能力越强，流动比率越大，企业的短期偿债能力越强。资产负债率每增加一个单位，转向成功的概率就减少 0.784（1-0.216）倍；流动比率每增加一个单位，转向成功的概率就增加 2.367 倍。已获利息倍数每增加一个单位，转向成功的概率就增加 1.005 倍。这说明在单独考察债权人的显性利益与转向成功的关系中，债权人的显性利益与转向成功正相关，假设 H2 得到了验证。

表 8-3　债权人的显性利益的 Logistic 回归结果

	B	S.E.	Wald	df	Sig.	Exp(B)
流动比率变动	0.862	0.303	8.079	1	0.004***	2.367
资产负债率变动	-1.532	0.544	7.928	1	0.005***	0.216
经营活动现金净流量流动负债比率变动	0.803	0.606	1.755	1	0.185	2.233
已获利息倍数变动	0.005	0.002	3.989	1	0.046***	1.005
Constant	-0.263	0.197	1.778	1	0.182	0.769

注：* 代表弱显著（<0.15）；
　　** 代表中等显著（<0.10）；
　　*** 代表强显著（<0.05）。

3. 供应商的显性利益与转向结果的关系

供应商的显性利益与转向成功的 Logistic 回归结果如表 8-4 所示。从表 8-4 可以看出，在代表供应商在企业的显性利益的自变量中，外购成本增长率是强显著的，应付账款、票据保障比率变动是弱显著的，两者都与转向成功正相关。外购成本增长率每增加一个单位，转向成功的概率就增大 1.234 倍。应付账款、票据保障比率越大，供应商收回货款就越有保证。应付账款、票据保障比率每增加一个单位，转向成功的概率就增加 1.006 倍。这说明在单独考察

第八章 主要利益相关者显性利益与业绩转向关系的实证结果分析

供应商的显性利益与转向成功的关系中，供应商的显性利益与转向成功正相关，假设 H3 获得了验证。

表 8-4　供应商的显性利益 Logistic 回归结果

	B	S.E.	Wald	df	Sig.	Exp(B)
外购成本增长率	0.210	0.082	6.582	1	0.010 ***	1.234
应付账款周转率变动	0.009	0.010	0.890	1	0.345	1.009
应付账款、票据保障比率变动	0.006	0.004	2.474	1	0.116 *	1.006
现金应付账款比率变动	-0.006	0.006	0.928	1	0.335	0.994
Constant	-0.361	0.181	3.998	1	0.046	0.697

注：* 代表弱显著（<0.15）；

** 代表中等显著（<0.10）；

*** 代表强显著（<0.05）。

4. 管理层的显性利益与转向结果的关系

管理层的显性利益与转向成功的 Logistic 回归结果如表 8-5 所示。从表 8-5 可以看出，代表管理层在企业中的显性利益的自变量管理层平均报酬增长率是强显著的，管理层平均报酬增长率与转向成功正相关。管理层平均报酬增长率每增加一个单位，转向成功的概率就增加 1.628 倍。这说明在单独考察管理层的显性利益与转向成功的关系中，管理层的显性利益与转向成功正相关，支持假设 H4。

表 8-5　管理层的显性利益 Logistic 回归结果

	B	S.E.	Wald	df	Sig.	Exp(B)
管理层平均报酬增长率	0.487	0.170	8.236	1	0.004 ***	1.628
Constant	-0.408	0.174	5.493	1	0.019	0.665

注：*** 代表强显著（<0.05）。

5. 员工的显性利益与转向成功的 Logistic 回归结果

员工的显性利益与转向成功的 Logistic 回归结果如表 8-6 所示。从表 8-6 可以看出，代表员工在企业中的显性利益的自变量员工平均报酬增长率是不显著的。这说明在单独考察员工的显性利益与转向成功的关系中，不能验证员工的显性利益与转向成功正相关，拒绝假设 H5。

表 8-6　员工的显性利益 Logistic 回归结果

	B	S.E.	Wald	df	Sig.	Exp(B)
员工平均工资增长率	0.038	0.031	1.527	1	0.217	1.039
Constant	-0.215	0.164	1.712	1	0.191	0.806

6. 政府的显性利益与转向结果的关系

政府的显性利益与转向成功的 Logistic 回归结果如表 8-7 所示。从表 8-7 可以看出，代表政府在企业中的显性利益的自变量纳税增长率是强显著的，纳税增长率与转向成功正相关，纳税增长率每增加一个单位，转向成功的概率就增加 1.284 倍。这说明在单独考察政府的显性利益与转向成功的关系中，政府的显性利益与转向成功正相关，接受假设 H6。

表 8-7　政府的显性利益 Logistic 回归结果

	B	S.E.	Wald	df	Sig.	Exp(B)
纳税增长率	0.250	0.087	8.187	1	0.004***	1.284
Constant	-0.446	0.174	6.587	1	0.010	0.640

注：*** 代表强显著（<0.05）。

7. 顾客的显性利益与转向结果的关系

顾客的显性利益与转向成功的 Logistic 回归结果如表 8-8 所示。

从表 8-8 可以看出，代表顾客在企业中的显性利益的自变量营业成本率变动是不显著的。这说明在单独考察顾客在企业中的显性利益与转向成功的关系中，顾客的显性利益与转向成功正相关的假设未得到样本数据的支持，拒绝假设 H7。

表 8-8　　顾客的显性利益 Logistic 回归结果

	B	S.E.	Wald	df	Sig.	Exp(B)
营业成本率变动	−0.007	0.009	0.559	1	0.454	0.993
Constant	−0.127	0.158	0.644	1	0.422	0.881

8.3　逐步 Logistic 回归模型分析

前面单独分析了每类利益相关者的显性利益与转向成功的关系，而当各种因素叠加在一起的时候往往会有变化。不同利益相关者之间会相互影响，为此这里将他们的显性利益逐步带入方程，来探究哪些主要利益相关者的显性利益与转向成功更相关。这里逐步引入各主要利益相关者的显性利益进行 Logistic 回归，从动态的角度研究主要利益相关者的显性利益与我国中小上市公司业绩转向管理的关系。Logistic 回归在建立方程时，有不同的方法，这里采用的是全部纳入法（Enter），着重研究它们之间的相关关系。

第一步以政府的显性利益与转向成功的关系建立模型一，第二步在第一步模型的基础上引入顾客的显性利益建立模型二，它们的回归结果如表 8-9 所示。从表 8-9 可以看出，模型一中纳税增长率为强显著，政府单独的显性利益与转向成功正相关。在模型一的基础上引入顾客的显性利益后，回归模型的变化较小，纳税增长率仍为强显著，营业成本率变动并未进入模型二中。在模型二中纳税增长率每增加一个单位，转向成功的概率就提高 1.282 倍。这说明政府的显性利益越得到满足，转向成功的可能性越大。

表 8-9　　　　　逐步 Logistic 回归模型分析一

	模型一			模型二		
	B	Sig.	Exp(B)	B	Sig.	Exp(B)
纳税增长率	0.250	0.004 ***	1.284	0.249	0.006 ***	1.282
营业成本率变动				0.000	0.958	1.000
Constant	-0.446	0.010	0.640	-0.412	0.021	0.663

注：*** 代表强显著（<0.05）。

第三步在第二步模型的基础上引入供应商的显性利益建立模型三，它们的回归结果如表 8-10 所示。从表 8-10 可以看出，在模型二的基础上引入供应商的显性利益后，回归模型发生了较大变化。在模型三中，纳税增长率由强显著变为中等显著，同时外购成本增长率强显著，应付账款、票据保障比率变动弱显著，外购成本率每增大一个单位，转向成功的几率就增加 1.201 倍，应付账款、票据保障比率每增加一个单位，转向成功的概率就增加 1.018 倍。这说明在转向过程中，不但要考虑政府的显性利益，供应商的显性利益更应予以重视，其显性利益越得到满足，转向成功的可能性越大。

表 8-10　　　　　逐步 Logistic 回归模型分析二

	模型二			模型三		
	B	Sig.	Exp(B)	B	Sig.	Exp(B)
纳税增长率	0.249	0.006 ***	1.282	0.203	0.061 ***	1.225
营业成本率变动	0.000	0.958	1.000	-0.007	0.626	0.993
外购成本增长率				0.183	0.012 ***	1.201
应付账款、票据周转率变动				0.006	0.539	1.006
应付账款、票据保障比率变动				0.018	0.119 *	1.018
现金应付账款、票据比率变动				-0.015	0.156	0.985
Constant	-0.412	0.021	0.663	-0.550	0.006	0.577

注：* 代表弱显著（<0.15）；

　　** 代表中等显著（<0.10）；

　　*** 代表强显著（<0.05）。

第四步在第三步模型的基础上引入员工的显性利益建立模型四，它们的回归结果如表 8-11 所示。从表 8-11 可以看出，在模型三的基础上引入员工的显性利益后，模型变化不大。在模型四中，纳税增长率为中等显著，外购成本增长率仍为强显著，应付账款、票据保障比率变动是弱显著。外购成本率每增大一个单位，转向成功的几率就增大 1.189 倍，应付账款、票据保障比率每增加一个单位，转向成功的概率就增加 1.017 倍。这说明在转向过程中综合考虑政府、顾客、供应商和员工的显性利益时，供应商的显性利益仍然最重要，其显性利益越得到满足，转向成功的可能性越大。

表 8-11　　　　　逐步 Logistic 回归模型分析三

	模型三			模型四		
	B	Sig.	Exp(B)	B	Sig.	Exp(B)
纳税增长率	0.203	0.061**	1.225	0.182	0.089**	1.200
营业成本率变动	-0.007	0.626	0.993	-0.005	0.678	0.995
外购成本增长率	0.183	0.012***	1.201	0.173	0.015***	1.189
应付账款、票据周转率变动	0.006	0.539	1.006	0.006	0.543	1.006
应付账款、票据保障比率变动	0.018	0.119*	1.018	0.016	0.143*	1.017
现金应付账款、票据比率变动	-0.015	0.156	0.985	-0.014	0.177	0.986
员工平均工资增长率				0.014	0.675	1.014
Constant	-0.550	0.006	0.577	-0.549	0.006	0.577

注：*代表弱显著（<0.15）；

**代表中等显著（<0.10）；

***代表强显著（<0.05）。

第五步在第四步模型的基础上引入管理层的显性利益建立模型五，它们的回归结果如表 8-12 所示。从表 8-12 可以看出，在模型四的基础上引入管理层的显性利益后，模型发生重大变化。在模型五中，外购成本增长率依旧强显著，但同时管理层平均报酬增长率也是强显著的，外购成本增长率每增加一个单位，转向成功的概率就增加 1.174 倍，管理层平均报酬增长率每增加一个单位，转向成功的概率就增加 1.673 倍。这说明在转向过程中，综合考虑政府、顾客、供应商、员工和管理层的显性利益时，供应商和管理层的显性利益最重要，它们的显性利益越得到满足，转向成功的可能性越大。

表 8-12　　　　　逐步 Logistic 回归模型分析四

	模型四			模型五		
	B	S.E.	Wald	B	Sig.	Exp(B)
纳税增长率	0.182	0.089 **	1.200	0.166	0.101 *	1.180
营业成本率变动	-0.005	0.678	0.995	-0.005	0.653	0.995
外购成本增长率	0.173	0.015 ***	1.189	0.160	0.029 ***	1.174
应付账款、票据周转率变动	0.006	0.543	1.006	0.004	0.657	1.004
应付账款、票据保障比率变动	0.016	0.143 *	1.017	0.015	0.190	1.015
现金应付账款、票据比率变动	-0.014	0.177	0.986	-0.016	0.138 *	0.985
员工平均工资增长率	0.014	0.675	1.014	0.006	0.853	1.006
管理层平均报酬增长率				0.515	0.010 ***	1.673
Constant	-0.549	0.006	0.577	-0.775	0.000	0.461

注：* 代表弱显著（<0.15）；

　　** 代表中等显著（<0.10）；

　　*** 代表强显著（<0.05）。

第六步在第五步模型的基础上引入债权人的显性利益建立模型六，它们的回归结果如表 8-13 所示。从表 8-13 可以看出在模型五的基础上引入债权人的显性利益后，模型发生了重大变化，纳税增长率不再显著，外购成本增长率和管理层平均报酬增长率仍为强显著，而同时流动比率变动也是强显著，已获利息倍数变动为中等显著。在模型六中，流动比率变动每增加一个单位，转向成功的概率就增加 3.097 倍，已获利息倍数变动每增加一个单位，转向成功的概率就增加 1.006 倍。这说明在引入债权人的显性利益后，政府的显性利益被取代,在转向过程中综合考虑政府、顾客、供应商、员工、管理层和债权人的显性利益时,供应商、管理层和债权人的显性利益最重要,它们的显性利益越得到满足,转向成功的可能性越大。

表 8-13　　　　　逐步 Logistic 回归模型分析五

	模型五			模型六		
	B	Sig.	Exp(B)	B	Sig.	Exp(B)
纳税增长率	0.166	0.101*	1.180	0.107	0.382	1.113
营业成本率变动	-0.005	0.653	0.995	-0.021	0.630	0.979
外购成本增长率	0.160	0.029***	1.174	0.174	0.037***	1.190
应付账款、票据周转率变动	0.004	0.657	1.004	0.000	0.975	1.000
应付账款、票据保障比率变动	0.015	0.190	1.015	-0.002	0.862	0.998
现金应付账款、票据比率变动	-0.016	0.138*	0.985	-0.006	0.630	0.994
员工平均工资增长率	0.006	0.853	1.006	-0.005	0.897	0.995
管理层平均报酬增长率	0.515	0.010***	1.673	0.482	0.020***	1.619
流动比率变动				1.130	0.005***	3.097
资产负债率变动				-0.799	0.217	0.450
经营活动现金净流量流动负债比率变动				0.579	0.445	1.785
已获利息倍数变动				0.006	0.089**	1.006
Constant	-0.775	0.000	0.461	-0.855	0.001	0.425

注：* 代表弱显著（<0.15）；
　　** 代表中等显著（<0.10）；
　　*** 代表强显著（<0.05）。

第七步在第六步模型的基础上引入股东的显性利益建立模型七,它们的回归结果如表 8-14 所示。从表 8-14 可以看出,在模型六的基础上引入股东的显性利益后,模型发生了重大的变化,外购成本增长率由强显著变为弱显著，管理层平均报酬率和流动比率变动依旧是强显著，已获利息倍数变动由中等显著变为弱显著，同时净资产增长率为强显著。在模型七中，管理层平均报酬率每增加一个单位，转向成功的概率就增加1.638倍；流动比率变动每增加一个单位，转向成功的概率就增加2.881倍；净资产增长率每增加一个单位，转向成功的概率就增加9.244倍。这说明在转向过程中综合考虑所有利益时，管理层、债权人和股东的显性利益最重要，它们的显性利益越得到满足，转向成功的可能性越大。

表8-14　　　　　逐步Logistic回归模型分析六

	模型六			模型七		
	B	Sig.	Exp(B)	B	Sig.	Exp(B)
纳税增长率	0.107	0.382	1.113	0.076	0.511	1.079
营业成本率变动	-0.021	0.630	0.979	-0.006	0.844	0.994
外购成本增长率	0.174	0.037 ***	1.190	0.131	0.138 *	1.140
应付账款、票据周转率变动	0.000	0.975	1.000	-0.003	0.748	0.997
应付账款、票据保障比率变动	-0.002	0.862	0.998	-0.002	0.879	0.998
现金应付账款、票据比率变动	-0.006	0.630	0.994	-0.006	0.624	0.994
员工平均工资增长率	-0.005	0.897	0.995	-0.002	0.949	0.998
管理层平均报酬增长率	0.482	0.020 ***	1.619	0.493	0.020 ***	1.638
流动比率变动	1.130	0.005 ***	3.097	1.058	0.009 ***	2.881
资产负债率变动	-0.799	0.217	0.450	-0.530	0.386	0.589
经营活动现金净流量流动负债比率变动	0.579	0.445	1.785	0.117	0.884	1.125
已获利息倍数变动	0.006	0.089 **	1.006	0.005	0.123 *	1.005
净资产增长率				2.224	0.038 ***	9.244
总资产周转率变动				0.168	0.325	1.183
Constant	-0.855	0.001	0.425	0.076	0.000	0.338

注：* 代表弱显著（<0.15）；

　　 ** 代表中等显著（<0.10）；

　　 *** 代表强显著（<0.05）。

8.4 综合模型分析

前面的研究采用的是全部纳入法（Enter），强制将所有变量纳入方程，着重分析主要利益相关者的显性利益与转向成功的关系。为了提高模型预测能力，剔除次要的因素，这里采用向后回归法（Wald），对样本公司进行 Binary Logistic 回归分析。经过向后回归法，模型回归结果如表 8-15 所示。

表 8-15 综合模型

	B	S.E.	Wald	df	Sig.
总资产周转率变动	2.567	1.004	6.542	1	0.011***
流动比率变动	1.303	0.351	13.758	1	0.000***
已获利息倍数变动	0.006	0.003	3.107	1	0.078**
外购成本增长率	0.156	0.081	3.723	1	0.054**
管理层平均报酬增长率	0.500	0.190	6.924	1	0.009***
Constant	−0.720	0.447	2.586	1	0.108

注：* 代表弱显著（<0.15）；
　　** 代表中等显著（<0.10）；
　　*** 代表强显著（<0.05）。

从表 8-15 可以看出，纳入模型的变量比较少，只有总资产周转率变动、流动比率变动、已获利息倍数变动、外购成本增长率和管理层平均报酬增长率，且这些变量与转向成功正相关。

股东是企业的所有者，对企业的资产拥有支配权，对企业的债务承担偿还义务。总资产周转率代表了企业的运营效率，而运营效率的高低对企业获利能力产生重大影响，股东对剩余收益拥有所有权，故其最能从提高企业运营效率中得到好处，所以总资产周转率在某个方面较好地代表了股东在企业中的显性利益，而总资产周转率和转向成功正相关，所以股东的显性利益和转向成功正相关。这说明了股东的显性利益越得到满足，股东就会给予企业更多的支持和信任，企业也就越容易转向成功。

流动比率反映了企业的短期偿债能力，流动比率越高，反映企业短期偿债能力越强，债权人的权益越有保障，而债权人把资金借给企业的目的是能到期收回本金和利息，所以流动比率较好地代表了债权人的显性利益。已获利息倍数不仅反映了企业获利能力的大小，而且反映了获利能力对债务偿付的保证制度，它既是企业举债经营的前提依据，也是衡量企业长期偿债能力的重要指标。已获利息倍数越高，表明企业长期偿债能力越强。

流动比率变动和已获利息倍数都与转向成功正相关，即债权人的显性利益和企业转向成功正相关。债权人的利益越被得到满足，其越可能对转向中的企业给予更多的支持，如减免利息、延长债务的偿还期限等，而转向中的企业面临最大困难就是流动资金的匮乏，所以债权人的显性利益和企业转向成功正相关。

企业外购成本表现了供应商的销售收入变动情况，即企业外购成本增加，供应商的销售额提高，从而满足供应商的显性利益要求，有利于双方之间结成合作伙伴或联盟关系，通过合作来优化彼此的经营管理，帮助中小企业扭转财务困境，所以外购成本增长率的显性利益与转向成功正相关。

管理层虽然在某些方面不同于一般员工，但其任职于公司的主要目的还是取得报酬，所以管理层平均报酬较好地代表了其显性利益。管理层平均报酬增长率和转向成功正相关，这说明了管理层的显性利益越得到满足，企业越容易取得转向成功。管理层直接负责企业的日常运营，能够对企业施加最直接的影响，其显性利益越得到满足，就会越努力地经营企业，而转向中的企业又面临比较多的困难，此时管理层的努力更加重要，所以管理层的显性利益和转向成功正相关。

Logistic 回归分析中还有一个重要的回归系数可以解释事件发生的概率——事件发生比，即转向成功发生的几率有多少。事件发生比是指发生这个事件的概率和不发生这个事件的概率的比值。通过该值，可以近似了解某事件会更易发生，或不会发生，即转向成功发生（$x=1$）几率要大于转向失败（$x=0$）的几率。几率比在这个特性上可以视为一种风险比例。运用 SPSS 求解，几率比即模型变量在 95% 置信区间下的 Exp(B)，如表 8-16 所示。

表 8-16　　　　　　　　　模型变量的发生比

	Exp(B)	95.0% C.I. for Exp(B)	
		Lower	Upper
总资产周转率变动	13.022	1.822	93.088
流动比率变动	3.679	1.848	7.322
已获利息倍数变动	1.006	0.999	1.012
外购成本增长率	1.168	0.998	1.369
管理层平均报酬增长率	1.650	1.136	2.395
Constant	0.312		

发生比指的是一单位连续变量的变动所发生的变化。如表 8-16 所示，总资产周转率变动的 Exp(B) 为 13.022，即总资产周转率每增加一个单位，转向成功的概率要增加 13.022 倍。类似的，流动比率变动每增加一个单位，转向成功的概率要提高 3.679 倍；已获利息倍数变动每增加一个单位，转向成功的概率增加 1.006，外购成本增长率每增加一个单位，转向成功的概率增加 1.168 倍，管理层平均报酬增长率每增加一个单位，转向成功的概率要提高 1.650 倍。

由于 Logistic 回归方程求解参数采用最大似然估计，因此其回归方程的整体检验通过似然函数值（Likelihood）。从表 8-17 可以看出，模型的似然函数值为 65.080。截距模型的差值称为 Chi-square，模型的 Chi-square 值为 65.080，有 5 个自由变量，显著性水平为 0.000，这说明模型有较好拟合度。

表8-17　　　　　　　　模型的综合性检验

		Chi-square	f	Sig.
Step 11	Step	-2.167	1	0.141
	Block	65.080	5	0.000
	Model	65.080	5	0.000

从拟合优度指标来看，模型的 Cox & Snell R Squar 值为 0.350，变量被解释的程度相对较少。但模型的 Nagelkerke R Square 值为 0.467，相对较好（见表8-18）。

表8-18　　　　　　　　模型的拟合优度指标

Step	-2 Log Likelihood	Cox & Snell R Square	Nagelkerke R Square
1	135.945a	0.383	0.511
11	143.714b	0.350	0.467

Logistic 回归研究的是事件发生率的问题，用模型的预测值分类样本来拟合模型可能更切合实际，其预测情况如表8-19所示。

表8-19　　　　　　　　模型的分类表

	Observed		预测		
			转向结果		正确率
			0.00	1.00	
Step 11	转向结果	0.00	66	14	82.5
		1.00	22	49	69.0
	总概率				76.2
切割值 0.500					

表8-19 的切割值为 0.5，即转向成功概率大于等于 0.5 的企业都列为转向成功。表8-19 对角线显示有 66 家企业正确地被预测为

转向失败,49家企业被正确地预测为转向成功。反对角线列出了被错误预测转向结果的企业个数。总共有36家企业被错误估计了转向结果,其中,22家错误估计为转向失败,14家企业被错误估计为成功。从表8-19可以得出,转向失败的预测正确率为82.5%,转向成功的正确预测率为69.0%。总体而言,169个样本中有76.2%的比例被正确预测了企业的转向结果,可以说模型的拟合度还是较高的。

8.5 研究结论

本书通过对2000—2009年169家主板和少量中小企业板中小上市公司的实证研究,阐述了主要利益相关者与其业绩转向的关系。

(1) 首先单独对各个主要利益相关者的显性利益与中小上市公司转向关系进行Logistic回归分析。

研究得出在企业的业绩转向过程中,单独考虑各个主要利益相关者的显性利益时,除了员工和顾客,其余利益相关者的显性利益都与转向成功正相关。即股东、债权人、供应商、管理层和政府的显性利益越得到满足,转向成功的可能性越大。

(2) 其次逐步代入各主要利益相关者的显性利益,对其与中小上市公司转向进行Logistic回归分析。

研究得出在企业的业绩转向过程中,比较非财务类利益相关者的显性利益时,与公司经营联系越紧密的非财务类利益相关者的显性利益越重要,如政府、顾客和员工的显性利益不如供应商和管理层的显性利益重要。供应商是企业的原材料的提供者,管理层负责企业的运营管理,它们与企业经营的关系更紧密,它们的显性利益对于企业的转向成功更重要。

(3) 最后综合对所有主要利益相关者的显性利益与中小上市公司业绩转向关系进行Logistic回归分析。

研究得出在企业的业绩转向过程中,综合考虑财务类利益相关者和非财务类利益相关者的显性利益时,股东、债权人、供应商和管理层的显性利益最重要，在资源有限的情况下，它们的显性利益优先得到满足，转向成功的可能性更大。

股东是企业自有资金的提供者，对企业的资产拥有支配权，是企业的所有者。股东的显性利益越得到满足，股东就会给予企业更多的支持和信任，企业也就越容易转向成功。在企业运营中，负债是不可缺少的资金来源，现代企业几乎没有不负债经营的，债权人也是企业资金的重要提供者。债权人的显性利益越得到满足，其就越可能对转向中的企业给予更多的支持，如提供更多的贷款、延长债务的偿还期限等，而转向中的企业面临的最大困难就是流动资金的匮乏，债权人的显性利益和企业转向成功正相关。供应商是企业生产经营所使用原材料的提供者，其显性利益越得到满足，越有利于企业充分利用和合理调配企业生产的各项资源，提高生产效率，帮助中小企业改善业绩。管理层直接负责企业的日常运营，能够对企业施加最直接的影响，其显性利益越得到满足，其就会更努力地经营企业，管理层的显性利益和转向成功正相关。

以前的研究转向战略多为削减战略或者是增长战略，而根据本书的研究结果，我国中小上市公司在制定转向战略时，不应考虑单纯采用成本削减战略或增长战略，应该优先满足股东、债权人、供应商和管理层的显性利益，取得它们的支持，这样可以增加转向成功的机会。

8.6 管理建议

本书通过对主要利益相关者的显性利益与我国中小上市公司业绩转向关系的研究，发现在所有主要利益相关者中，股东、债权人、供应商和管理层的显性利益与我国中小上市公司业绩转向最相关。针对上述结果，本研究对我国中小上市公司业绩转向管理提出如下建议：

1. 提高股东参与企业经营决策，加速资金周转，以取得股东的支持

健全董事会制度，完善董事会功能。通过适当扩大董事会规

模，引入独立董事，明确中小股东代表的董事地位等措施优化董事会结构，切实、有效地增强董事会的独立性和有效性；在董事会内设置主要由独立董事组成的治理委员会、报酬委员会、审计委员会、战略委员会等，以此有效地履行董事会职责、增加任命的透明度，强化董事会的决策作用。强化董事会成员的义务和责任，并给予相应报酬。

提高经营效率。加速企业资金周转，降低营运资金，重构价值链，减少资金占用；剥离部分资产，将利润率较低的资产剥离出去，用节省出的资金支持核心业务增长；改变供货渠道，增加外购，减少自制，以减少资产占用。

2. 加强与债权人的联系，增加企业的偿债能力，以取得债权人的支持

债权人可以与公司达成协议，定期收集企业的经营财务信息，当债权人对公司的经营状况不满意时，可以对公司的高级管理人员提出质疑。结合当前我国的现实情况，允许债权人进入公司的监事会，设立债权人监事制度。当债权人对企业的贷款达到一定的比例时，债权人就在公司的监事会中拥有一定比例的席位，对公司经理高级管理人员形成一定的监督作用，以保障其在企业中的利益。

增加企业的偿债能力。吸收外部权益投资，以使企业的资产负债率维持在适当的水平；合理确定长短期债务的比例，减少不能偿还到期债务的风险；及时偿还利息，以取得债权人的信任，避免信任危机。

3. 与信誉较好的供应商达成长期供应协议，提高供应链效率

中小企业成功业绩转向离不开企业外部供应商的支持。通过整合企业供应链的流程和过程，加强信息沟通和传递，企业通过了解供应商所提供的原材料的质量、数量、时间等信息来组织生产和企业内活动，可以减少对原材料需求的不确定性，减少不必要的损失，因此要与供应商形成长期合作关系。

4. 完善管理层激励制度，以最大效用地发挥管理层在转向过程中的作用

管理层负责企业的日常运营，直接决定企业转向的成败。

完善高级管理层的任免制度。公司应建立有关的业绩评价和选拔制度，公司高级管理团队与董事之间应建立畅通的沟通渠道，建立聘用和解聘规则和程序，避免股东急功近利思想的影响，杜绝频繁撤换高管人员的现象，维持高级管理团队的稳定性。

完善高管人员的薪酬制度。确定各类人员的薪酬原则，例如高管人员的分配原则应当以职务责任和承担风险的大小以及绩效来确定，可以实行由基本工资、效益工资和股票期权组成的年薪制，这样既能保证高管人员的基本收入，又能激发其主动性和积极性，同时通过期权可以形成对企业的归属感和长期激励，从而增加企业转向成功的可能性。

建立经营者风险抵押制度。风险抵押金作为经营者向企业提供的一种保险，不仅能够增加企业所有者和职工对经营者的信任程度，而且还是经营者个人收入高于一般职工收入的重要依据。风险收入中的一部分来自风险抵押金的收益。因此为了实现资、权、利结构，对经营者实行年薪和股权激励的同时，企业应相应建立风险抵押制度，经营者同时承担经营风险损失。风险抵押金的水平一般为经营者收入的50%~80%，可按企业规模大小确定。

5. 尽可能兼顾其他主要利益相关者

其他主要利益相关者由于投入了大量专用性资本，承担了剩余风险，而转向中的企业应尽可能兼顾他们，以取得他们的支持，增加转向成功的可能性。对员工来说，可以适当增加薪酬福利，激发员工工作的积极性；对于政府来说，应积极按时纳税，遵守税收法规；对顾客来说，应努力提高为其服务的效率。

第四编　中小企业主要利益相关者关系质量、转向战略与转向业绩研究

第四编 中、小型水库土料坝的有关
技术条件、检测问题、装施问题
与材料处理问题

第九章 主要利益相关者关系质量与转向战略及转向业绩关系的理论模型和研究设计

9.1 基于主要利益相关者关系质量的中小企业转向管理研究

中小企业重要的社会经济地位与其普遍存在的短寿现象形成了鲜明的对比,在有关企业生存发展的理论中,利益相关者理论得到了学者们的重视,而组织的继续存活依靠与其他组织和活动者即利益相关者的关系,这种依赖性更会在衰退的困境中体现出来(Oliver, 1990)。同时,从资源依赖的角度进行分析,企业是由各项生存资源所组成的,即企业的生存发展需要资源的支持。而企业如果希望获得赖以生存的要素资源,那么获得资源的资格和能力就必不可少。利益相关者是与企业相关联,因企业活动而承担风险,并能够影响企业继续存活的一个利益群体。当中小企业绩效下滑,遭遇威胁企业生存的危机时,资源日渐减少,同时自身获取资源的能力会受到严重限制。因此,企业与主要的利益相关者保持良好的关系质量,可以帮助处于危机中的中小企业拥有更多的资格和能力来获取资源,实现资源的共享和互补。从上面的分析可以看出,企业与利益相关者的关系质量是影响企业转向成功的因素之一。虽然国外学者主要通过理论和案例分析对此方面进行了一些研究,但很少通过实证研究进行理论验证。

虽然已有较多单独应用利益相关者理论来解释企业绩效,或是单独分析企业转向战略对转向业绩影响的文献,但利益相关者关系质量、转向战略与转向业绩这些理论很少被学者综合起来纳入一个总体模型开展研究。所以本编聚焦中小企业的业绩困境,遵循"资源——战略——绩效"的研究范式,依托资源基础理论、利益相关者理论和转向理论,以分析各变量间关系层次为基础,并提出相关假设和概念模型,对中小企业利益相关者关系质量、转向战略与转向业绩这三者进行整合分析,试图理清作用机理和变量间的层次关系,从而揭示利益相关者关系质量对于转向战略的作用,进而对转向业绩产生的影响。

本编根据研究的需要并结合中小企业大多处于生命周期中初创阶段的主要特点,选取供应商、顾客、政府、资金提供者(股东和债权人)、内部人员(管理者和员工)作为研究中所涉及的主要利益相关者。

相比较第三编用财务指标表达利益相关者显性利益要求,本编更侧重利益相关者隐性利益需求满足的表述与测量,也即对企业与利益相关者关系的紧密程度做出判断和评价。在第二编中我们用NOC代表企业与利益相关者之间的紧密关系,研究了其对业绩转向成功的影响,得出利益相关者关系是帮助陷入财务困境企业最终脱困的重要因素。但研究对NOC的测量以企业的市场和技术投入等定量指标为主,难以表达利益相关者与企业之间的复杂关系和隐性利益需求。因此在第四编中我们引入关系质量作为判断和评价企业与利益相关者关系的重要指标。

对于关系质量的维度,众多学者看法各异,但是沟通、信任、满意、承诺、依赖是较为常用的维度。关系质量维度的选择不存在一种适合所有情境的选择方案,需要具体分析,并且考虑研究的特定情境。因为本书以经历过危机的中小企业为研究对象,所以用满意来衡量中小企业与利益相关者之间的关系质量不合时宜。参与治理维度只有学者Mohr和Spekman(1994)在研究关系质量时有所提及,但是利益相关者参与治理对于危机的中小企业提高业绩有着积极作用。因此本书根据研究需要选择沟通、信任、承诺、依赖和参与治理作为关系质量维度的组合方案。

第九章 主要利益相关者关系质量与转向战略及转向业绩关系的理论模型和研究设计

肖元涛（2004）通过对利益相关者参与公司治理的情况进行研究，发现进入企业董事会和监事会的主要是股东、管理人员、员工和债权人，而供应商和顾客一般不会进入企业的董事会和监事会参与公司治理，所以本研究中政府、供应商和顾客中不包含参与治理这一维度。内部人员因为本身就在企业中工作，所以对企业的情况都很熟知，不需要用沟通维度测量关系质量。政府身为行政权力机构的特殊利益相关者，很少对企业做出承诺，因此政府的关系质量维度中不包括承诺。依赖指的是企业和外部组织之间存在的一种相互关系，所以资金提供者和内部人员不包含依赖维度。故各利益相关者关系质量维度构成如表 9-1 所示。

表 9-1　　　　利益相关者关系质量的维度

	沟通	信任	承诺	依赖	参与治理
供应商	✓	✓	✓	✓	
顾客	✓	✓	✓	✓	
政府	✓	✓		✓	
资金提供者（股东和债权人）	✓	✓	✓		✓
内部人员（管理者和员工）		✓	✓		✓

有关转向战略的分类，缺少一个统一的标准。Hofer（1980）等人的战略二分法在中小企业背景下的应用显得不恰当，因为划分范围太粗糙宽泛，同时也出现了一些相互矛盾的结论。企业的转向成功既需要运营型战略，也需要战略型转向行动，并且有时两者是重合的。本编在 Lohrker（1996）二分法的基础上，结合第二编的实证研究将紧缩型战略进一步分为成本削减、资产削减，因为这两种战略包含的具体内容有所不同，同时需要在不同的层次进行有差异的管理，并且最后的绩效也可能相差很大；另外考虑到高管变更在转向战略中的重要作用，因此将转向战略划分为成本削减战略、资产削减战略、积极型战略、高管变更、增长型战略五大类。

9.2 研究假设与理论模型

9.2.1 中小企业转向战略与转向业绩的关系假设

学者对于业绩转向成功的影响因素已经进行了大量的实证研究，而转向业绩的影响因素既包括管理控制、组织背景等内部原因，也包括宏观、行业环境变化等外部原因，而内部原因被看做更重要的原因（Schendel、Patton，1976）。本书以企业层面为研究对象，且主要分析影响中小企业转向的内部原因，体现为中小企业对转向战略的选取。

1. 中小企业削减型战略和转向业绩的关系

学者 Pearce 和 Robbins（1993）提出了转向过程的两阶段模型，即紧缩—恢复模型，认为处于危机中的企业只有在执行了削减战略阻止企业继续衰退之后，才能继续实施其他战略来实现业绩的恢复增长，削减战略是转向中必不可少的一个过程，而且对于中小企业尤为重要。Hambrick（1983）、Schecter（1976）、Ramanujam（1988）、Bruton（2001）等学者在研究中也认为削减战略的实施有利于转向成功，同时削减战略也是被转向管理的实际执行者所奉行的扭转危机的强有力措施。

中小企业在面临绩效困境时，需要解决的首要问题就是让企业生存下去并产生积极的现金流。为了脱离财务困境，中小企业必须自行寻找资金和资源，最可能实施的途径就是减少一些不必要的开支，缩减过剩的产能、人员、固定资产等，即倾向于采取成本削减、资产削减的短期节流瘦身行动。削减战略主要包括成本削减和资产削减两个部分，而两者所对应的内容有所不同，所以本研究对削减战略提出两个验证性假设：

H_{fk}：成本削减战略对转向业绩有正向影响。

H_{gk}：资产削减战略对转向业绩有正向影响。

这里需要说明的是由于本研究中涉及的变量较多，如果采用通

第九章 主要利益相关者关系质量与转向战略及转向业绩关系的理论模型和研究设计

常的假设编号方法 H1、H2、…、Hn，在后面分析和论述时容易造成混乱，所以本研究将 11 个变量分别用字母 a、b、c、…、k 来表示，即：供应商关系质量（a）、顾客关系质量（b）、政府关系质量（c）、资金提供者关系质量（d）、内部人员关系质量（e）、成本削减战略（f）、资产削减战略（g）、积极型战略（h）、高管变更战略（i）、增长型战略（j）、转向业绩（k），同时在调查问卷和概念模型中也有相应的标记。为了更多地反映假设变量之间的信息，本研究假设编号方法为 H［字母1］［字母2］，字母1 表示假设关系中的自变量，字母2 表示假设关系中的因变量。如 Hfk 表示成本削减战略对转向业绩的影响关系假设。后文各假设编号的含义与此相同，不再赘述。

2. 中小企业积极型战略和转向业绩的关系

在转向管理中除了进行运营方式调整和加强管理外，还存在一些需要企业家创新精神的积极性转向行动，即积极型战略。积极型战略是企业根据内部资源配置方式和外部环境互动模式所采取的一系列积极行动，即充分利用内部资源来开拓获取外部环境中潜在的有利于企业生存发展的资源。积极型战略与削减型战略相比，对企业的变动影响更大，需要企业家充分发挥主观能动性，采取变革性的措施。例如，企业变革产品市场战略，进行市场营销，强化销售策略，扩大市场份额，从而使得销售收入有所增长。采取多种措施提高销售收入的积极型战略为衰退中的企业带来现金流，提高资产的流动性。中小企业在转向中经历过阻止衰退的阶段后，这种"开源"的积极型战略在恢复阶段起到了重要作用，这是衰退中小企业复元的有力保障，积极型战略会增加转向成功的可能性（Pearce、Robbins，1993）。因此本研究提出如下假设：

Hhk：积极型战略对转向业绩有正向影响。

3. 中小企业高管变更战略与转向业绩的关系

很多学者都认同高层管理团队（以下简称高管团队）或 CEO 变更可以有效作用于转向企业。一方面高管团队是中小企业战略的决策者，如果决策失误容易将中小企业带入困境，即中小企业产生衰退很可能就是因为原有的高管团队管理效率低下或管理失控，另一方面原有的高管团队可能在中小企业衰退的情境下缺少扭转困境的能力，学者 Brenneman（1998）指出选择具备解决当前困境能力的高管团队是转向成功的前提。与此同时，中小企业主要利益相关者面对困难的局面，也会对现有的高管团队丧失信心，新的高管团队出现则可以让中小企业的主要利益相关者看到企业扭转困境的决心，重新赢得他们的信任和支持，从而继续为中小企业提供转向所需要的各种外部资源。Salancik 和 Meindl（1984）的研究发现更换 CEO 的主要目的就是获得股东对衰退企业的信心，并让股东看到未来能够获利的前景。因此本研究提出如下假设：

H1k：高管变更战略对转向业绩有正向影响。

4. 中小企业增长型战略与转向业绩的关系

增长型战略是一种涉及企业整体层面的、长期的、重大的、复杂的，需要充分调动企业内外部各种资源而实施的一种战略，它寻求进入新的能够产生更多利润的业务领域，降低对现有市场的依赖。增长型战略包括企业进入一个新的行业、开发新的产品和市场、转移业务重点、发生收购兼并以及战略联盟等。学者 Schendel、Patton 和 Riggs（1976），Slatter（1999），Bruton（2001），Pearce 和 Robbins（1993）的研究都证实了增长型战略的有效性，但也有学者提出，中小企业由于资源匮乏，特别在危机中缺少足够的资源和能力来实施多元化、开发新产品、进入新行业的增长战略，因此更倾向于采取一些如削减战略的保守行动。而 Rasheed（2005）在他的研究中却发现中小企业虽然面临业绩的困境，但有时"背水一战"，也会采取凸显企业家行为的增长型战略。在第二编实证研究中，我们以中小上市公司为样本，也得到了类似结论。很多中小企业业绩出现严重恶化的根本原因就是战略方向定位选择的错误以及没有迅速根据外部环境的改变做出战略调整，因此这种开拓的行为有时恰恰会给中小企业带来真正的转机，故本研究提出如下假设：

Hjk：增长型战略对转向业绩有正向影响。

9.2.2 中小企业利益相关者关系质量与转向战略及转向业绩的关系假设

中小企业衰退是指遭遇了威胁企业生存的危机，而生存危机也是触发转向战略实施的要素。反过来说，中小企业实施转向战略的目的是为了继续生存下去。那么中小企业的生存会受到哪些方面的影响呢？资源基础理论指出企业是各种资源的集合体，即企业的生存离不开多种资源的支持。而中小企业要想获得生存的要素资源，就需要具备获得资源的资格和获得资源的能力。那么中小企业又是通过怎样的方式，才能够获得此种资格和能力呢？

利益相关者与企业相关联，因企业活动而承担风险，并能够影响企业继续存活的一个利益群体。中小企业与主要的利益相关者保持良好的关系质量，如通过沟通交流、建立起彼此间的信任和承诺等互动关系，形成一种长期依赖的合作伙伴关系，就可以帮助处于危机中的中小企业拥有更多的资格和能力来获取资源，实现资源的共享和互补。概括说来，中小企业与利益相关者的关系就是"资源的资源"。

充裕资源的支持，对于中小企业转向战略的实施将有重要帮助。中小企业与主要利益相关者通过对双方关系的建立投入专用性投资，使双方处于一种互相制约依赖的环境中，任何一方断然终止关系，就会导致舍弃已有的投资，面临沉没成本的损失，还要支付相应的转换成本，因此双方对于两者之间的关系会尽力维护，且表现出较高的承诺水平，对于处于困境中的中小企业来说，这种稳定、良好、健康的关系质量就能够明显遏制企业的继续恶化，有利于转向业绩的提高。本书第二编从实证研究中发现了企业与利益相关者关系对转向成功的正向影响，但没有深层次揭示利益相关者关系是如何影响企业转向绩效的。本章将通过建立中小企业利益相关者关系质量、转向战略与转向业绩三者之间的模型来解决这一问题，并试图找到不同类型利益相关者与企业不同特征的关系质量对转向战略选择及转向业绩的影响。

1. 中小企业供应商关系质量和转向战略及转向业绩的关系

中小企业供应商关系指中小企业与核心供应商建立并维持直接、长期的战略合作伙伴关系，通过加强沟通交流来实现信息共享，增进彼此间的信任与合作，对双方之间的关系许以承诺，生产整合，共同解决问题。从战略角度看，良好的供应商关系可以实现成本降低、库存减少、双方利益共享、风险共担，也有利于渗透到对方的技术、产品和市场领域。学者 Leonidas（2004）指出与供应商的关系可以为企业持续供应产品线生产所需的优质材料，以最低的价格获得优质的进货从而降低企业的生产成本；同时采纳供应商对本企业生产过程的建议，可以改进产品线，减少浪费，提高生产效率。

供应商对于中小企业的影响体现在多个方面，如产品质量、产品设计、交货时间、提前期、库存水平，特别是中小企业最终产品的价格和质量在很大程度上取决于供应商供货的价格和质量，继而在最终产品的市场竞争力、市场占有率和市场生存率等方面也产生深远影响。和供应商的合作可以帮助中小企业相比于竞争对手缩短新产品上市时间，并有可能针对细分市场实现个性化服务，有利于取得超额利润。困境中的中小企业实现削减战略、积极型战略、业务的多元化等增长型战略都离不开供应商的大力支持。

中小企业与供应商之间通过良好的沟通来共享信息资源，可以促进物流、资金流、信息流在供应链之间畅通、准确、及时地传递沟通、互通有无，最大限度地降低不确定的市场风险带来的损失。沟通支持供应链的快速反应，使得上下游迅速了解供货、存货、生产等情况，便于缩短供货时间，提高产品质量和种类，双方生产协调一致为缩减成本、提高利润加重了砝码。

中小企业与供应商之间应通过合作建立起信任关系。对于发生危机的中小企业，供应商的信任可以推延货物的付款时间，可以利用获得商业信用等方式来筹措资金，增加现金流，解决危机期间中小企业资金紧张的难题。

中小企业与供应商之间形成承诺和依赖关系意味着双方为建立

第九章　主要利益相关者关系质量与转向战略及转向业绩关系
　　　　的理论模型和研究设计

和维持关系都投入了专用性投资，双方因为追求共同的利益而关联紧密。中小企业面对危机，容易出现产品滞销，同时导致减产停产，这势必牵连威胁供应商的经济利益。在如此危险的局面下，如果双方关系稀疏，供应商为了自保，大多会断然减少甚至停止对中小企业的货物供应以及商业信用，这对于中小企业来说无疑是雪上加霜。反之，如果双方已经建立起良好的承诺和依赖关系，供应商一般会从双方共同的长远利益出发，尽最大努力帮助中小企业度过危机。根据以上的分析，本研究提出如下假设：

H_{af}：供应商关系质量对成本削减战略有正向影响。

H_{ag}：供应商关系质量对资产削减战略有正向影响。

H_{ah}：供应商关系质量对积极型战略有正向影响。

H_{aj}：供应商关系质量对增长型战略有正向影响。

H_{ak}：供应商关系质量对转向业绩有正向影响。

2. 中小企业顾客关系质量和转向战略及转向业绩的关系

中小企业顾客关系即中小企业为增进顾客满意度，以长期绩效最大化为最终目标而与顾客建立长期关系。Leonidas（2004）提出良好的顾客关系质量有利于吸引顾客反复购买，降低顾客流失率，为满足顾客的需求而研发新产品，同时从顾客中挖掘新的有价值的商业机会。Ennew（1996）在研究中提出令人满意的顾客关系可以大幅度减少市场风险、促使企业内外信息流有效流通，提高顾客满意度和忠诚度，继而增加企业利润。中小企业与顾客之间形成良好关系，则很多承诺度和依赖度高的顾客对中小企业的支持会促进产品销售量增加，占据较大的市场份额，形成阻止其他企业进入此市场的壁垒，规模优势为中小企业降低成本开辟了有效的途径。从中可以看出，中小企业与顾客稳固的关系质量对削减战略和提高销售收入的积极型战略的实施都有重要影响。

对处于危机中的中小企业来说，与顾客之间加强沟通，从顾客那里获得第一手有关产品、市场、技术方面的资料十分重要，同时获得的建议和帮助信息有助于中小企业发现生产经营中的问题，及时掌握顾客的消费行为。相反地，如果由于信息不对称，顾客往往会直观地认为遭遇危机的中小企业为了降低成本就不能保证产品质量。这时中小企业如果能积极地参与到与顾客的沟通互动中，及时准确地传递中小企业的产品服务信息，消除顾客由于沟通不畅所带来的认知偏差，则将大大有利于产品的销售和业绩的提高。

TaoGao（1998）将营销中的信任定义为顾客相信企业有能力持续地提供高质量的产品、服务，并关心顾客利益的最大化。Zeithaml（1996）的研究发现认为企业与顾客之间的高度信任可以促使双方舍弃短期投机主义行为，构建双方的长期利益，大幅度降低交易成本。由此得知，顾客对中小企业的信任是竞争对手难以模仿的竞争优势，这种信任顾客不仅大力为信任的中小企业宣传，而且愿意多次消费产品和服务。顾客信任产生的口碑使得中小企业大大减少了营销宣传费用，可以降低营业费用。另一方面，处于危机中的中小企业由于所面临的特殊境遇，提供的产品或服务有时可能会出现些许纰漏、错误，但是顾客的信任可以缓解中小企业失误所带来的负面影响，增加继续维持双方关系的可能性。

Hennig-Thuran 和 Klee（1997）认为顾客维持长期关系的导向是承诺，当顾客感觉维持关系对自己有利时，就会表现出承诺的意愿，不仅与企业维持现有的关系，更期待保持长久的关系。Anderson 和 Weitz（1989）指出承诺是一方希望与另一方建立长期稳定的关系，并愿意为保持这一关系而牺牲自己的短期利益。这里可以看出，承诺关系对于遭遇绩效困境的中小企业来说是非常重要的，承诺度高的顾客可以有效降低转而购买其他企业产品的倾向，同时减少顾客对产品或服务失误的埋怨或报复等行为，提高顾客对产品的忠诚度，维持与本企业的长期交易关系。根据以上的分析，本研究提出如下假设：

Hbf：顾客关系质量对成本削减战略有正向影响。

Hbg：顾客关系质量对资产削减战略有正向影响。

Hbh：顾客关系质量对积极型战略有正向影响。

Hbk：顾客关系质量对转向业绩有正向影响。

3. 中小企业政府关系质量和转向战略及转向业绩的关系

在中国特殊的经济背景下,政府干预仍然是资源配置和产业调控的重要手段。政府作为国家或地方经济的管理者,有责任全力调动企业的积极性,促进经济的稳步健康发展。具体而言,政府通过制定并实施各项财政政策、金融政策、税收政策、产业政策和人才政策引导中小企业的成长。

卢福财和何炜(2005)强调目前我国处于转型经济阶段,社会、政治、经济等制度环境正在经历大规模的变迁,因此政府在政策实施的过程中,有时会对某些中小企业出现偏重,管控资源配置与政策执行权的政府机构对中小企业有所偏爱的依据常常由与中小企业的亲疏关系来相机抉择。因此中小企业为了自身的发展、经营活动的正常开展,需要与政府保持一种友好互动关系。

Faccio(2006)等以35个国家的企业为研究对象发现,在面临财务困境时,有政治关联的企业更容易获得政府帮助,特别是在濒临破产的关键时刻,财政救助往往能够使企业起死回生。中小企业和政府的良好关系是中小企业的一项无形资产,中小企业将会从这个独特的竞争优势中受益,如获得有严格限制的行业准入执照等(Hoskisson,2004)。

绩效恶化的中小企业与政府进行及时的沟通会给双方都带来影响。一方面,政府准确地了解中小企业目前的发展状况、承受的压力困境和寻求的政策支持,从而影响到政府对中小企业的认知,有利于中小企业得到政府的帮助。另一方面,有效的沟通使得中小企业更迅速地从政府那里获取有关政策、产业、技术、市场、财税等方面的调整变动信息,便于中小企业尽早采取相应的应对措施,积极部署、合理规划并整合利用多种资源,在时间上比竞争对手抢占先机。

政府和中小企业在有效沟通的基础上形成对中小企业的信任,认为中小企业能够信守诺言、合法经营、合法纳税并且有良好的发展前途,这种信任的产生有助于中小企业成为政府部门重点扶持资助的对象,在财税政策上有所倾斜,并且吸引各种新闻媒体对其进行正面报道。良好形象的树立也为中小企业起到了很好的营销宣传效果，降低了顾客的认知偏差，同时降低了中小企业的支出销售费用，有利于销售量的提高。与此同时，优秀的口碑形象可以减少银行等资金提供者对中小企业的信息不对称程度，从而相信中小企业能够按时还款付息。

Faccio（2006）的研究发现，具有政治关联的企业获得了更多的贷款、更优惠的税率及更高的市场占有率。融资能力的提高为中小企业带来充足的现金流，不但可以有效地阻止中小企业业绩的继续恶化，还可以为中小企业实施多元化战略和扩展业务等增长型战略提供强有力的财务资源方面的支持。张敏、黄继承（2009）通过对证券市场的经验数据进行分析发现，与政府相关联的企业，多元化程度要显著高于非政治关联企业，表明政治关联帮助企业获得了更多的多元化资源。

中小企业良好的政府关系质量，有效沟通和高度信任可以使得中小企业从政府那里获得政策和资源支持，加强了中小企业对政府的依赖性，依赖度提高更加促使中小企业注重维持与政府的关系。根据以上的分析，本研究提出如下假设：

Hcf：政府关系质量对成本削减战略有正向影响。

Hch：政府关系质量对积极型战略有正向影响。

Hcj：政府关系质量对增长型战略有正向影响。

Hck：政府关系质量对转向业绩有正向影响。

4. 中小企业资金提供者关系质量和转向战略及转向业绩的关系

本研究中的资金提供者包括能提供外部资金的股东和债权人，在我国，中小企业的外部融资绝大部分来源于银行等金融机构，所以本章主要以银行等金融机构为对象来分析中小企业的资金提供者。中小企业与资金提供者关系质量的好坏深刻地影响了中小企业的融资能力。中小企业的融资能力除了受到国家有关政策法规、资本市场不健全等外部影响因素外，还受中小企业自身规模过小、不能提供令人信服的抵押担保等内部因素影响，同时中小企业与资金提供者之间由于缺少沟通导致信息不对称，信任缺失也影响融资能

第九章 主要利益相关者关系质量与转向战略及转向业绩关系的理论模型和研究设计

力,在多种因素的共同作用下,融资难成为制约中小企业成长壮大的瓶颈。

中小企业与资金提供者的投资方通过有效的交流,降低彼此间的信息不对称程度,让资金提供者深入了解中小企业的投资项目、管理能力、盈利能力、发展前景等,建立彼此间的信任,使得双方能积极开展基于关系的融资活动。学者童牧认为关系融资是投融资双方在长期的互动关系中,通过私有信息的生产来平滑过于粗糙的投融资过程的融资行为,特别地,关系型融资为高风险和信息不透明的中小企业提供了有效的融资途径,并为中小企业将来进入公开市场融资提供了必要的信号显示机制(童牧,2004)。在相互沟通的作用下,关系型融资的投资方不断获取融资方的信息,且形成了更多的专用性投资,达成了双方长期关系上的一种承诺。双方长期承诺的关系意味着形成了利益共同体的联系,使得资金提供者在面对中小企业的困难时,也会救其于水火之中,帮中小企业渡过难关。

从上可以看出,中小企业和资金提供者之间基于沟通、信任、承诺的关系质量对于双方顺利达成投融资协议,帮助中小企业顺利融资有重要作用。融资成功可以带来充沛的现金流,这对于身处财务险境的中小企业来说无疑是一剂良药,可以及时遏制中小企业业绩的持续下滑,以及在业绩恢复过程中更好地实施多元化、扩展市场业务等体现企业家精神的增长型战略。

Boot 和 Thakor(2000)的研究发现当企业与银行间保持越良好的互动关系质量时,银行越愿意降低向企业贷款的利率、提高贷款额度或给予其他更优惠的贷款条件。肖元涛(2004)通过对利益相关者参与公司治理情况的研究发现,进入企业董事会和监事会的主要是股东、管理人员、员工和债权人,而利益相关者参与公司治理,有利于提高公司的经营业绩、满意度和治理绩效。如果股东或债权人从自身利益的角度考虑,能够认识到参与治理的重要性,增强危机防范预警,就更有利于中小企业的成长。根据以上的分析,本研究提出如下假设:

Hdf:资金提供者关系质量对成本削减战略有正向影响。

Hdg:资金提供者关系质量对资产削减战略有正向影响。

Hdj：资金提供者关系质量对增长型战略有正向影响。

Hdk：资金提供者关系质量对转向业绩有正向影响。

5. 中小企业内部人员关系质量和转向战略及转向业绩的关系

从资源基础理论的角度出发，企业作为资源的集合体，既包括物质资源，还包括人力资源。中小企业竞争能力很大程度上体现在人才方面，人是技术和知识的重要载体，人力资源的价值性、稀少性、不可复制性使其成为中小企业的竞争优势。Harter、Schmidt 和 Hayes（2002）等学者认为，当人力资本与公司战略一致，并且致力于使企业高效率运作时，人力资本就创造了价值，许多学者通过广泛的研究证明人力资本对组织绩效产生显著的积极影响。

员工的组织承诺从行为说上的观点是员工为了不失去已有位置和多年投入所换来的福利待遇而不得不继续留在企业的一种承诺；从态度说上的观点是个人对组织的一种态度或肯定性的内心倾向，是员工个人对某一特定组织感情上的依附和参与该组织的相对程度。Poter、Mowday 和 Boulian（1974）认为高承诺员工的表现可能好于承诺度低的员工；组织承诺与离职呈显著的负相关；即组织承诺越高，离职倾向越低。

在中小企业管理的实践中，信任被认为是复杂环境中组织成功运作的重要支撑要素，信任可以增强员工与中小企业间的相互支持、合作和协调，且由于其不易模仿的特点，已成为中小企业重要的核心竞争力之一。刘伟东（2003）指出信任可以改善企业与员工的关系，另外还要建立以利益为核心的员工持股制度，现实中许多中小企业都标有有限责任公司的名称，但仅有少数几个股东手中掌握着中小企业控制权，导致员工对中小企业的长期归属感低下，也没有充分发挥出潜能。通过广泛的员工持股来实现员工参与公司的治理，必然会产生良好的效果。根据以上的分析，本研究提出如下假设：

Hef：内部人员关系质量对成本削减战略有正向影响。

Heh：内部人员关系质量对积极型战略有正向影响。

第九章 主要利益相关者关系质量与转向战略及转向业绩关系的理论模型和研究设计

Hej：内部人员关系质量对高管变更战略有负向影响。

Hek：内部人员关系质量对转向业绩有正向影响。

9.2.3 概念模型

根据以上分析，本编的概念模型如图9-1所示。

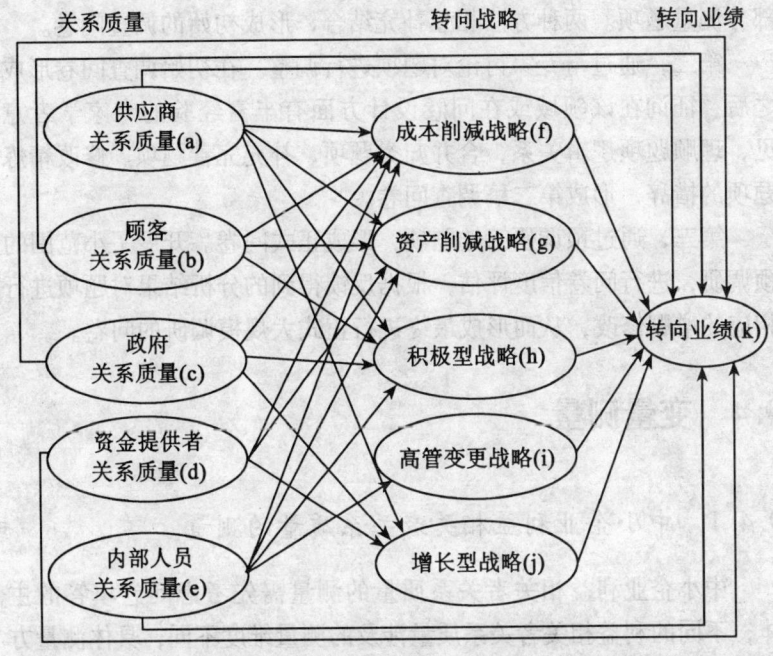

图9-1 利益相关者关系质量、转向战略与转向业绩的概念

9.3 问卷设计过程

本研究主要以中小企业为分析单元，但由于很多原因，所涉及的中小企业利益相关者关系质量、转向战略和转向业绩等数据无法从公开的资料信息中获得，所以本研究采用调查问卷法收集数据。为保证形成的问卷有较好的信度和效度，本研究遵循学者们有关调查问卷的形成和验证方法，在问卷设计的具体操作上经历了以下三

个阶段。

第一，回顾文献和访谈调查。通过对文献综述进行回顾、借鉴、参考，生成测量题项。本研究针对发生过危机的中小企业的特殊情境，变量测量尽可能沿用那些信效度较高、经过反复使用测量、在文献中占有显著地位的权威测量量表。同时，深入长沙市高新区和经济开发区的中小企业进行实地访谈调查，从而归纳总结出部分测量题项。两种方法相互补充结合，形成初始的调查问卷。

第二，通过与专家讨论对题项进行调整。在初始调查问卷形成之后，征询在该领域或在问卷设计方面有丰富经验的专家学者意见，理顺题项逻辑关系，合并归类题项、补充完善题项、修改精炼题项的措辞，形成第二稿调查问卷。

第三，通过预调研筛选题项，形成正式问卷。开展了小范围的预调研，进行问卷信度评估，根据反馈得到的分析结果对题项进行相应的增删修改，从而形成最终进行正式大规模调研的问卷。

9.4 变量测量

9.4.1 中小企业利益相关者关系质量的测量

中小企业利益相关者关系质量的测量需先考虑问卷填答的主体，不同的利益相关者关系质量涉及的测量维度不同，具体测量方法如下：

1. 问卷填答主体

本节测量的变量是发生危机的中小企业与各主要利益相关者的关系质量，此类变量体现双方的互动过程，一般由双方填答主体来共同针对同一题项进行相互关系的判断显得更为合理，但在Anderson 和 Witz（1992）已有的研究中发现，由不同填答主体针对同一问题的测量量表数据也具有较好的信效度，且两者的均值和方差都比较接近，因此，当条件受限制时，由一方主体所填答的题项数据也可真实地反映双方之间的互动关系。

第九章 主要利益相关者关系质量与转向战略及转向业绩关系的理论模型和研究设计

国内学者余红剑（2009）总结前人有关填答主体的经验时提出：在研究中，当要测量两者互动关系中一方某项信息，而且该信息与另一方密切相关时，可以由一方自行填答问卷进行测量。

本研究可以让中小企业的利益相关者来填答问卷，再进行配对测量，例如在研究中小企业供应商关系质量时，让供应商来填答关系质量各维度进行测量。这种方法虽然准确，但受于人力、物力、财力条件的限制，实际操作的困难性很大。而从前面的分析中，我们可以看出，中小企业在与其利益相关者进行关系互动的过程中，能充分地感受到其关系质量的程度，因此本研究选择由中小企业主体来自行填答其与各利益相关者互动关系质量的变量测量量表。

2. 关系质量各维度概念及测量方法

（1）沟通

Anderson 和 Narus（1990），Mohr 和 Spekman（1994）等学者指出沟通是关系各方为实现特定目标而进行的彼此信息交换与共享活动，有效沟通促进彼此间信任与承诺的形成，反之则关系难以为继。有效沟通促使社会各方发生联系，是双方关系建立的重要机制，同时也是关系有效运作的粘合剂。

在有关沟通变量的测量中，Mohr 和 Spekman（1994）通过以下三个方面来测量沟通行为，即双方进行沟通的质量（准确性、及时性、充分性、可信性）、信息共享的形式和程度、双方共同参与对方的规划或目标设定的程度。

Anderson 和 Weitz（1992）研究制造商与经销商之间的双向沟通，开发了沟通关系测量的量表，此量表的 Cronbach'α 值为 0.84，可信度较高。经销商所感知的沟通测量题型主要有：我公司让制造商充分了解我的分销计划与顾客相关信息；我公司与制造商均重视让对方充分了解关于己方的信息；我公司在给予制造商太多信息时感到犹豫不决；我公司经常参与制造商的营销和计划工作；制造商在营销活动中常征求我公司的意见。

Fynes（2005）在研究供应链关系质量对其绩效的影响时，沟通维度的测量参考 Heide 和 John（1992）的量表，实验数据表明有

253

较好的信度和效度，测量的内容主要有：我们经常进行各种非正式信息交流，而非仅限于事先的安排；我们会互相提供有助于对方的信息；我们彼此愿意提供己方的专有信息，只要该信息有助于对方；我们会互相通报可能会影响对方的事件或变化。

（2）信任

信任指在充满不确定性的环境中，互动关系一方相信另一方诚实可信，行为具有良好的动机，并具有完成相关事务的能力，而愿意依赖对方，或将己方的利益置于对方控制之中的信念（Anderson、Narus，1990）。TaoGao（1998）定义信任为交易方所感知的可靠性和完整性，提出从能力、一致性和善意三个维度来理解信任。归纳学者的定义，信任主要体现为三个组成要素：关系成员在各自的行动中表现出仁爱之心；关系成员诚实可信；关系成员有获取关系收益的能力。Bauer（2002）指出良好的信任有助于关系双方协调彼此的行动，互动关系更加透明，促使相关事务达成一致，减少不必要的冲突，降低交易成本，减少投机行为和冲突，稳定互动关系的发展，增加双方深入互动的意愿，从而提升各方对关系的忠诚度与承诺。

在有关信任变量的测量中，Doney 和 Cannon（1997）、Ganesan（1994）、Kumar（1995）等学者的测量量表被证明具有较高的信度和效度，且被广泛引用。Doney 和 Cannon（1997）的量表测量买方对卖方的信任，包括供应商能够信守诺言；我们相信供应商提供的信息；供应商做重要决策时会考虑我们的利益；供应商值得信任。Ganesan（1994）将信任分为仁慈性信任和可信性信任，包括的内容主要有：对方非常精通他们的产品；对方会关心我们；当我们出现困难时，对方会给予帮助；我们感知对方会代表我们的利益等。国内学者莫庆云（2005）在供应商关系功能对供应商关系质量的影响研究中，从能力和诚实性两个方面进行测量。

（3）承诺

Morgan 和 Hunt（1994）将承诺定义为参与者认识到关系的重要性，为维持关系付出自己最大的努力。承诺指关系各方认为现有关系对其有重要价值，愿意为此进行资源投入或牺牲短期利益，期

第九章 主要利益相关者关系质量与转向战略及转向业绩关系的理论模型和研究设计

待现有关系能够得到继续发展的意愿（Anderson、Weitz，1989）。形成承诺关系意味着各方对彼此间关系的重视，有强烈的维持长久关系的意愿，且对关系的前景保持乐观期望的态度。良好的承诺关系使得关系方的行动协调一致，帮助另一方解决问题，增强相互合作和忠诚度，减少短期机会主义行为，降低关系破裂的可能性。

Anderson 和 Witz（1989）的承诺测量量表通过反复研究被认为是经典量表之一，他们在研究承诺构建与维持过程中抵押的影响时，针对关系各方的信念、期望、意愿及行为的十个题项进行测量，且有较高的信效度。国内学者莫庆云（2005）在总结前人研究的基础上，将承诺分为态度承诺和行为承诺，态度承诺涉及对关系的长期导向，即愿意牺牲短期利益而从关系中获得长期利益，行为承诺包括采取特定行动以资源投入来维持关系的一种趋势。

（4）依赖

依赖指企业为达到目标并获取相关资源而对其他企业的需要程度（Fynes，2005）。Saidel 认为，由于政府与企业各自掌握并提供对方生存与发展至关重要的资源，因此形成资源上的相互依赖关系，从而使得各方在依赖对方的环境中生存并得到发展。

Caniels（2007）指出相互依赖是解释企业—供应商关系的重要概念，并将其分为企业对供应商的依赖和供应商对企业的依赖，其中企业对供应商的依赖包括五个方面：提供产品的及时性和充分性、供应商的专业技术水平、供应商的可替代性、供应商更换购买企业的转换成本、买方企业的全面依赖性。供应商对企业的依赖也包括五个方面：买方企业的财务支付能力、买方企业的专业技术水平、买方企业的可替代性、企业更换供应商的转换成本、供应商的全面依赖性。

（5）参与治理

在劳动、原材料、资金投入者和产品消费者之间的多边契约关系网中，大股东投入的实物资产以及中小股东、员工、债权人等投入的资产，组成了企业剩余生产的物质基础，并对企业剩余有所贡献，同时按照投资收益的原则有权参与剩余分配。而利益相关者理论从保障利益相关者的利益最大化角度出发，指出企业的各利益相关者积极参与治理是各契约方共同形成的制衡体系。孔小文（2003）认为银行基于长期合作的意图参与中小企业的公司治理，共享信息，改善双方之间的关系，大大减少中小企业的道德风险，削弱出资者对风险的误判而产生的逆向选择行为，双方形成一种基于信任的合作关系，可以显著地降低契约成本。宋慧（2009）等认为以员工持股来进行企业治理，让员工充分参与企业内部决策，可以有效抑制或消除因委托代理关系及信息不对称产生的管理失控问题，起到激励约束员工的良好效果，增强员工对企业的认同感和归属感，提升企业业绩。

在有关参与治理变量的测量中，肖元涛（2004）提出了从利益相关者参与公司决策（公司战略、公司投资、年度预算、利润分配政策和基本管理制度）；利益相关者对公司决策提出建议或意见；公司重视利益相关者提出的建议或意见等方面来进行测量。

3. 各利益相关者关系质量测量

各利益相关者关系质量的测量量表采用 Likert 七点式进行评定，要求填答者在 1~7 之间做出选择。即：1——完全不符合；2——很不符合；3——不符合；4——一般；5——符合；6——很符合；7——完全符合，如表9-2至表9-6所示。

表9-2　　　　　　　　供应商关系质量测量量表

测量维度	序号	测量题项	题项来源
沟通	a11	双方会很大程度上共同参与对方的规划或目标设定	（Fynes, B. 和 Voss, C., 2002）
	a12	双方信息共享的方式很多	（Fynes, B. 和 Voss, C., 2002）
	a13	双方进行沟通的质量（准确性、及时性、充分性、可信性）很高	（Fynes, B. 和 Voss, C., 2002）
	a14	我公司与供应商间经常进行非正式的信息交流	（Heide 和 John, 1992）

第九章 主要利益相关者关系质量与转向战略及转向业绩关系
的理论模型和研究设计

续表

测量维度	序号	测量题项	题项来源
信任	a21	在过去与供应商的关系中,他们没有出现过欺瞒行为	(莫庆云,2005)
	a22	我公司交给供应商的任务,他们总能比较出色地完成	(莫庆云,2005)
	a23	供应商通常能够信守诺言	(Kumar et al., 1995; Doney 和 Cannon, 1997)
承诺	a31	我公司愿意在与供应商的关系中投资更多的时间与资源	(Anderson 和 Witz, 1992; 莫庆云,2005)
	a32	当我公司遇到困难或危机时,供应商能提供帮助	(Anderson 和 Witz, 1992; 莫庆云,2005)
	a33	我公司在考虑重要决策时会为供应商的利益着想	(Anderson 和 Witz, 1992; 莫庆云,2005)
	a34	我公司与供应商之间的关系持久	(Anderson 和 Witz, 1992; 莫庆云,2005)
依赖	a41	供应商所提供产品的可替代性很低	(Caniels, 2007)
	a42	更换供应商的转换成本高	(Caniels, 2007)
	a43	供应商对我公司的依赖性很高	(Caniels, 2007)

表9-3　　　　　　　　　　顾客关系质量测量量表

测量维度	序号	测量题项	题项来源
沟通	b11	我公司在经营过程中常征求顾客意见	（Anderson 和 Narus，1990；Anderson 和 Weitz，1992）
	b12	我公司经常邀请顾客参与营销与计划工作	（Anderson 和 Narus，1990；Anderson 和 Weitz，1992）
	b13	顾客会将他们的需求信息告诉我公司	（Anderson 和 Narus，1990；Anderson 和 Weitz，1992）
	b14	我公司让顾客充分了解我们的产品或服务	（Anderson 和 Narus，1990；Anderson 和 Weitz，1992）
信任	b21	顾客不担心我公司提供的产品或服务的质量	（McAllister，1995）
	b22	顾客相信我公司不会损害他们的利益	（Kumar et al.，1995；Doney 和 Cannon，1997）
	b23	顾客相信我公司能够信守诺言	（Kumar et al.，1995；Doney 和 Cannon，1997）
承诺	b31	我公司对双方关系投入的努力程度很低（反）	（Anderson 和 Witz，1992；莫庆云，2005）
	b32	当我公司遇到困难或危机时，顾客能够牺牲短期利益提供帮助	（Anderson 和 Witz，1992；莫庆云，2005）
	b33	贵企业在考虑重要决策时会为顾客的利益着想	（Anderson 和 Witz，1992；莫庆云，2005）
	b34	企业与顾客之间关系持久	（Anderson 和 Witz，1992；莫庆云，2005）

第九章 主要利益相关者关系质量与转向战略及转向业绩关系的理论模型和研究设计

续表

测量维度	序号	测量题项	题项来源
依赖	b41	我公司为顾客所提供产品的可替代性很低	(Caniels, 2007)
	b42	对顾客来说,可以替代我公司的供应商很少	(Caniels, 2007)
	b43	我公司对顾客的依赖性很高	(Caniels, 2007)

注:标记"反"的为反向计分的题项,下同。

表9-4　　　　　　　政府关系质量测量量表

测量维度	序号	测量题项	题项来源
沟通	c11	我公司设专门部门或专人负责与政府相关的事务	(北京WTO事务中心)
	c12	我公司可以及时从政府获得最新经济政策信息	(Heide 和 John, 1992;余红剑, 2007)
	c13	我公司经常从政府获得市场与技术等信息	(Heide 和 John, 1992;余红剑, 2007)
	c14	我公司与政府官员很少进行接触和沟通(反)	(Heide 和 John, 1992;余红剑, 2007)
信任	c21	政府认为我公司具有良好发展前景	(Ganesan, 1994;余红剑, 2007)
	c22	政府相信我公司能合法经营	(Doney 和 Cannon, 1997;余红剑, 2007)
	c23	政府相信我公司能信守诺言	(Ganesan, 1994;余红剑, 2007)

续表

测量维度	序号	测量题项	题项来源
依赖	c31	政府经常从我公司采购产品	(北京 WTO 事务中心)
	c32	我公司从政府部门获得了资金支持	(北京 WTO 事务中心)
	c33	我公司享有政府所提供的很多公共资源	(北京 WTO 事务中心)
	c34	我公司对政府的依赖性很高	(北京 WTO 事务中心)

表9-5　　　　资金提供者关系质量测量量表

测量维度	序号	测量题项	题项来源
沟通	d11	我公司与资金提供者之间会互相提供重要有用的信息	(Heide 和 John, 1992)
	d12	我公司与资金提供者会互相通报可能影响对方的事件或变化的信息	(Heide 和 John, 1992)
	d13	我公司与资金提供者经常进行各种非正式信息交流	(Heide 和 John, 1992)
信任	d21	资金提供者相信我公司不会损害其利益	(Doney Cannon, 1997)
	d22	资金提供者怀疑过我公司所提供信息的真实性（反）	(Doney Cannon, 1997)
	d23	资金提供者相信我公司能够信守诺言	(Ganesan、Kumar et al. 和 Doney Cannon, 1997)

第九章　主要利益相关者关系质量与转向战略及转向业绩关系的理论模型和研究设计

续表

测量维度	序号	测量题项	题项来源
承诺	d31	我公司愿意在双方的关系中投资更多的时间和资源	(Anderson 和 Witz, 1992)
	d32	当我公司遇到困难或危机时,资金提供者能提供帮助	(Anderson 和 Witz, 1992)
	d33	我公司在考虑重要决策时会为资金提供者的利益着想	(Anderson 和 Witz, 1992)
	d34	资金提供者与我公司之间的关系持久	(Anderson 和 Witz, 1992)
参与治理	d41	资金提供者参与公司决策（公司战略、公司投资/年度预算/利润分配政策、基本管理制度）的程度很高	(肖元涛, 2004)
	d42	资金提供者对公司决策提出建议或意见	(肖元涛, 2004)
	d43	我公司很重视资金提供者的建议或意见	(肖元涛, 2004)

表9-6　　内部人员关系质量测量量表

测量维度	序号	测量题项	题项来源
信任	e11	大部分内部人员相信我公司有好的发展前景	本研究根据文献整理
	e12	内部人员相信我公司能坚持并贯彻公司的管理政策	本研究根据文献整理
	e13	内部人员与我公司在价值观、企业理念、组织文化等方面达成广泛的共识	本研究根据文献整理

续表

测量维度	序号	测量题项	题项来源
承诺	e21	我公司愿意在与内部人员的关系中投资更多的时间与资源	(Anderson 和 witz, 1992)
	e22	当我公司遇到困难或危机时，内部人员能提供帮助	(Anderson 和 Witz, 1992)
	e23	我公司在考虑重要决策时会为内部人员的利益着想	(Anderson 和 Witz, 1992)
参与治理	e31	内部人员持有公司股票	(肖元涛, 2004)
	e32	内部人员参与我公司决策（公司战略、公司投资/年度预算/利润分配政策、基本管理制度）的程度很高	(肖元涛, 2004)
	e33	内部人员对我公司决策提出建议或意见	(肖元涛, 2004)
	e34	我公司很重视内部人员提出的建议或意见	(肖元涛, 2004)

9.4.2 中小企业转向战略的测量

转向战略大多利用上市公司的财务指标来进行测量，上市公司的财务指标具有容易获取、准确性和可靠性高的特点，因此广受转向管理研究者的青睐。但在本编的研究情境下，不同于前两项实证研究，关系质量的测量必须依靠访谈和调查问卷完成，如果以中小上市公司为样本数据收集成本相对为高，因此选取的样本中小企业大多不是上市公司，会计核算过程中可能存在不规范的地方，且未上市的中小企业一般不愿公开自身的财务数据。因此在本研究中如果利用财务指标测量会遇到很多实际困难。主观性指标虽然可能由于填答者的主观意愿和个人期望等因素的影响而显得没有财务数据准确，但在 Dess (1997) 的研究中也发现，通过自述性的主观测

第九章 主要利益相关者关系质量与转向战略及转向业绩关系的理论模型和研究设计

量方法获得的数据与客观公开财务数据具有高度的准确性、一致性,同时通过主观性指标可以了解到管理者对于战略实施情况的满意度。本研究出于客观困难的考虑,采取主观指标测量转向战略,且严格根据文献中的变量定义和范围确定转向战略的测量题项,如表9-7所示。

表9-7 转向战略变量的测量

测量变量	序号	测 量 题 项
成本削减战略	f1	我公司在危机期间很重视减少成本
	f2	我公司在危机期间通过多种渠道减少成本
	f3	削减成本的行动在我公司内的执行效率很低(反)
	f4	削减成本的行动帮助我公司提高了应对危机的能力
资产削减战略	g1	我公司在危机期间对过剩的产能进行了削减
	g2	我公司在危机期间变卖了机器设备等固定资产
	g3	我公司在危机期间减少了存货的数量
	g4	我公司在危机期间减少了应收账款的数量
	g5	我公司在危机期间减少了债务负担。
积极型战略	h1	我公司在危机期间采取了多项促销活动
	h2	我公司促销活动的效率很低(反)
	h3	我公司的市场领域发生了变化
	h4	我公司的市场营销能力很强
高管变更战略	i1	在危机期间,我公司减少了高层管理团队的人数
	i2	在危机期间,我公司高层管理团队的人员发生了变化
	i3	在危机期间,我公司高层管理团队的结构发生了变化
增长型战略	j1	在危机期间,我公司与其他公司间进行了收购兼并
	j2	在危机期间,我公司增加了对开发新产品、新市场的投资
	j3	在危机期间,我公司的业务重点发生了转移
	j4	在危机期间,我公司的主营业务发生了重大变化

9.4.3 中小企业转向业绩的测量

中小企业转向业绩的测量包括两个方面：一是转向位置的测量；二是转向结果的测量。

1. 转向位置的测量

学者对转向位置的研究主要从财务指标和综合指标两个方面进行定义，其中财务指标主要有净收入、ROI、ROA、ROE 和现金流；而综合指标经常被企业转向管理的执行者使用，他们对企业是否处于危机的断定主要通过个人丰富的经验及对行业企业的了解。考虑到中小企业一般不愿意提供真实的财务数据，且研究人员也很难通过公开的渠道获取客观财务数据进行对比验证其正确性。另外，中小企业的会计原则和程序方法等不是十分完善且存在差别，所以很难通过客观数据测量中小企业绩效。

Chandler 和 Hanks（1993）的研究发现，采用主观性的综合指标测量，与客观绩效在统计上具有显著相关性，且通常具有较高的信度和可靠度。本研究问卷的填答者是作为转向管理执行者的中小企业中高层管理人员和财务负责人，因此通过综合指标判断中小企业是否处于危机阶段更符合实际，如表 9-8 所示。

表 9-8　　　　　　企业是否存在危机的判断

公司在过去几年中如果经历以下危机中的一项则视为经历转向	题项来源
遇到业绩明显下滑的危机	Bibeault
遇到威胁企业长期生存能力的危机	Slatter
对财务、市场、技术、生产能力以及公司地位进行综合评估后，公司处于运营和战略健康很差的状况	Hofer

2. 转向业绩的测量

当对中小企业转向位置进行判断后，接下来就是判断中小企业实施过转向行动后达到的结果。转向结果的判断也分为财务指标和综合指标，本研究为了与前面转向位置的判断保持一致，因此对转向业绩也采取相应的综合指标进行判断，如表9-9所示。

表9-9 转向业绩的测量

序号	测量题项	题项来源
k1	业绩持续、显著的提高	Bibeault
k2	公司已经实现完全恢复，并且有好的收益，在可见的未来也不会面临重大的威胁	Slatter
k3	对财务、市场、技术、生产能力以及公司地位进行综合评估后，公司的运营和战略健康状况得到积极评价	Hofer

9.5 预调研分析

在正式大规模发放问卷之前，本研究进行了一次预调研的分析工作。利用小规模预调研的样本数据，运用SPSS 16.0 for windows软件作为资料工具进行分析，以Cronbach'α值和CITC值来筛选剔除相关度较低的题项，确定最终用于大规模调研的调查问卷。

9.5.1 预调研问卷发放与回收

预调研是2010年1月在长沙高新区进行的，从高新区税务部门获取了中小企业名录，并委托税务部门的相关人员协助发放纸质问卷。调查对象主要是中小企业的中高层管理人员、财务负责人或对中小企业的整体经营业绩情况熟知的人员。此次预调研共发放问卷50份，共回收问卷43份，回收率为86%，在回收的43份问卷中如果出现以下情况则予以剔除：(1) 问卷中有多处未填答；(2) 问卷中出现明显的填答不认真情况，例如全部答案为同一选项或没有辨别出反向题项等；(3) 没有发生过危机的中小企业。通过有效性检测去除无效问卷7份，得到有效问卷共36份，实际有效回收率为 72%。

在企业规模方面，企业员工人数在 50 人以下的有 3 家，50～100 人的有 9 家，100～200 人的有 11 家，200～500 人的有 8 家，500 人以上的有 5 家。在行业属性上，制造业 15 家，社会服务业 6 家，交通运输业 5 家，电气设备业 4 家，农业 2 家，其他 4 家。

9.5.2 预调研样本数据分析

预调研的主要目的是检验测量题项是否能够稳定、精确、有效地测量所研究的变量，进一步对测量项目进行精简，删除那些概念上不一致的测量项目，得到更有效的问卷。本研究采用最普遍的用于评价内部一致性的信度指标 Cronbach'α。Cronbach'α 值越大说明测量项目间的相关度越强，也说明这些测量项目确实反映了所要测量的内容域。依学者 Nunnally 的建议，Cronbach'α 值应至少达到 0.7。同时利用修正题项的总相关系数（Corrected-Item Total Correlation，CITC）进行测量题项的净化，参照学者 Ong 和 Lai 的建议，如果一个测量题项的 CITC 值小于 0.4，且删除该题项后有利于 Cronbach'α 值的提高，则删除该题项，如表 9-10 所示。

表 9-10 预调研测量题项的 Cronbach'α 值及 CITC 值

题项	α 值	CITC	α′值	题项	α 值	CITC	α′值
供应商的沟通维度（a1）				供应商的承诺维度（a3）			
a11	0.730	0.521	0.673	a31	0.705	0.399	0.696
a12		0.738	0.590	a32		0.424	0.680
a13		0.478	0.695	a33		0.661	0.535
a14		0.467	0.735	a34		0.495	0.640
供应商的信任维度（a2）				供应商的依赖维度（a4）			
a21	0.823	0.627	0.808	a41	0.714	0.684	0.416
a22		0.645	0.793	a42		0.617	0.528
a23		0.778	0.649	a43		0.437	0.748

第九章 主要利益相关者关系质量与转向战略及转向业绩关系的理论模型和研究设计

续表

题项	α值	CITC	α′值	题项	α值	CITC	α′值
顾客的沟通维度（b1）				政府的信任维度（c2）			
b11	0.921	0.856	0.885	c21	0.934	0.796	0.961
b12		0.753	0.921	c22		0.888	0.886
b13		0.832	0.892	c23		0.920	0.867
b14		0.838	0.891				
顾客的信任维度（b2）				政府的依赖维度（c3）			
b21	0.855	0.707	0.846	c31	0.770	0.353	0.827
b22		0.808	0.745	c32		0.629	0.683
b23		0.713	0.813	c33		0.798	0.581
				c34		0.555	0.727
顾客的承诺维度（b3）				资金提供者的沟通维度（d1）			
b31	0.890	0.708	0.878	d11	0.885	0.843	0.775
b32		0.748	0.863	d12		0.760	0.852
b33		0.821	0.836	d13		0.732	0.876
b34		0.778	0.855				
顾客的依赖维度（b4）				资金提供者的信任维度（d2）			
b41	0.716	0.789	0.253	d21	0.830	0.759	0.692
b42		0.706	0.386	d22		0.606	0.852
b43		0.411	0.721	d23		0.749	0.711
政府的沟通维度（c1）				资金提供者的承诺维度（d3）			
c11	0.814	0.765	0.698	d31	0.916	0.669	0.937
c12		0.863	0.647	d32		0.833	0.884
c13		0.753	0.705	d33		0.915	0.853
c14		0.209	0.921	d34		0.833	0.883

续表

题项	α值	CITC	α'值	题项	α值	CITC	α'值
资金提供者的参与治理维度（d4）				资产削减（g）			
d41		0.685	0.945	g1		0.647	0.751
d42	0.894	0.885	0.769	g2		0.275	0.752
d43		0.817	0.828	g3	0.806	0.729	0.722
内部人员的信任维度（e1）				g4		0.611	0.765
e11		0.753	0.906	g5		0.733	0.727
e12	0.903	0.882	0.795	积极型战略（h）			
e13		0.788	0.876	h1		0.453	0.688
内部人员的承诺维度（e2）				h2	0.717	0.619	0.596
e21		0.785	0.881	h3		0.533	0.638
e22	0.898	0.779	0.871	h4		0.436	0.698
e23		0.854	0.812	高管变更战略（i）			
内部人员的参与治理维度（e3）				i1		0.600	0.910
e31		0.390	0.869	i2	0.856	0.847	0.680
e32		0.760	0.671	i3		0.770	0.763
e33	0.797	0.565	0.776	增长战略（j）			
e34		0.798	0.679	j1		0.652	0.665
成本削减（f）				j2	0.768	0.368	0.810
f1		0.787	0.513	j3		0.673	0.658
f2		0.612	0.633	j4		0.601	0.695
f3	0.739	0.266	0.795	转向业绩（k）			
				k1		0.568	0.724
				k2	0.762	0.588	0.688
f4		0.512	0.704	k3		0.660	0.641

由表9-10可知，预调研各变量或变量的维度测量题项数据的Cronbach'α值均大于0.7的要求值。并且从修正题项的总相关系数CITC值可以看到有少数几个题项（a31、c14、c31、e31、f3、g2、

第九章　主要利益相关者关系质量与转向战略及转向业绩关系的理论模型和研究设计

j2)的 CITC 值小于 0.4 的要求值，其中 a31 题项对应的 CITC 值为 0.399，十分接近 0.4，且删除后的 α′值相对于删除前的 α 值并没有提高，所以保留 a31 题项。其他六个题项（c14、c31、e31、f3、g2、j2）的 CITC 值小于要求值 0.4，且删除后的 α′值相对于删除前的 α 值明显提高，故本编确定大规模调研问卷时删除题项 c14、c31、e31、f3、g2 和 j2，于是得到正式调研问卷。

第十章 主要利益相关者关系质量与转向战略及转向业绩关系的数据分析和研究结论

10.1 大规模调研数据的获取与描述

10.1.1 问卷发放与收集

有效收集数据是进行实证研究的重要步骤。本研究在2010年3月至5月间开展了大规模的调研。为了保证获取样本数据的可靠性，尽量防止偏差，提高数据的有效性，本研究对问卷的发放对象、填写者以及发放渠道都采取了相应的控制措施。在发放与收集问卷时应注意以下几点：

（1）本研究对象主要针对中小企业，所以在调查问卷的第一部分企业基本情况中设计了有关衡量企业规模大小的题项，包括企业员工数量、企业年销售收入和企业资产总额，在处理样本数据时根据《中华人民共和国中小企业促进法》界定的中小企业概念判别样本是否为中小企业。因此本问卷的发放对象为中小企业聚集的长沙高新区和经济开发区管委会下辖各企业。

（2）因为本研究中涉及的变量较多，并且包括企业战略层面的行为，所以对于问卷的填写者一般要求为中小企业的高层管理者，如董事长、董事、总经理、副总经理等，但考虑到现实中只针对高层管理者发放问卷有一定困难，所以在实际发放过程中放宽要求到中层管理者如财务部门负责人、关键业务部门负责人、重大项目负责人等，将这些人员纳入样本数据是因为他们也是熟知中小企业经营管理情况的管理者。同时在调查问卷的第一部分对填写者的

第十章　主要利益相关者关系质量与转向战略及转向业绩关系的数据分析和研究结论

职位进行了询问，对不符合要求的问卷予以删除。

（3）问卷的发放渠道主要有两种方式：①联系到长沙高新区的税务部门和经开区管委会，委托相关人员在园区内通过中小企业名录，有针对性地进行问卷发放。②在中南大学商学院 2009 级春季、秋季各 MBA 班、深圳 MBA 班、EMBA 班、工程硕士班共七个班级的学员中现场发放纸质问卷。共发放问卷 497 份，回收 386 份，回收率 77.7%，剔除未发生危机和填答不完整不认真的问卷，得到有效问卷 225 份，有效问卷率 45.3%。

10.1.2　样本描述性统计

对正式大规模调研获取的 225 份样本数据进行企业基本情况统计如表 10-1 所示，同时对研究变量的各个题项进行样本描述性统计分析，如表 10-2 所示。普遍认为，当偏度绝对值小于 3，峰度绝对值小于 8 时，样本基本上服从正态分布（Kline，1998）。从表 10-2 可以看出，各题项的偏度和峰度绝对值均小于 1，因此可以认为本次获取的样本数据基本上服从正态分布，同时各题项的均值在 4 与 5.5 之间，标准差在 1.5 以下，表明样本数据比较符合统计学的分布原理，而且波动不是很大，可以进行下一步的分析。

表 10-1　企业基本情况统计汇总表

统计内容	分类项目	样本个数	比例（%）
行业属性	制造业	52	23.1%
	能源业	24	10.7%
	交通运输物流业	39	17.3%
	信息通信业	29	12.9%
	批发零售业	34	15.1%
	住宿餐饮业	26	11.6%
	其他	21	9.3%

续表

统计内容	分类项目	样本个数	比例（%）
企业规模（员工人数）	200人以下	24	10.7%
	200~500人	32	14.2%
	500~800人	38	16.9%
	800~1 000人	46	20.4%
	1 000~2 000人	51	22.7%
	2 000人以上	34	15.1%
企业性质	国有企业	39	17.3%
	民营企业	97	43.1%
	三资企业	63	28%
	其他	26	11.5%
地域分布	长沙	123	54.6%
	湖南其他各地	56	24.9%
	深圳	26	11.6%
	其他	20	8.9%

表10-2　大样本数据的描述性统计分析和正态分布检验结果

题项	样本数	最小值	最大值	均值	标准差	偏度	峰度
a11	225	1	7	4.64	0.978	-0.429	0.993
a12	225	3	7	4.85	0.955	0.080	-0.062
a13	225	1	7	4.80	1.039	-0.048	0.365
a14	225	1	7	4.82	1.164	-0.102	0.546
a21	225	1	7	4.46	1.122	0.231	-0.086
a22	225	1	7	4.51	1.070	-0.084	0.108
a23	225	1	7	4.78	1.027	-0.176	0.364
a31	225	1	7	4.80	1.035	0.068	0.269

第十章 主要利益相关者关系质量与转向战略及转向业绩关系的数据分析和研究结论

续表

题项	样本数	最小值	最大值	均值	标准差	偏度	峰度
a32	225	1	7	4.64	1.089	0.065	0.017
a33	225	1	7	4.59	1.045	0.194	0.022
a34	225	1	7	5.01	1.031	0.081	0.360
a41	225	1	7	4.30	1.263	0.041	0.027
a42	225	1	7	4.45	1.246	0.010	0.012
a43	225	1	7	4.66	1.111	0.099	-0.255
b11	225	3	7	5.24	1.085	0.072	-0.716
b12	225	1	7	4.77	1.228	-0.060	-0.160
b13	225	3	7	5.22	1.066	0.024	-0.713
b14	225	3	7	5.40	1.069	-0.025	-0.775
b21	225	3	7	5.15	1.118	-0.332	-0.446
b22	225	3	7	5.23	0.926	0.035	-0.168
b23	225	3	7	5.32	0.980	0.085	-0.333
b31	225	3	7	5.14	0.918	0.561	0.049
b32	225	2	7	4.45	1.106	0.409	-0.233
b33	225	3	7	5.15	1.024	0.045	-0.600
b34	225	2	7	5.24	1.075	-0.187	-0.108
b41	225	1	7	4.51	1.303	-0.086	0.374
b42	225	1	7	4.54	1.246	-0.031	0.516
b43	225	1	7	4.92	1.141	-0.215	0.652
c11	225	1	7	5.15	1.201	-0.107	-0.188
c12	225	1	7	5.18	1.129	-0.177	0.044
c13	225	1	7	4.92	1.228	-0.410	0.229
c21	225	3	7	5.33	1.064	-0.173	-0.582
c22	225	3	7	5.60	0.968	-0.030	0.736

续表

题项	样本数	最小值	最大值	均值	标准差	偏度	峰度
c23	224	2	7	5.54	1.075	-0.215	-0.394
c31	225	1	7	4.54	1.382	-0.406	0.242
c32	225	1	7	4.73	1.276	-0.156	-0.094
c33	225	1	7	4.63	1.421	-0.334	0.250
d11	225	2	7	5.11	1.059	0.194	-0.424
d12	225	2	7	5.21	1.008	-0.096	-0.104
d13	225	1	7	5.15	1.009	-0.272	0.831
d21	225	2	7	5.16	0.949	0.000	0.140
d22	225	2	7	5.21	0.869	-0.007	0.361
d23	225	2	7	5.23	0.977	0.130	-0.147
d31	225	2	7	5.20	1.022	-0.030	-0.165
d32	225	1	7	5.19	1.027	-0.332	0.680
d33	225	2	7	5.18	0.920	0.081	-0.012
d34	225	2	7	5.21	0.985	-0.005	0.192
d41	225	1	7	5.00	1.065	-0.157	0.647
d42	225	1	7	5.07	0.996	-0.436	0.949
d43	225	1	7	5.15	1.033	-0.552	0.947
e11	225	2	7	5.09	1.009	-0.048	0.118
e12	225	2	7	5.08	1.003	0.017	-0.051
e13	225	2	7	4.95	1.027	-0.250	0.144
e21	225	2	7	5.08	1.066	-0.339	0.408
e22	225	2	7	5.05	0.974	-0.011	-0.072
e23	225	2	7	5.06	1.033	0.120	-0.388
e31	225	1	7	4.73	1.110	-0.069	0.061
e32	225	3	7	5.03	0.959	0.223	-0.193

续表

题项	样本数	最小值	最大值	均值	标准差	偏度	峰度
e33	225	2	7	5.14	1.068	0.024	-0.385
f1	225	2	7	5.08	1.021	0.287	-0.160
f2	225	3	7	5.21	0.940	0.213	-0.216
f3	225	2	7	4.92	0.967	0.170	0.095
g1	225	2	7	4.84	1.006	0.229	0.026
g2	225	2	7	4.83	0.949	0.091	0.045
g3	225	3	7	5.01	0.845	0.297	-0.213
g4	225	3	7	4.85	0.966	0.307	-0.349
h1	225	3	7	4.80	0.893	0.186	0.068
h2	225	3	7	4.85	0.837	0.660	0.553
h3	225	2	7	4.71	0.917	-0.166	0.118
h4	225	2	7	4.94	0.948	0.379	-0.042
i1	225	1	7	3.96	1.196	0.583	0.489
i2	225	2	7	4.45	1.260	0.214	-0.493
i3	225	2	7	4.37	1.229	0.212	-0.493
j1	225	1	7	4.55	1.172	-0.141	0.113
j2	225	2	7	4.72	0.963	0.234	-0.054
j3	225	1	7	4.45	1.114	-0.146	0.410
k1	225	1	7	4.80	1.101	0.375	0.346
k2	225	2	7	4.67	0.999	0.102	0.096
k3	225	3	7	4.72	0.925	0.494	0.026

10.2 变量的信效度分析

一个良好的测量工具应该具有足够的信度和效度。信度指测量效果的一致性和稳定性（Anderson、Gerbing，1988），信度也是构建效度的必要条件。最常用于评价内部一致性的信度指标是Cronbach'α。由于在前面的预调研过程中已经利用Cronbach'α值和CITC值对确认测量题项的信度，接下来从其他方面进行分析。

效度在统计学中经常被定义为测量的正确性，或者是指量表是否能够测量到其所要测量的潜在概念。调查量表的效度主要包括：内容效度、构念效度和效标关联效度。

内容效度主要用来反映测量题项内容切合主题的程度。若测量题项内容涵盖全部研究计划所要探讨的架构及内容，并且真正测量到所要测量的变量，就具有优良的内容效度。由于本书在设计问卷时，回顾了大量的文献资料，借鉴前人的研究成果，同时结合专家学者意见进行了问卷的修改完善，测量题项完整清晰，可以认为内容效度满足要求。

构念效度分为聚合效度和区分效度，本书主要检验聚合效度。聚合效度是指不同的观察变量是否可用来测量同一潜变量，即在调查问卷中同一潜变量的不同题项间，相关性应该较高。可以利用验证性因子分析来判断测量变量和潜变量之间的假设关系是否与数据吻合，如果假设正确，则聚合效度也得到了证明。学者Fornell和Gerbing认为在同一变量层面中，标准化因子载荷值要大于0.50，且T值大于相应显著水平的临界值，因子载荷值越大，聚合效度越高。效标关联效度是指多个潜变量之间的关系，可以用路径模型的方式来检验。

学者马庆国（2002）指出，变量的各测量指标之间相关是对这个变量进行因子分析的必要条件，因此需要通过KMO和Bartlett球形检验来判断是否适合进行因子分析。判断标准为：KMO样本测度在0.90以上十分适合；0.80~0.90很适合；0.70~0.80适合；0.60~0.70不太适合；0.50~0.60勉强适合；0.50以下不适合。当Bartlett球形检验的统计值小于或等于特定系数$a=0.01$时，适合进行因子分析。

利用验证性因子分析进行测量模型对样本数据的整体拟合水平检验时，依据学者Breckler提出的要保证基于良好拟合效果的模型对理论假设进行验证，至少需要一个以上的参数指标（Breckler，1990）。本编选取结构方程模型中如下 8 个常用的拟合指标来判断模型拟合效果：卡方与自由度比值 χ^2/df、拟合优度指数 GFI、调整拟合优度指数 AGFI、赋范拟合指数 NFI、增加拟合指数 IFI、比较拟合指数 CFI、标准化残差均方根 SRMR 和近似误差均方根 RMSEA，各拟合指标的参考值如表 10-3 所示。

表 10-3　　　　　　　　　拟合指标及其参考值

拟合指标	χ^2/df	GFI	AGFI	NFI	IFI	CFI	SRMR	RMSEA
参考值	<5	>0.9	>0.9	>0.9	>0.9	>0.9	<0.08	<0.08

因此本研究对于收回的有效样本数据，分别利用 SPSS 16.0 和 Lisrel 8.7 软件进行探索性因子分析和验证性因子分析，在信度和效度检验的基础上再进行结构方程模型分析。

10.2.1　供应商关系质量

1. 探索性因子分析

对供应商关系质量的所有测量变量进行探索性因子分析，得到 KMO 和 Bartlett 球形检验的结果。其中 KMO 值为 0.818，在 0.8 与 0.9 之间，且 Bartlett 球形检验给出的显著性概率为 0.000，小于 0.01 的标准，拒绝相关系数矩阵为单位阵的零假设，故供应商关系质量适合做因子分析。

用主成分分析方法对供应商关系质量的所有测量指标提取特征值大于 1 的因子，并采用方差最大旋转法对因子载荷进行旋转，提取出四个公因子，即供应商关系质量的四个维度：沟通、信任、承诺和依赖。这四个提取的因子能够解释供应商关系质量所有测量变量总体方差的比例为 64.553%，如表 10-4 所示。

表10-4　　　供应商关系质量探索性因子分析结果

测量指标	提取的因子				特征值	累计方差解释比（%）
	因子1	因子2	因子3	因子4		
a11	-0.012	0.650	0.076	0.330	5.192	37.087
a12	0.277	0.752	0.175	0.073		
a13	0.282	0.686	0.288	0.030		
a14	0.170	0.722	0.015	-0.229		
a21	0.256	0.140	0.786	0.090	1.754	46.615
a22	0.076	0.175	0.731	0.416		
a23	0.301	0.132	0.796	0.070		
a31	0.685	0.146	0.169	0.164	1.087	57.382
a32	0.625	0.153	0.328	0.174		
a33	0.855	0.145	0.112	0.174		
a34	0.594	0.352	0.238	0.043		
a41	0.095	-0.043	0.179	0.850	1.004	64.553
a42	0.254	0.017	0.143	0.805		
a43	0.341	0.349	0.079	0.460		

KMO值=0.818；Bartlett's球形检验卡方值=705.583；
自由度$df=91$；显著性水平$P=0.000$

继续对供应商关系质量的四个维度数据进行因子分析，每个维度分别得到一个特征值大于1的公共因子，分别解释了这四个维度各自69.716%、73.706%、63.747%和63.654%的总方差，表明四个维度的数据都具有良好的单维性。

2. 二阶验证性因子分析

二阶验证性因子分析即在测量模型一阶因子分析的基础上，在一阶潜变量的基础上继续提取共同的、更高阶的二阶潜变量。二阶验证性因子分析适合于一阶因素之间存在相关性或者一阶因素间具

第十章 主要利益相关者关系质量与转向战略及转向业绩关系的数据分析和研究结论

有更高阶的共同影响因素。二阶验证性因子更能代表一阶因子的关系，降低测量模型的复杂度，提高有效性，有利于解释一阶因子和二阶因子的关系，故本研究在分析利益相关者关系质量的验证性因子分析时采用二阶因子分析。

对供应商关系质量的所有测量变量进行二阶验证性因子分析，二阶因子供应商为关系质量（a），一阶因子为四个维度——沟通（a1）、信任（a2）、承诺（a3）、依赖（a4）。从表 10-5 中可以看出，各测量变量对一阶因子和一阶因子对二阶因子的完全标准化的载荷值全部在 0.5 以上，且 T 值最小值为 5.83，高于 0.01 显著性水平对应的临界值 2.58，表明供应商关系质量二阶验证性因子分析体现了较好的聚合效度。二阶验证性因子分析的拟合指标除了指标 AGFI=0.89，稍小于 0.90 的要求值，其余指标都达到了参考值的要求，表明模型拟合程度较好。

表 10-5　供应商关系质量二阶验证性因子分析因子载荷值

二阶因子	一阶因子	一阶因子对二阶因子的载荷	
		完全标准化载荷	T 值
供应商关系质量（a）	沟通（a1）	0.71	6.67
	信任（a2）	0.72	8.26
	承诺（a3）	0.96	8.87
	依赖（a4）	0.53	5.83
一阶因子	测量指标	测量指标对一阶因子的载荷	
		完全标准化载荷	T 值
沟通（a1）	a11	0.58	8.51
	a12	0.77	11.98
	a13	0.70	10.65
	a14	0.56	8.19

续表

一阶因子	测量指标	测量指标对一阶因子的载荷	
		完全标准化载荷	T 值
信任（a2）	a21	0.74	11.74
	a22	0.72	11.38
	a23	0.81	13.14
承诺（a3）	a31	0.64	9.87
	a32	0.70	10.98
	a33	0.73	11.56
	a34	0.67	10.41
依赖（a4）	a41	0.78	12.37
	a42	0.88	14.28
	a43	0.59	9.01

拟合指标	χ^2/df	GFI	AGFI	NFI	IFI	CFI	SRMR	RMSEA
实际值	1.88	0.92	0.89	0.94	0.97	0.97	0.067	0.059

10.2.2 顾客关系质量

1. 探索性因子分析

对顾客关系质量的所有测量变量进行探索性因子分析，得到 KMO 和 Bartlett 球形检验的结果。其中 KMO 值为 0.858，在 0.8 与 0.9 之间，且 Bartlett 球形检验给出的显著性概率为 0.000，小于 0.01 的标准，拒绝相关系数矩阵为单位阵的零假设，故顾客关系质量适合做因子分析。

用主成分分析方法对顾客关系质量的所有测量指标提取特征值大于 1 的因子，并采用方差最大旋转法对因子载荷进行旋转，提取出四个公因子，即顾客关系质量的四个维度：沟通、信任、承诺和依赖。这四个提取的因子能够解释顾客关系质量所有测量变量总体方差的比例为 68.826%，如表 10-6 所示。

继续对顾客关系质量的四个维度数据进行因子分析，每个维度分别得到一个特征值大于 1 的公共因子，分别解释了这四个维度各自 67.453%、80.898%、66.081% 和 67.919% 的总方差，表明四个维度的数据都具有良好的单维性。

表 10-6 顾客关系质量探索性因子分析结果

测量指标	提取的因子				特征值	累计方差解释比（%）
	因子1	因子2	因子3	因子4		
b11	0.752	0.208	0.243	0.006	5.871	41.935
b12	0.566	0.308	0.304	−0.250		
b13	0.708	0.332	0.095	0.021		
b14	0.778	0.117	0.113	0.102		
b21	0.234	0.165	0.847	0.054	1.645	53.686
b22	0.370	0.115	0.813	0.034		
b23	0.048	0.074	0.791	0.115		
b31	−0.063	0.043	0.119	0.774	1.116	61.655
b32	0.039	−0.116	0.381	0.552		
b33	0.128	0.070	0.242	0.790		
b34	0.217	0.224	0.252	0.715		
b41	0.159	0.850	0.227	0.007	1.004	68.826
b42	0.077	0.911	0.101	0.025		
b43	0.340	0.536	−0.172	0.355		

KMO 值 =0.858；Bartlett's 球形检验卡方值 =919.062；
自由度 df=91；显著性水平 P=0.000

2. 二阶验证性因子分析

对顾客关系质量的所有测量变量进行二阶验证性因子分析，二阶因子顾客为关系质量（b），一阶因子为四个维度沟通（b1）、信任（b2）、承诺（b3）、依赖（b4），最右侧的为测量变量。从表10-7 中可以看出，各测量变量对一阶因子的完全标准化载荷值和一阶因子对二阶因子的完全标准化载荷值全部在 0.5 以上，且 T 值最小值为 5.88，高于 0.01 显著性水平对应的临界值 2.58，表明顾客关系质量二阶验证性因子分析体现了较好的聚合效度。二阶验证性因子分析的拟合指标除了指标 AGFI=0.86，稍小于 0.90 的要求值，其余指标都达到了参考值的要求，表明模型拟合程度较好。

表10-7　顾客关系质量二阶验证性因子分析因子载荷值

二阶因子	一阶因子	一阶因子对二阶因子的载荷	
		完全标准化载荷	T 值
顾客关系质量（b）	沟通（b1）	0.88	12.39
	信任（b2）	0.73	9.03
	承诺（b3）	0.95	10.23
	依赖（b4）	0.55	5.88
一阶因子	测量指标	测量指标对一阶因子的载荷	
		完全标准化载荷	T 值
沟通（b1）	b11	0.84	15.03
	b12	0.69	11.09
	b13	0.71	11.48
	b14	0.74	12.33
信任（b2）	b21	0.75	12.42
	b22	0.83	14.19
	b23	0.85	14.93

续表

一阶因子	测量指标	测量指标对一阶因子的载荷	
		完全标准化载荷	T 值
承诺（b3）	b31	0.70	11.44
	b32	0.59	9.03
	b33	0.82	14.37
	b34	0.79	13.65
依赖（b4）	b41	0.91	15.87
	b42	0.82	13.19
	b43	0.56	8.38

拟合指标	χ^2/df	GFI	AGFI	NFI	IFI	CFI	SRMR	RMSEA
实际值	2.57	0.90	0.86	0.94	0.96	0.96	0.056	0.077

10.2.3 政府关系质量

1. 探索性因子分析

对政府关系质量的所有测量变量进行探索性因子分析，得到 KMO 和 Bartlett 球形检验的结果。其中 KMO 值为 0.844，在 0.8 与 0.9 之间，且 Bartlett 球形检验给出的显著性概率为 0.000，小于 0.01 的标准，拒绝相关系数矩阵为单位阵的零假设，故政府关系质量适合做因子分析。

用主成分分析方法对政府关系质量的所有测量指标提取特征值大于 1 的因子，并采用方差最大旋转法对因子载荷进行旋转，提取出三个公因子，即政府关系质量的三个维度：沟通、信任和依赖。这三个提取的因子能够解释政府关系质量所有测量变量总体方差的比例为 70.884%，如表 10-8 所示。

表10-8　　政府关系质量探索性因子分析结果

测量指标	提取的因子			特征值	累计方差解释比（%）
	因子1	因子2	因子3		
c11	0.310	0.802	0.127	5.329	48.447
c12	0.364	0.804	0.159		
c13	0.375	0.691	0.284		
c21	0.773	0.286	0.149	1.460	61.719
c22	0.900	0.188	0.162		
c23	0.880	0.141	0.196		
c31	0.140	0.014	0.861	1.008	70.884
c32	0.262	0.328	0.787		
c33	0.114	0.446	0.633		

KMO 值=0.844；Bartlett's 球形检验卡方值=715.852；
自由度 df=36；显著性水平 P=0.000

继续对政府关系质量的三个维度数据进行因子分析，每个维度分别得到一个特征值大于1的公共因子，分别解释了这三个维度各自79.707%、81.651%和70.508%的总方差，表明三个维度的数据都具有良好的单维性。

2. 二阶验证性因子分析

对政府关系质量的所有测量变量进行二阶验证性因子分析，二阶因子为政府关系质量（c），一阶因子为三个维度沟通（c1）、信任（c2）、依赖（c3）。从表10-9中可以看出，各测量变量对一阶因子的完全标准化载荷值和一阶因子对二阶因子的完全标准化载荷值全部在0.65以上，且 T 值最小值为7.11，高于0.01显著性水平对应的临界值2.58，表明政府关系质量二阶验证性因子分析体现了较好的聚合效度。二阶验证性因子分析的拟合指标，除了指标 AGFI=0.89，稍小于0.90的要求值外，其余指标都达到了参考值的要求，表明模型拟合程度较好。

表10-9 政府关系质量二阶验证性因子分析因子载荷值

二阶因子	一阶因子	一阶因子对二阶因子的载荷	
		完全标准化载荷	T 值
政府关系质量（c）	沟通（c1）	0.89	9.40
	信任（c2）	0.65	7.43
	依赖（c3）	0.70	7.11

一阶因子	测量指标	测量指标对一阶因子的载荷	
		完全标准化载荷	T 值
沟通（c1）	c11	0.77	13.08
	c12	0.89	15.98
	c13	0.80	13.70
信任（c2）	c21	0.72	11.98
	c22	0.89	16.00
	c23	0.88	15.72
依赖（c3）	c31	0.65	10.11
	c32	0.88	14.73
	c33	0.73	11.71

拟合指标	χ^2/df	GFI	AGFI	NFI	IFI	CFI	SRMR	RMSEA
实际值	2.56	0.94	0.89	0.96	0.98	0.98	0.055	0.074

10.2.4 资金提供者关系质量

1. 探索性因子分析

对资金提供者关系质量的所有测量变量进行探索性因子分析，得到 KMO 和 Bartlett 球形检验的结果。其中 KMO 值为 0.861，在 0.8 与 0.9 之间，且 Bartlett 球形检验给出的显著性概率为 0.000，小于 0.01 的标准，拒绝相关系数矩阵为单位阵的零假设，故资金提供者关系质量适合做因子分析。

用主成分分析方法对资金提供者关系质量的所有测量指标提取特征值大于 1 的因子，并采用方差最大旋转法对因子载荷进行旋转，提取出四个公因子，即资金提供者关系质量的四个维度：沟通、信任、承诺和参与治理。这四个提取的因子能够解释资金提供者关系质量所有测量变量总体方差的比例为 78.035%，如表 10-10 所示。

表 10-10　资金提供者关系质量探索性因子分析结果

测量指标	提取的因子				特征值	累计方差解释比（%）
	因子 1	因子 2	因子 3	因子 4		
d11	0.308	0.281	0.340	0.677	6.487	49.901
d12	0.308	0.271	0.063	0.791		
d13	0.126	0.071	0.118	0.853		
d21	0.465	0.252	0.646	0.136	1.469	61.201
d22	0.003	0.096	0.864	0.184		
d23	0.358	0.113	0.821	0.081		
d31	0.770	0.121	0.248	0.252	1.186	70.326
d32	0.817	0.264	0.060	0.235		
d33	0.794	0.245	0.273	0.229		
d34	0.609	0.497	0.177	0.117		
d41	0.161	0.886	0.071	0.071	1.002	78.035
d42	0.224	0.849	0.183	0.253		
d43	0.285	0.807	0.147	0.237		

KMO 值 = 0.861；Bartlett's 球形检验卡方值 = 1.111E3；
自由度 $df = 78$；显著性水平 $P = 0.000$

继续对资金提供者关系质量的四个维度数据进行因子分析，每

第十章　主要利益相关者关系质量与转向战略及转向业绩关系的数据分析和研究结论

个维度分别得到一个特征值大于 1 的公共因子，分别解释了这四个维度各自 77.030%、78.186%、80.157% 和 88.832% 的总方差，表明四个维度的数据都具有良好的单维性。

2. 二阶验证性因子分析

对资金提供者关系质量的所有测量变量进行二阶验证性因子分析，二阶因子为资金提供者关系质量（c），一阶因子为四个维度沟通（d1）、信任（d2）、承诺（d3）、参与治理（d4）。从表 10-11 中可以看出，各测量变量对一阶因子的完全标准化载荷值和一阶因子对二阶因子的完全标准化载荷值全部在 0.60 以上，且 T 值最小值为 8.92，高于 0.01 显著性水平对应的临界值 2.58，表明资金提供者关系质量二阶验证性因子分析体现了较好的聚合效度。二阶验证性因子分析的拟合指标除了指标 AGFI=0.89，稍小于 0.90 的要求值外，其余指标都达到了参考值的要求，表明模型拟合程度较好。

表 10-11　资金提供者关系质量二阶验证性因子分析因子载荷值

二阶因子	一阶因子	一阶因子对二阶因子的载荷	
		完全标准化载荷	T 值
资金提供者关系质量（d）	沟通（d1）	0.73	9.01
	信任（d2）	0.76	9.90
	承诺（d3）	0.88	10.00
	参与治理（d4）	0.72	8.92
一阶因子	测量指标	测量指标对一阶因子的载荷	
		完全标准化载荷	T 值
沟通（d1）	d11	0.81	13.07
	d12	0.80	13.03
	d13	0.65	9.98

续表

一阶因子	测量指标	测量指标对一阶因子的载荷	
		完全标准化载荷	T 值
信任（d2）	d21	0.85	13.98
	d22	0.61	9.25
	d23	0.76	12.18
承诺（d3）	d31	0.72	11.94
	d32	0.79	13.47
	d33	0.81	14.05
	d34	0.74	12.21
参与治理（d4）	d41	0.76	12.91
	d42	0.90	16.46
	d43	0.84	14.95

拟合指标	χ^2/df	GFI	AGFI	NFI	IFI	CFI	SRMR	RMSEA
实际值	1.90	0.93	0.89	0.96	0.98	0.98	0.046	0.062

10.2.5 内部人员关系质量

1. 探索性因子分析

对内部人员关系质量的所有测量变量进行探索性因子分析，得到 KMO 和 Bartlett 球形检验的结果。其中 KMO 值为 0.881，在 0.8 与 0.9 之间，且 Bartlett 球形检验给出的显著性概率为 0.000，小于 0.01 的标准，拒绝相关系数矩阵为单位阵的零假设，故内部人员关系质量适合做因子分析。

用主成分分析方法对内部人员关系质量的所有测量指标提取特征值大于 1 的因子，并采用方差最大旋转法对因子载荷进行旋转，提取出三个公因子，即内部人员关系质量的三个维度：信任、承诺和参与治理。这四个提取的因子能够解释内部人员关系质量所有测量变量总体方差的比例为78.310%,如表10-12所示。

表10-12　　内部人员关系质量探索性因子分析结果

测量指标	提取的因子			特征值	累计方差解释比（%）
	因子1	因子2	因子3		
e11	0.855	0.200	0.243	5.576	55.759
e12	0.854	0.301	0.217		
e13	0.829	0.301	0.156		
e21	0.374	0.803	0.061	1.254	68.300
e22	0.281	0.835	0.164		
e23	0.150	0.845	0.321		
e31	0.269	0.250	0.803	1.001	78.310
e32	0.452	0.238	0.677		
e33	0.464	0.387	0.619		

KMO值=0.881；Bartlett's球形检验卡方值=924.156；
自由度df=45；显著性水平P=0.000

继续对内部人员关系质量的三个维度数据进行因子分析,每个维度分别得到一个特征值大于1的公共因子,分别解释了这三个维度各自86.650%、81.019%和84.348%的总方差,表明三个维度的数据都具有良好的单维性。

2. 一阶验证性因子分析

对内部人员关系质量的所有测量变量进行二阶验证性因子分析,二阶因子为内部人员关系质量（e）,一阶因子为三个维度信任（e1）、承诺（e2）、参与治理（e3）。从表10-13中可以看出,各测量变量对一阶因子的完全标准化载荷值和一阶因子对二阶因子的完全标准化载荷值全部在0.70以上,且T值最小值为10.24,远高于0.01显著性水平对应的临界值2.58,表明内部人员关系质量二阶验证性因子分析体现了较好的聚合效度。二阶验证性因子分析的拟合指标都达到了参考值的要求，表明模型拟合程度较好。

表10-13　内部人员关系质量二阶验证性因子分析因子载荷值

二阶因子	一阶因子	一阶因子对二阶因子的载荷	
		完全标准化载荷	T值
内部人员关系质量 (e)	信任 (e1)	0.85	11.00
	承诺 (e2)	0.84	11.01
	参与治理 (e3)	0.82	10.24
一阶因子	测量指标	测量指标对一阶因子的载荷	
		完全标准化载荷	T值
信任 (e1)	E11	0.80	13.86
	E12	0.89	16.51
	E13	0.85	15.24
承诺 (e2)	E21	0.82	14.12
	E22	0.81	14.09
	E23	0.83	14.39
参与治理 (e3)	E31	0.76	12.99
	E32	0.87	15.81
	E33	0.91	17.14

拟合指标	χ^2/df	GFI	AGFI	NFI	IFI	CFI	SRMR	RMSEA
实际值	1.79	0.96	0.92	0.98	0.99	0.99	0.034	0.058

10.2.6　转向战略

转向战略包括成本削减战略、资产削减战略、积极型战略、高管变更战略和增长型战略，分别对各种转向战略的测量指标进行KMO和Bartlett球形检验，其中KMO值分别为0.727、0.740、0.788、0.738和0.776，且Bartlett球形检验的近似卡方值分别为

74.203、161.171、150.855、278.96 和 143.196，资产削减变量和积极型战略变量的自由度为 6，其余变量的自由度为 3，显著性概率为 0.000，小于 0.01 的标准，拒绝相关系数矩阵为单位阵的零假设，故各转向战略变量都适合做因子分析。

用主成分分析方法对各转向战略变量的所有测量指标提取特征值大于 1 的因子，并采用方差最大旋转法对因子载荷进行旋转，提取出 1 个公因子，此因子能够解释所有测量变量总体方差的比例为 62.511%、61.885%、62.399%、85.135% 和 62.511%，各转向战略变量都有良好的单维性。

1. 成本削减战略

对成本削减变量进行验证性因子分析，成本削减变量各测量变量的因子载荷 T 值分别为 7.82、9.89 和 6.83，都大于 2.58，显示各测量指标在 0.01 的显著水平上显著大于 0，且各测量指标对潜变量的因子载荷值分别为 0.61、0.88 和 0.51，显示了各测量指标具有良好的聚合效度。

此测量模型选取了三个指标测量一个潜变量，因而该测量模型的自由度 $df = (p+q)(p+q+1)/2 -$ 待估参数个数 $= (3+0) \times (3+0+1)/2 - 6 = 0$，则该测量模型为完全饱和模型，此测量模型对样本数据完全拟合。

2. 资产削减战略

对资产削减变量进行验证性因子分析，资产削减变量各测量变量的因子载荷 T 值分别为 7.92、9.05、13.27 和 10.92，都大于 2.58，显示各测量指标在 0.01 的显著水平上显著大于 0，且各测量指标对潜变量的因子载荷值分别为 0.54、0.61、0.85 和 0.72，显示了各测量指标具有良好的聚合效度。

将资产削减验证性因子分析模型对样本数据的各项拟合指标实际值和参考值对比，各项指标都达到了要求，表明模型的拟合情况较好（见表10-14）。

表10-14　　　资产削减验证性因子分析拟合指标

拟合指标	$\chi^2/\mathrm{d}f$	GFI	AGFI	NFI	IFI	CFI	SRMR	RMSEA
实际值	4.4	0.98	0.90	0.97	0.98	0.98	0.039	0.073

3. 积极型战略

对积极型战略变量进行验证性因子分析，积极型战略变量各测量变量的因子载荷 T 值分别为 10.71、9.79、14.50 和 11.88，都大于 2.58，显示各测量指标在 0.01 的显著水平上显著大于 0，且各测量指标对潜变量的因子载荷值分别为 0.62、0.70、0.89 和 0.80，显示了各测量指标具有良好的聚合效度。

将积极型战略验证性因子分析模型对样本数据的各项拟合指标实际值和参考值对比，各项指标都达到了要求，表明模型的拟合情况较好（见表10-15）。

表10-15　　　积极型战略验证性因子分析拟合指标

拟合指标	$\chi^2/\mathrm{d}f$	GFI	AGFI	NFI	IFI	CFI	SRMR	RMSEA
实际值	2.35	0.98	0.95	0.97	0.98	0.98	0.022	0.080

4. 高管变更战略

对高管变更变量进行验证性因子分析，高管变更变量各测量变量的因子载荷 T 值分别为 11.97、16.28 和 115.11，都大于 2.58，显示各测量指标在 0.01 的显著水平上显著大于 0，且各测量指标对潜变量的因子载荷值分别为 0.72、0.91 和 0.86，显示了各测量指标具有良好的聚合效度。

此测量模型选取了三个指标测量一个潜变量，因而该测量模型的自由度 $\mathrm{d}f = (p+q)(p+q+1)/2 -$ 待估参数个数 $= (3+0) \times (3+0+1)/2 - 6 = 0$，则该测量模型为完全饱和模型，此测量模型对样本数据完全拟合。

第十章　主要利益相关者关系质量与转向战略及转向业绩关系的数据分析和研究结论

5. 增长型战略

对增长型战略变量进行验证性因子分析，增长型战略变量各测量变量的因子载荷 T 值分别为 6.95、8.94 和 8.06，都大于 2.58，显示各测量指标在 0.01 的显著水平上显著大于 0，且各测量指标对潜变量的因子载荷值分别为 0.53、0.76 和 0.65，显示了各测量指标具有良好的聚合效度。

此测量模型选取了三个指标测量一个潜变量，因而该测量模型的自由度 $df = (p+q)(p+q+1)/2 -$ 待估参数个数 $= (3+0) \times (3+0+1)/2 - 6 = 0$，则该测量模型为完全饱和模型，此测量模型对样本数据完全拟合。

10.2.7　转向业绩

转向业绩包括三个测量变量，对这些测量指标进行 KMO 和 Bartlett 球形检验。其中 KMO 值为 0.719，在 0.7 与 0.8 之间，且 Bartlett 球形检验的近似卡方值为 155.617，自由度为 3 的显著性概率为 0.000，小于 0.01 的标准，拒绝相关系数矩阵为单位阵的零假设，故转向业绩变量适合做因子分析。

用主成分分析方法对转向业绩变量的所有测量指标提取特征值大于 1 的因子，并采用方差最大旋转法对因子载荷进行旋转，提取出 1 个公因子，此因子能够解释所有测量变量总体方差的比例为 75.715%，转向业绩变量有良好的单维性。

对转向业绩变量进行验证性因子分析，转向业绩变量各测量变量的因子载荷 T 值分别为 11.38、10.82 和 12.37，都大于 2.58，显示各测量指标在 0.01 的显著水平上显著大于 0，且各测量指标对潜变量的因子载荷值分别为 0.75、0.71 和 0.81，显示了各测量指标具有良好的聚合效度。

此测量模型选取了三个指标测量一个潜变量，因而该测量模型的自由度 $df = (p+q)(p+q+1)/2 -$ 待估参数个数 $= (3+0) \times (3+0+1)/2 - 6 = 0$，则该测量模型为完全饱和模型，此测量模型对样本数据完全拟合。

经过以上的探索性因子和验证性因子分析,本研究中所涉及的各个潜变量都具有良好的信度和效度,且对样本数据的拟合程度较理想,适合将各个潜变量继续纳入后面有关假设检验分析的结构方程模型中。

10.3 假设检验:结构方程模型分析

在前文进行变量信效度分析的基础上,参考所构建的概念模型,本节利用 Lisrel8.7 软件来开展样本数据的结构方程模型分析。学者通常认为,为保证结构方程模型拟合结果的稳定性和样本的代表性,所需样本数量应该在 100 个以上,本编所收集的样本数为 225 个,满足要求,适合进行结构方程模型分析。

本研究中所涉及的主要利益相关者关系质量、转向战略、转向业绩等变量很难准确、直接地测量,用观察变量去测量这些潜变量时又存在测量误差,且变量之间的关系复杂。而结构方程模型有如下突出的优点:可以同时处理多个因变量;容许自变量和因变量含有测量误差;同时估计因子结构和因子关系;容许更大弹性的测量模型;可以估计整个模型的拟合程度。因此,结构方程模型适合用于本研究的数据分析。在应用结构方程模型进行分析时主要有四个步骤:模型设定(Model Specification)、模型拟合(Model Fitting)、模型评价(Model Assessment)和模型修正(Model Modification),并且关键步骤为验证理论研究模型的模型拟合(侯杰泰、温忠麟,2004)。

由于本研究中包含的潜变量较多,测量模型和结构模型组成的结构方程全模型很大,所需估计参数较多,本编采取了一种变通的手法进行变量的组合聚合,即针对关系质量是高维度的潜变量,把一阶维度潜变量改为测量变量处理,用来定义高阶的潜变量,达到降阶简化的目的(邱皓政、林碧芳,2009)。经过前面的验证性因子分析的检验,确保了构念的单维性,因此适合进行题项组合。本书主要采用统计学中的因子分析法确定各个题项的权重继而决定一阶潜变量的取值。因子分析法在进行多指标的评价时,从指标所含

第十章 主要利益相关者关系质量与转向战略及转向业绩关系的数据分析和研究结论

区分样本的信息量多少来确定指标的重要程度,同时减少信息的复杂度,避免了人为估计权重的随意性和主观性。

10.3.1 初步模型构建

根据概念模型,确定本研究结构方程的初步模型 M1 如图 10-1 所示。利用 Lisrel8.7 软件对初始结构方程模型进行分析,拟合结果如表 10-16 所示。从表 10-16 中可以看出,除了拟合指标 $\chi^2/\mathrm{d}f$、NFI、RMSEA 达到了参考值的要求,其他拟合指标不在拟合接受范围内,说明初始结构方程模型可以进一步修改调整,以争取达到更好的拟合程度。

表 10-16　初始结构方程模型 M1 拟合结果

假设	路径	标准化路径系数	T 值
转向战略与转向业绩的直接关系			
Hfk	成本削减→转向业绩	0.31	3.82***
Hgk	资产削减→转向业绩	0.10	1.25
Hhk	积极型战略→转向业绩	0.26	2.78**
Hik	高管变更→转向业绩	0.09	1.37
Hjk	增长型战略→转向业绩	0.33	3.72***
关系质量与转向战略的直接关系			
Haf	供应商关系质量→成本削减	0.20	2.31*
Hag	供应商关系质量→资产削减	0.22	2.45*
Hah	供应商关系质量→积极型战略	0.18	2.27*
Haj	供应商关系质量→增长型战略	0.19	2.07*
Hbf	顾客关系质量→成本削减	-0.09	-1.15
Hbg	顾客关系质量→资产削减	0.09	1.28

续表

假设	路径	标准化路径系数	T值
关系质量与转向战略的直接关系			
Hbh	顾客关系质量→积极型战略	0.14	1.73
Hcf	政府关系质量→成本削减	0.19	1.53
Hch	政府关系质量→积极型战略	0.36	3.24**
Hcj	政府关系质量→增长型战略	0.29	2.28*
Hdf	资金提供者关系质量→成本削减	0.38	3.23**
Hdg	资金提供者关系质量→资产削减	0.50	3.91***
Hdj	资金提供者关系质量→增长型战略	0.23	1.99*
Hef	内部人员关系质量→成本削减	0.45	5.87***
Heh	内部人员关系质量→积极型战略	0.40	3.55***
Hei	内部人员关系质量→高管变更	0.08	0.59
关系质量与转向业绩的直接关系			
Hak	供应商关系质量→转向业绩	0.43	4.74***
Hbk	顾客关系质量→转向业绩	0.07	1.03
Hck	政府关系质量→转向业绩	0.31	2.79**
Hdk	资金提供者关系质量→转向业绩	0.22	2.28*
Hek	内部人员关系质量→转向业绩	-0.05	-0.55

拟合指标	χ^2/df	GFI	AGFI	NFI	IFI	CFI	SRMR	RMSEA
模型 M1	2.029	0.76	0.72	0.91	0.85	0.85	0.096	0.061

注：* 表示 p 值<0.05；** 表示 p 值<0.01；*** 表示 p 值<0.001。

第十章 主要利益相关者关系质量与转向战略及转向业绩关系的数据分析和研究结论

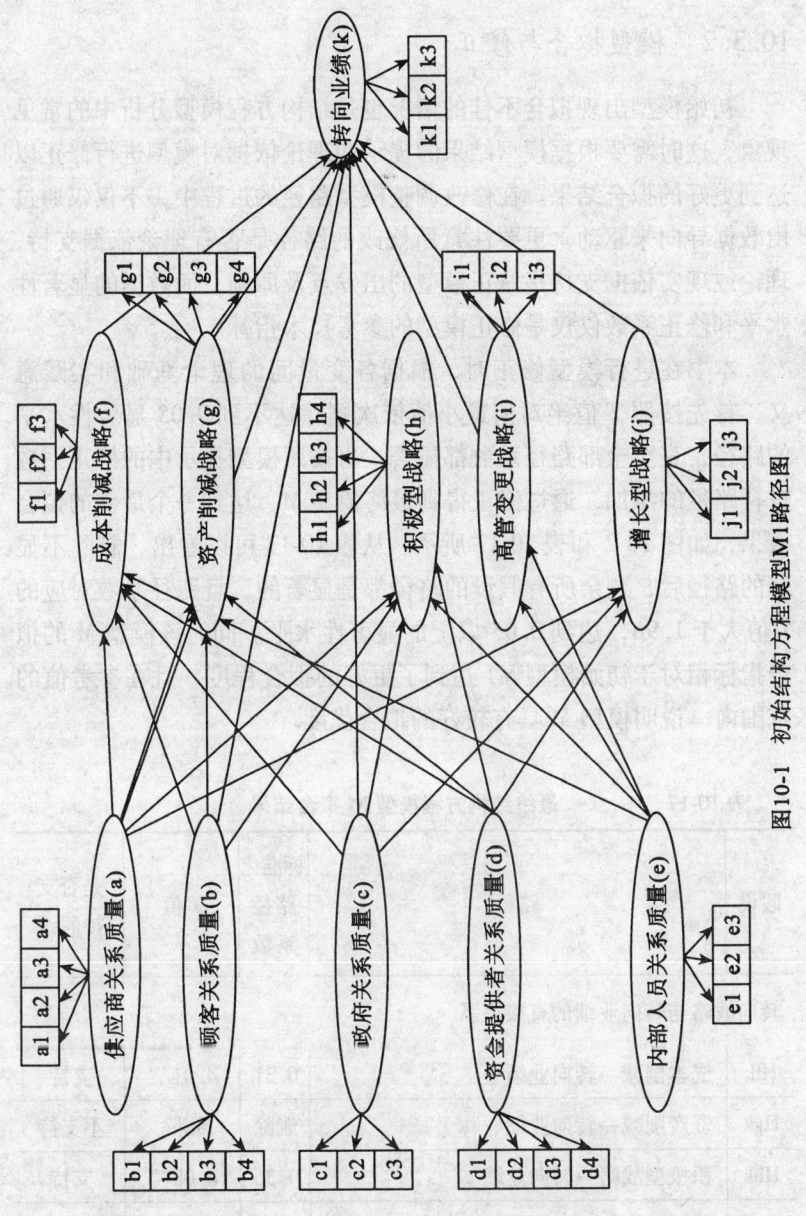

图10-1 初始结构方程模型M1路径图

10.3.2 模型拟合与修正

初始模型出现拟合不佳的情况也是结构方程模型分析中的常见现象，这时需要根据模型结果的提示和理论依据对模型进行修正以达到更好的拟合结果。在修改调整模型路径的过程中，不仅仅通过由数据导向来驱动，更要注意所修改的路径是否有理论依据支持，理论或现实依据支持是修正模型的出发点及原则，而数据的显著性水平和修正系数仅仅是修正模型的参考技术指标。

本书在进行模型修正时，根据各变量间的理论基础和实践意义，首先按照 T 值绝对值最小值依次删除达不到 0.05 显著性水平的路径，直至全部路径系数都显著，再按照模型提示中的修正系数进行路径的添加，通过修正得到最终模型 M，达到一个最佳的拟合效果，如图 10-2 和表 10-17 所示。从表 10-17 可以看出，删除不显著的路径后，剩余所有假设的路径都是显著的，且路径系数对应的 T 值大于 1.96，达到 0.05 以上的显著性水平。同时该模型 M 的拟合指标相对于初始模型 M1 达到了更好的拟合程度，且在参考值的范围内，说明模型 M 具有较好的拟合优度。

表 10-17　　最终结构方程模型 M 拟合结果

假设	路径	标准化路径系数	T 值	是否支持假设
转向战略与转向业绩的直接关系				
Hfk	成本削减→转向业绩	0.31	4.01***	支持
Hgk	资产削减→转向业绩	删除	删除	不支持
Hhk	积极型战略→转向业绩	0.36	4.08***	支持
Hik	高管变更→转向业绩	删除	删除	不支持
Hjk	增长型战略→转向业绩	0.37	4.21***	支持

续表

假设	路径	标准化路径系数	T值	是否支持假设
关系质量与转向战略的直接关系				
Haf	供应商关系质量→成本削减	0.20	2.62**	支持
Hag	供应商关系质量→资产削减	0.22	2.85**	支持
Hah	供应商关系质量→积极型战略	0.20	2.50*	支持
Haj	供应商关系质量→增长型战略	0.27	3.06**	支持
Hbf	顾客关系质量→成本削减	删除	删除	不支持
Hbg	顾客关系质量→资产削减	删除	删除	不支持
Hbh	顾客关系质量→积极型战略	0.15	2.00*	支持
Hcf	政府关系质量→成本削减	0.27	2.58**	支持
Hch	政府关系质量→积极型战略	0.42	3.91***	支持
Hcj	政府关系质量→增长型战略	0.37	3.08**	支持
Hdf	资金提供者关系质量→成本削减	0.41	3.90***	支持
Hdg	资金提供者关系质量→资产削减	0.56	5.96***	支持
Hdj	资金提供者关系质量→增长型战略	0.23	2.00*	支持
Hef	内部人员关系质量→成本削减	0.45	5.82***	支持
Heh	内部人员关系质量→积极型战略	0.36	3.35***	支持
Hei	内部人员关系质量→高管变更	删除	删除	不支持
关系质量与转向业绩的直接关系				
Hak	供应商关系质量→转向业绩	0.47	5.36***	支持
Hbk	顾客关系质量→转向业绩	删除	删除	不支持
Hck	政府关系质量→转向业绩	0.30	3.02**	支持
Hdk	资金提供者关系质量→转向业绩	0.23	2.27*	支持
Hek	内部人员关系质量→转向业绩	删除	删除	不支持

拟合指标	χ^2/df	GFI	AGFI	NFI	IFI	CFI	SRMR	RMSEA
模型 M	1.829	0.91	0.90	0.92	0.96	0.96	0.057	0.060

注:* 表示 p 值<0.05;** 表示 p 值<0.01;*** 表示 p 值<0.001。

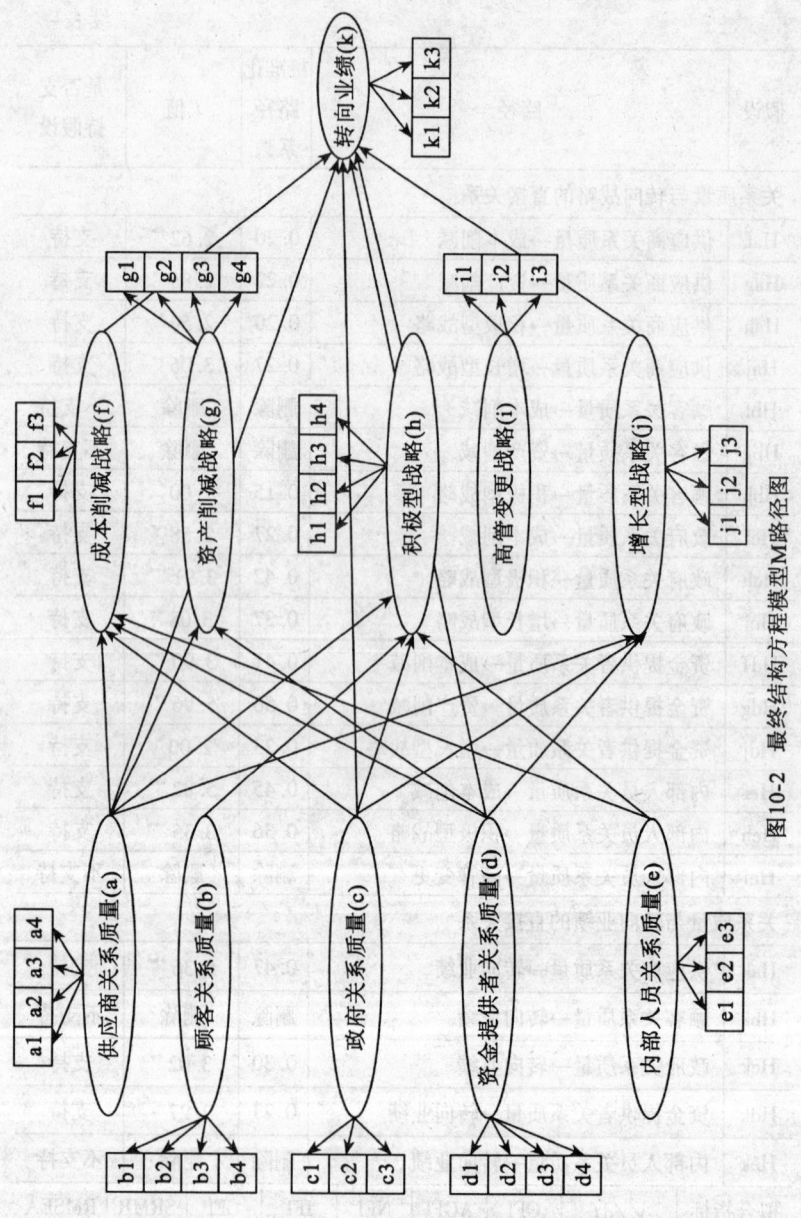

图10-2 最终结构方程模型M路径图

10.3.3 结果分析与讨论

结果分析和讨论包括以下三个方面的内容：一是转向战略与转向业绩的关系；二是利益相关者关系质量与转向战略的关系；三是利益相关者关系质量与转向业绩的关系。具体如下所示：

1. 转向战略与转向业绩的关系

从最终结构方程模型 M 的分析结果中可以看出，转向战略中的成本削减、积极型战略和增长型战略对转向业绩都有显著的正向影响，而资产削减、高管变更战略却与转向业绩的关系不显著，即假设 Hfk、Hhk、Hjk 得到了样本数据的支持，而假设 Hgk 和 Hik 没有得到验证。

成本削减和资产削减是中小企业实施削减战略的两个方面，有关成本削减战略的假设得到了验证，而资产削减战略的假设却没有得到验证。在本研究中，当中小企业业绩面临困境时，对于转向管理的执行者来说，最容易采取的挽救危机的行动就是节流瘦身，即成本削减。特别是对那些成本管理失控、运营效率低下导致财务危机的中小企业来说，注重主营业务成本、营业费用、管理费用、财务费用等方面的成本费用削减可以极大地改善中小企业业绩。资产削减的假设没有得到验证说明中小企业在产能、存货、应收账款等资产方面没有进行削减，这与以前研究中所得出的结论有所不同。但是我们可以从积极型战略对转向成功的有效性角度来进行分析，从问卷数据分析中可以看出中小企业在面临危机实施转向时，采取的是一种积极进取的体现企业家创新精神的行动，如提高销售收入。而在此战略的实施过程中，就需要有相应的资产及资源的保障，当开拓了市场，增强了营销能力后，对中小企业过剩的产能就会充分地利用，将存货和应收账款等尽快变现，从而提高销售收入，因此中小企业在转向时对资产不是清算处理，而是为了配合积极型战略的实施加以利用。

高管变更战略也没有得到假设的验证，则可以得出高管变更并不一定导致中小企业转向业绩的提高。中小企业一般是由家族企业发展而来,而家族企业很多受企业内部关系的制约,并不会任意改变高层管理团队。在样本数据分析中也发现了有些中小企业发生了高管团队的变更,但是转向业绩却有所差别,说明这些企业也意识到了发生危机时变更高管团队的重要性,但是变更后的高管团队的管理能力如何,是否有能力扭转危机,中小企业内部人员执行管理者决策的效果如何,这些都是造成转向业绩不同的原因。

模型证实了增长型战略对转向业绩的正向影响,业务的转移和改变对于转向成功有重要作用,中小企业发生兼并收购,通过资产的置换而获得了合理的资源、高效的管理方式,获得了较好的业绩转向成功。

2. 利益相关者关系质量与转向战略的关系

在中小企业各主要利益相关者关系质量与转向战略关系的假设中,除了顾客关系质量对成本削减战略的影响(假设 Hbf)、顾客关系质量对资产削减战略的影响(假设 Hbg)、内部人员关系质量对高管变更战略的影响(假设 Hei)未获得样本数据的支持,其他相关假设都在不同程度上获得了样本数据的支持。下面先对这三个假设检验结果进行分析。

顾客关系质量对于成本削减和资产削减影响的假设都没有得到支持。在前面的分析中,可以看到危机中的中小企业在实施转向管理的过程中更倾向于采取提高销售收入的积极型战略行为,而在此战略的实施过程中,中小企业为了维持优化与顾客的关系,势必增加对彼此关系的资源投入,如促销过程中会增加销售费用,为扩展营销渠道付出更多的投资,为吸引顾客而完善售后服务。因此,从这个角度分析,中小企业在与顾客的关系营销过程中,为了最大程度地维护和巩固顾客关系,会相应地大幅度增加成本费用及进行资产投资,从而不利于削减战略的实施。

内部人员关系质量对于高管变更战略影响的假设没有得到实证数据的支持,表明内部人员关系质量不会对高管变更战略产生影响。中国的中小企业,现在的普遍现象是占中小企业内部人员很大比例的员工却较少参与企业治理,具体表现为内部人员在中小企业的经营活动及重要决策中的话语权比较少。另外，即使中小企业很重视内部人员参与治理，但当企业发生绩效恶化的特别情况时，高管变更与否是一个关键的决策，因此不会仅凭中小企业内部人员的关系质量好坏来做出影响企业大局的重要决定。

供应商关系质量与各转向战略之间都有正向影响，其中供应商关系质量对成本削减战略的假设 Haf，供应商关系质量对资产削减战略的假设 Hag，供应商关系质量对积极型战略的假设 Hah，供应商关系质量对增长型战略的假设 Haj 都得到了验证，假设 Haf、Hag、Haj 在 0.01 水平上显著，假设 Hah 在 0.05 的水平上显著。这表明中小企业与供应商之间关系质量越好，越有利于各转向战略的实施。

政府关系质量与各转向战略之间都有正向影响，其中政府关系质量对成本削减战略的假设 Hcf，政府关系质量对积极型战略的假设 Hch，政府关系质量对增长型战略的假设 Hcj 都得到了验证，假设 Hcf、Hcj 在 0.01 水平上显著，假设 Hch 在 0.001 的水平上显著。这表明中小企业与政府之间关系质量越好，越有利于各转向战略的实施。

资金提供者关系质量与各转向战略之间都有正向影响，其中资金提供者关系质量对成本削减战略的假设 Hdf，资金提供者关系质量对资产削减战略的假设 Hdg，资金提供者关系质量对增长型战略的假设 Hdj 都得到了验证，假设 Hdf、Hdg 在 0.001 水平上显著，假设 Hdj 在 0.05 的水平上显著。这表明中小企业与资金提供者之间关系质量越好，越有利于各转向战略的实施。

内部人员关系质量与各转向战略之间都有正向影响，其中内部人员关系质量对成本削减战略的假设 Hef，内部人员关系质量对积极型战略的假设 Heh 都得到了验证，且在 0.001 水平上显著。这表明中小企业与内部人员之间关系质量越好，越有利于各转向战略的实施。

3. 利益相关者关系质量与转向业绩的关系

从最终结构方程模型 M 的分析结果中可以看出，供应商关系质量、政府关系质量和资金提供者关系质量对转向业绩都有显著的正向影响，而顾客关系质量、内部人员关系质量却与转向业绩的关系不显著，即假设 Hak、Hck、Hdk 得到了样本数据的支持，而假设 Hbk 和 Hek 没有得到验证。因此利益相关者关系质量对转向业绩的正向直接影响的假设得到了部分支持。

图 10-2 所示的路径模型均为直接影响路径，即从概念模型所涉及的直接相连的路径系数出发得到。为了说明整个概念模型中利益相关者关系质量对转向业绩的全部影响，还需要测量间接影响及总影响，其中总影响为直接影响与间接影响之和，如表 10-18 所示。

表 10-18 利益相关者关系质量对转向业绩的直接、间接和总影响

自变量	直接影响	间接影响	总影响
供应商关系质量	0.47	0.234	0.704
顾客关系质量	—	0.054	0.054
政府关系质量	0.30	0.372	0.672
资金提供者关系质量	0.23	0.213	0.443
内部人员关系质量	—	0.269	0.269

从表 10-18 可以看出，各利益相关者关系质量对转向业绩的总影响均为正值，其中顾客关系质量、内部人员关系质量对转向业绩只有间接影响，影响效果分别为 0.054 和 0.269；供应商关系质量、政府关系质量和资金提供者关系质量对转向业绩既有直接影响又有间接影响，总影响效果分别为 0.704、0.672、0.443。由此可见，样本数据支持本书有关中小企业与各利益相关者彼此的关系质量越高，越有利于转向业绩提升的假设。

10.4 研究结论

本书以经历过转向的中小企业为研究对象，从利益相关者关系

质量的视角出发，综合分析了中小企业与主要利益相关者关系质量、转向战略、转向业绩三者之间的关系和内在作用机理，得出如下结论：

（1）关系质量是高阶多维度变量，沟通、信任、承诺、依赖、参与治理都是归属于关系质量的重要维度，但确定各主要利益相关者关系质量的维度要根据具体情境。

本书结合中小企业与主要利益相关者在彼此间关系创建、维持、发展的整个互动过程中的不同特点，选用沟通、信任、承诺、依赖组合来测量中小企业与供应商关系质量和顾客关系质量；选用沟通、信任、依赖来测量中小企业与政府关系质量；选用沟通、信任、承诺、参与治理来测量中小企业与资金提供者关系质量；选用信任、承诺、参与治理来测量中小企业与内部人员关系质量。

利用验证性因子分析检验各利益相关者关系质量的测量模型，发现沟通、信任、承诺、依赖、参与治理各维度都具有较好的内部一致性和信效度。同时，在二阶验证性因子分析中可以看出，各维度通过组合可以用来测量更高阶的变量。因此，样本数据支持关系质量是高阶变量的研究结论。

（2）转向战略主要包括成本削减战略、资产削减战略、积极型战略、高管变更战略和增长型战略，且通过样本数据的检验得出成本削减战略、积极型战略和增长型战略的有效实施，有助于中小企业转向业绩的提高。中小企业在处理绩效恶化的危机时，首先采用的是成本削减来遏制绩效的持续下滑，这种战略行动作用效果明显，体现出很高的效率。而在业绩恢复上升的阶段，中小企业的管理者更偏重于采取凸显企业家精神的积极型战略和增长型战略，开拓市场、业务转移等战略行动可以实现销售收入增长，利润提升，从而达到扭转业绩的目的，显示出中小企业管理者面对危机时审时度势，奋力一搏的变革精神。

（3）中小企业与主要利益相关者彼此间良好的关系质量有助于转向战略的实施。其中，中小企业与供应商之间的关系质量越好，越有助于成本削减、资产削减、积极型战略和增长型战略的实施；中小企业与顾客之间的关系质量越好，越有助于积极型战略的实施；中小企业与政府之间的关系质量越好，越有助于成本削减、积极型战略和增长型战略的实施；中小企业与资金提供者之间的关系质量越好，越有助于成本削减、资产削减和增长型战略的实施；中小企业与内部人员之间的关系质量越好，越有助于成本削减、积极型战略和增长型战略的实施，这些结论得到了样本数据的支持，证实了主要利益相关者对中小企业转向的影响。

深陷危机的中小企业实施转向战略的重要保障是充裕的资源，因此中小企业需要特别关注资源匮乏的问题。当利益相关者通过与中小企业沟通交流，相信中小企业会克服经营财务上的困难而有好的前景时，就会努力维持与中小企业的关系，供给其所需的资源，提高中小企业获取资源的能力，这对于衰退困境中的中小企业成功开展转向战略行动无疑是至关重要的。因此，维持与主要利益相关者之间良好的关系质量，对中小企业转向战略有重要意义。

(4) 供应商、顾客、政府、资金提供者和内部人员是经历过转向的中小企业关键的利益相关者，中小企业与这些关系对象之间的关系质量越高，越有助于转向成功。实证研究显示，在利益相关者关系质量对转向业绩的总影响中，顾客关系质量和内部人员关系质量对转向业绩只有间接影响，其他三类利益相关者关系质量对转向业绩既有直接影响也有间接影响。因此要重点维持中小企业与供应商、政府、资金提供者三类利益相关者之间的关系。

间接影响体现在利益相关者关系质量通过转向战略的中介传导机制来影响转向业绩。具体来说，供应商关系质量和政府关系质量通过成本削减、积极型战略和增长型战略来影响转向业绩；顾客关系质量通过积极型战略来影响转向业绩；资金提供者关系质量通过成本削减和增长型战略来影响转向业绩；内部人员关系质量通过成本削减和积极型战略来影响转向业绩。

因此，通过对中小企业利益相关者关系质量、转向战略和转向业绩三者关系的整合研究，揭示三者之间的关系，并得到了样本数据的支持。相对于以往研究中单一地挖掘转向成功的影响因素，整合模型对于转向业绩有更强的解释能力，展现了利益相关者关系质量和转向战略与转向业绩的内部作用机理。

10.5 管理启示

其研究所得到的管理启示如下:

1. 与供应商结成合作伙伴关系,充分挖掘关系中蕴含的价值

中小企业与供应商之间在沟通的基础上,建立彼此的信任,结成合作伙伴或联盟关系,通过合作来优化彼此的经营管理流程,使得资源和资产能够充分利用和合理调配,提高整个供应链的效率。中小企业由于规模的限制,经常将很多非核心业务外包出去,因此对外界供应商的依赖也越大,更应该认真处理好与供应商的合作关系。中小企业对于供应商关系的重视,有助于开发以价值为标准的关系营销策略。在良好的合作关系中,供应商发现中小企业在为最终消费者创造价值的过程中存在有待改进的地方,帮助中小企业以更少的成本服务顾客,通过为中小企业提供富有创意的解决方案,整合自身的商品配送体系使得中小企业可以对市场需求做出更快速的反应,从而帮助中小企业取得与众不同的市场地位,获得竞争优势,提高盈利水平,改善业绩。

2. 提高与政府的关联度,增强获取资源的资格和能力

在现阶段我国的转轨经济条件下,政府仍然在经济调控过程中占据了主导作用,并且扮演资源分配者的重要角色,政府干预经济的一种有效直接手段就是政府补助。当中小企业出现财务危机,遭遇濒临破产的困境时,政府的直接财政救助在此时就显得尤为重要,并且拥有政治关联的中小企业最容易得到政府在财政补贴、税收优惠等方面提供的帮助。中小企业由于规模的局限,担负的社会责任较少,与此对应,中小企业即使破产也不会造成巨大、恶劣的社会负面影响,政府救助中小企业的原动力也稍显薄弱。因此,中小企业为了自身的生存发展,如果很难通过正常渠道获得政府补助,就要更加主动地争取和政府建立良好的关系,特别是中小企业的高管要加强对政府导向的重视,充分利用已有的政治关联和影响力尽量争取得到政府的扶持。另外，中小企业可以通过积极承担社会责任、参与公益慈善活动、严格执行政府政策、及时缴纳税款、成为政府采购的供应商等多种方式来获得政府的信任，从而帮助中小企业在面临困境时获取更多的资源。

3. 充分利用关系型融资，切实提高融资能力

中小企业由于规模不大，利润空间小、有较大的经营风险，特别是对处于财务困境中的中小企业，风险更是成倍放大。因此，中小企业必须着眼于长远发展，主动与资金提供者建立长期合作关系。中小企业在合作交流的过程中，应积极地让资金提供者在中小企业经营战略决策、重大项目投资、经营状况、盈利能力、管理者能力、品格、可靠程度等方面有深入详细的了解，增加双方的共有信息，降低信息不对称的程度，削弱资金提供者对风险的错误判断而产生的逆向选择行为，且减少融资成本及对担保的要求，通过关系型融资来切实化解资金缺口问题。同时，中小企业要保持强烈的还款意愿，对贷款按时还款付息，增强中小企业在银行中的信用度，这样银行才会与中小企业进行多次博弈，建立在信任和承诺基础上的合作更有利于筹集资金。另外，对于转向的中小企业来说，关系型融资的资金提供者当拥有部分或全部的控制权时，可以充分参与企业治理，这样会从更理性的角度来帮助中小企业度过危机。

4. 同时兼顾其他主要利益相关者，保持平衡健康的网络关系

其他主要利益相关者在中小企业中也投入了很多专用性资本，承担了剩余风险，因此经历转向的中小企业也要努力建立、维持与其之间良好稳定的关系，增强他们对中小企业运营和前景认可的信心，取得他们的信任和支持，这对处于衰退困境中的中小企业，有着重要的意义。

对顾客来说，顾客仍然是市场营销行为的主要目标，但此时中小企业对此关注的重点不仅包括提高销售额，更重要的是与顾客建立长期的良好关系，并形成促使顾客多次购买产品和服务的关系营销理念。在处理与顾客的关系上，要从赢取新顾客和挽留老顾客两个途径着手，通过精心设计的促销计划、加强与顾客的沟通，取得顾客对产品和服务的信任，从而赢得新顾客。而挽留顾客相对于赢取顾客有着更高的利润和更低的成本，因此中小企业更应该加以重视。中小企业与客户之间随着交易的进行，相互了解和相互合作的精神随之加深，促使满意的顾客向其他潜在顾客推荐，这些均降低了中小企业经营成本，顾客对中小企业的承诺和依赖使得顾客对价钱的变化不是十分敏感，顾客也不会轻易转换产品的供应商，这为中小企业持续的盈利能力提供了保障。

从某种意义上来说，内部人员管理者和员工可以称得上存在于中小企业内部的客户，同时扮演着内部供应商的角色，因此中小企业需要通过努力为一线员工提供支持和帮助，使他们得到高标准的服务，予以物质和精神上的激励，提高员工的组织承诺，即对中小企业内部人员也进行内部营销。同时积极鼓励员工参与到中小企业的经营管理决策中，培养员工对企业的责任感，也有利于员工之间协同合作，达成企业的经营和战略目标，塑造中小企业良好的品牌形象，在员工中培养和发展一种注重企业利益的意识，消除可能影响企业经营的障碍，从而形成中小企业与内部人员之间良好的关系。

5. 占据核心资源，结合关系管理与转向战略管理，有效扭转衰退困境

中小企业应该根据自身面临的困境及未来发展的需要，努力与主要利益相关者构建基于沟通、信任、承诺、依赖、参与治理等维度的网络关系，这些网络关系对于中小企业实施转向战略管理功效卓著。中小企业管理者应该深刻明确关系质量在转向管理中的重要性，充分发挥关系的作用，整合利用各种资源，更好地实施转向战略，提高转向业绩。这里需要强调的是，中小企业不需要求大求全而占尽企业发展壮大所需的全部资源，只需注重拥有核心资源和核心能力，这样可以形成自己独特鲜明的竞争优势。而对中小企业需要的其他非核心资源，可以充分利用与利益相关者的关系从外部进行整合调配，或通过共享的形式实现资源的合理利用。因此，树立正确的资源使用观，有助于中小企业更好地进行转向管理。

参考文献

[1] ABBY GHOBADIAN, HOWARD VINEY. Strategic reorientation in former public utilities: the example of UK electricity [J]. Management Decision, 2002, 40 (4).

[2] ALCHIAN A. A, DEMSETZ H. Production, information costs, and economic organization [J]. The American Economic Review, 1972, 62.

[3] ALCHIAN A. A, DEMSETZ H. Production, information costs, and economic organization [J]. The American Economic Review, 1972, 62.

[4] ALEWELL D. Information-system in work market [J]. Journal of Management, 1994, 64.

[5] ANDERSON, E. & WEITZ, B. A. The use of pledges to build and sustain commitment in distribution channels [J]. Journal of Marketing Research, 1992, 29 (2).

[6] ANDERSON, E. & WEITZ B. Determineants of continuity in conventional industrial dyads [J]. Marketing Science, 1989, 8.

[7] ANDERSON, J. C. & GERBING, D. W. Structure equation modeling in practice: a review and recommended two step approach [J]. Psychological Bulletin, 1988, 103 (3).

[8] ANDERSON, J. C. & NARUS, J. A. A model of distributor firm and manufacturer firm working partnerships [J]. Journal of Marketing, 1990, 54 (1).

[9] ANNE BELL. Inspiring organizational change at reuters [J]. Strategic Communication Management, 2005, 5 (9).

[10] ANSOFF I. Corporate strategy[M]. NewYork:McGraw-Hill,1965.

[11] AROGYASWAMY, K. & BAKER, V. L. & YASAI-ARDEKANI, M. Firm turnaround: an integrative two-stage model [J]. Journal of Management Studies, 1995, 32 (4).

[12] AROGYASWAMY, K. Organizational turnaround: a two-stage strategy contingency model [D]. Wisconsin: the University of Wisconsin-Milwaukee, 1992.

[13] BARKER V. L. , BARR P. S. Linking top manager attributions to strategic reorientation in declining firms attempting turnarounds [J]. Journal of Business Research, 2002, 55.

[14] BARKER V. L. Corporate turnaround as strategic reorientations: a field study of turnaround attempts from firm-based decline [D]. Illinois: University of Illinois at Urbana-Champaign, 1992.

[15] BARKER V. L. , DUHAIME L. M. Strategic change in the turnaround process: theory and empirical evidence [J]. Strategic Management Journal, 1997, 18.

[16] BARKER V. L. , M. A. MONE. Retrenchment : cause of turnaround or consequence of decline [J]. Strategic Management Journal, 1994, 15 (5).

[17] BARKER V. L. , MARK MONE. The mechanistic structure shift and strategic reorientation in declining firms attempting turnarounds [J]. Human Relations, 1998, 51 (10).

[18] BARKER V. L. , P. W. PATTERSON. Top management team tenure and top manager causal attributions at declining firms attempting turnaround [J]. Group and organizational Management, 1996, 21 (3).

[19] BARTON. SL, SUNDARAM S. An empirical test of stakeholder theory predictions of capital structure [J]. Financial Management, 1989, 18 (1).

[20] BAUER, H. , GRETHER, M. & LEACH, M. Building customer industrial marketing management relations over the Internet [J].

Academy of Management Review, 2002, 31 (2).

[21] B. DUNSTAN. Turnaround specialists focus on Australia [J]. The Australian financial review, 2002, 13.

[22] BIBEAULT, D. Corporate turnaround. How managers turn losers into winners [M]. New York, 1982.

[23] BILL Orr. Meca Software's turnaround. American bankers association [J]. ABA Banking Journal, 1997, 89 (9).

[24] BOOT, A. W. & THAKOR, A. V. Can relationship banking survive competition? [J]. Journal of Finance, 2000, 55 (2).

[25] BOYLE RD, HB DESAI. Turnaround strategies for small firms [J]. Journal of Small Business Management, 1991, 29 (3).

[26] BRAUN, UHLENBRUCK. Unternehmensinsolvenz: gurndlagen gestaltungsmoelich keiten-sanierung mit der insolvenzordnung [M]. Duessldorf, 1997.

[27] BRECKLER, S. J. Applications of covariance structure modeling in psychology: cause for concern? [J]. Psychological Bulletin, 1990 (107).

[28] BRENNEMAN, G. Right away and all at once: how we saved continental [J]. Harvard Business Review, 1998, 76 (5).

[29] BRISTOL, LANE VOSS. IBM redux: the business turnaround of the decade [J]. The Journal of Business Strategy, 1999, 20 (6).

[30] BRISTOL, LANE VOSS. Saving big blue: leadership in turnaround [J]. Journal of Business Strategy, 1999, 20 (6).

[31] BRUTON G. D., AHLSTROM D WAN. Turnaround success of large and midsize Chinese owned firms: evidence from Hong Kong and Thailand [J]. Journal of World Business, 2001, 36.

[32] BRUOTN G. D., OVIATT BM, White M. A. Performance of acquisitions of distressed firms [J]. Aeademy of Management, 2001, 37 (4).

[33] BRUTON G. D, RUBANIK Y. Turnaround of high technology

firms in Russia: the case of Micorn [J]. Academy of Management Executive, 1997, 11 (2).

[34] BRUTON G. D., WAN C. C. Operating turnarounds and high technology firms [J]. Journal of High Technology Management Research, 1994, 5 (2).

[35] BUSHEN PAINA. Organizational decline and turnaround management [J]. Vikalpa, 2003, 28 (4).

[36] BRUTON. Performance differences between related and unrelated acquisitions of turnaround candidates [D]. Oklahoma: Oklahoma State University, 1989.

[37] CANIELS M. C., Gelderman C. J. Power and interdependence in buyer supplier relationships: a purchasing portfolio approach [J]. Industrial Marketing Management, 2007, 36 (2).

[38] CHANDLER, G. N. & HANKS, S. H. Measuring the performance of emerging business: a validation study [J]. Journal of Business Venturing, 1993, 8 (5).

[39] CHARKHAM J. Keeping good company: a study of corporate governance in five countries [M]. Oxford: Oxford University Press, 1995.

[40] CHARLES R. EITEL. The ten discipline of business turnaround [J]. Management Review, 1998, 87 (11).

[41] CHENG-LUNG WU. Modeling and simulation of aircraft turnaround operations at airports [J]. Transportation planning and technology, 2004, 27 (1).

[42] CHOWDHURY S. D., LANG J. R. Turnaround actions, contingency influences and profitablility: the case for slack and capital intensity [J]. Canadian Journal of Administratice Sciences, 11 (9).

[43] CHOWDHURY S. D., LANG J. R. Turnaround in small firms: an assessment of efficiency strategies [J]. Journal of Bussiness Research, 1996, 36.

[44] CHUI ACW, LLOYD, KWOK. The determination of capital structure: is national culture a missing piece to the puzzle? [J]. Journal of International Business Studies, 2002, 33 (1).

[45] CLARKSON, M. A risk-based model of stakeholder theory. proceedings of the Toronto conference on stakeholder theory [M]. Center for Corporate Social Performance and Ethics. University of Toron, Toron, Canada, 1994.

[46] CLARKSON M. A stakeholder framework for analyzing and evaluating corporate social performance [J]. Academy of Management Review, 1995, 20 (1).

[47] CLAESSENS S, DJANKOV S, LANG LHP. The separation of ownership and control in East Asian corporations [J]. Journal of Financial Economics, 2000, 58.

[48] COASE R. H. The nature of the firm [J]. Economic, 1937, 4.

[49] COHEN J, COHEN P. Applied multiple regression and correlation analysis for the behavioral sciences [M]. New York: Hillsdale, 1983.

[50] CORNELL B. LANDSMAN, SHAPIRO. Cross-sectional regularities in the response of stock price to bond rating change [R]. Working paper, University of California, 1987.

[51] CORNELL B, SHAPIRO A. C. Corporate stakeholders and corporate finance [J]. Financial Management. , 1987, 16 (1).

[52] CROSBY, LAWRENCE A, EVANS, KENNETH R, COWLES, DEBORAH. Relationship quality in services selling: an interpersonal influence perspective [J]. Journal of Marketing, 1990, 54 (3).

[53] DAILY C, DALTON D. CEO and director turnover in falling firms: an illusion of change? [J]. Strategic Management Journal, 1995, 16 (5).

[54] DANIEL WREN, HENRY FAYOL. A nineteenth century corporate turnaround [J]. Management Decision, 2001, 39 (5).

[55] D. AVENI, RA. The aftermath of organizational decline: a longitudinal study of the strategic and managerial characteristics of declining firms [J]. Academy of Management Journal, 32.

[56] DAVID H FREED. Hospital turnarounds: agents approaches [J]. The health care manager, 2005, 24 (2).

[57] DESS, G. G. LUMPKIN, G. T. & COVIN, G. T. Entrepreneurial strategy making and firm performance: tests of contingency and configurational models [J]. Strategy Management Journal, 1997, 18 (9).

[58] DONALDSON T, Dunfee integrative social contracts theory: a communitarian conception of economic ethics [J]. Economics and Philosophy, 1995, 11 (1).

[59] DONALDSON T, DUNFEE T W. Toward a unified conception of business ethics: integrative social contracts theory [J]. Academy of Management Review, 1994, 19 (2).

[60] DONALDSON T. , PRESTON L. E. The stakeholder theory of the corporate: concepts, evidence, and implications [J]. Academy of Management Review, 1995, 20 (1).

[61] DONEY, P. M. & CANNON, J. P. An examination of the nature of trust in buyer-seller relationships [J]. Journal of Marketing, 1997, 61 (2).

[62] EDITH T. PENROSE. The theory of the growth of the firm [M]. New York: Oxford University Press, 1995.

[63] EISENHARDT KM. Building theory from case study research [J]. Academy of Management Review, 1989, 14.

[64] FACCIO, M. Politically connected firms [J]. The American Economic Review, 2006, 96 (1).

[65] FINKELSTEIN S, HAMBRICK DC. Top-management team tenure and organizing outcomes: the moderation effect of managerial direction [J]. Administrative Science Quarterly, 1990, 35.

[66] FINKIN. Successful corporate turnaround [M]. New York: McGill, 1987.

[67] FONDER. An empirical examination of the determinants of corporate turnaround in Germany [D]. HSG: der universitaet Hochschule fuer Wirtschafts-Rechts und Sozialwissenschaften, 2000.

[68] FREDERICK W. C. Business and society, corporate strategy public policy [M]. McGraw-Hill Book Co, 1988.

[69] FREEMAN R. E., Reed D. L. Stockholders and stakeholders: a new perspective on corporate [J]. California Management Review, 1983, 25 (1).

[70] FREEMAN, R. E. Strategic management: a stakeholder approach [M]. Boston, MA: Pitman, 1984.

[71] FRIEDMAN S. D. A leader's wake: organization member reactions to CEO succession [J]. Journal of Management, 1991, 17.

[72] FYNES, B., VOSS, C. & BURCA, S. The impact of supply chain relationship quality on quality performance [J]. International Journal of Production Economics, 2005, 96 (3).

[73] GANESAN, S. Determinants of long-term orientation in buyer-seller relationships [J]. Journal of Marketing, 1994, 58 (2).

[74] GARRY D, DAVID A, JOHNNY WAN. Turnaround in East Asian firms: evidence from ethnic overseas Chinese communities [J]. Strategic Management Journal, 2003, 24.

[75] G. J. GASTROGIOVANNI, G. D. BRUTON. Business turnaround processes following acquisitions: reconsidering the role of retrenchment [J]. Journal of Business Research, 2000, 48.

[76] GOODMAN. How to manage a turnaround: a senior manager's guide [M]. New York: McGill, 1982.

[77] GOLDSTON MR. . The turnaround prescription [M]. New York: Free Press, 1992.

[78] GRANT RM. Contemporary strategy analysis: concepts,

techniques, application [M]. Cambridge: Basil Blackwell, 1991.

[79] GRANT. T. SAVAGE, et. al. Strategy for assessing and managing organizational stakeholders [J]. Academy of Management Executive, 1991, 5 (2).

[80] GREGORY FISHER, JANET LEE, LEAWNE JOHNS. An exploratory study of company turnaround in Australia and Singapore following the Asia crisis [J]. Asia Pacific Journal of Management, 21.

[81] GRINYER, MAYES, MCKIERNAN. Sharpbenders: the secrets of unleashing corporate potential [M]. Oxford: Blackwell, 1988.

[82] HAMBIRCK, SCHECTER. Turnaround strategies for mature industrial-product business unit [J]. Academy of Management, 1983, 26 (6).

[83] HARTER, JAMES K., FRANK L. Business-unit level relationship between employee satisfaction, employee engagement, and business outcomes: a meta-analysis [J]. Journal of Applied Psychology, 2002, 87 (2).

[84] HART. O. Incomplete contract. The new palgrave: a dictionary of economics [M]. London: Basingstoke, 1987.

[85] HAUCK W, DONNER A. Wald's test as applied to hypotheses in logit analysis [J]. Journal of the American Statistical Association, 1977, 72.

[86] HEIDE, J. B. & JOHN, G. Do norms matter in marketing relationships [J]. Journal of Marketing, 1992, 56 (2).

[87] HENNING-THURAU T., KLEE A. The impact of customer satisfaction and relationship quality on customer retention: a critical reassessment and model development [J]. Psychology & Marketing, 1997, 14 (18).

[88] HOFER C. W. Turnaround strategies [J]. Journal of Business Strategy, 1980, 1 (1).

[89] HOFFMAN PC. Strategies for corporate turnaround [J]. Journal

of General Management, 1989, 14 (3).

[90] HOLDER ME. Dividend policy determinants: an investigation of stakeholder theory influences [D]. Kent: Kent State University, 1992.

[91] HOLMLUND, MARIA. The D&D model: dimensions and domains of relationship quality perceptions [J]. Service Industries Journal, 2001, 21 (3).

[92] HOSKISSON, R. E., LORRAINE E., CHUNG, M. Strategy in emerging economies [J]. The Academy of Management Journal, 2000, 43 (3).

[93] HOSMER D. W., LEMESHOW S. Applied Logistic regression [M]. New York: Bluwer, 1989.

[94] HOWARD. S., RASHEED. Turnaround strategies for declining small business: the effects of performance and resources [J]. Journal of Developmental entrepreneurship, 2005, 10 (3).

[95] HWEE HOON TAN, HAI HUISEE. Strategic reorientation and responses to the Asia financial crisis: the case of the manufacturing industry in Singapore [J]. Asia Pacific Journal of Management, 2004, 21.

[96] JAMES R SARGEANT. The turnaround consultant: saving troubled companies [J]. Consulting to Management, 2005, 16 (1).

[97] JENNINGS D. E. Judging inference adequacy in Logistic regression [J]. Journal of the American Statistical Association, 1986, 81.

[98] JENSON, MECKLING. Theory of the firm: managerial behavior, agency costs and ownership structure [J]. Journal of Financial Economics, 1976, 3.

[99] JOHNSON, JEAN L. Strategic integration in industrial distribution channels: managing the interfirm relationship as a strategic asset [J]. Journal of the Academy of Marketing

Science, 1999, 27 (1).

[100] KENSIGER J. W., MARTIN J. D. STAKEHOLDERS. The new palgrave dictionary of money and finance [M]. London, Basingstoke, 1992.

[101] KIRK J, MILLER ML. Reliability and validity in qualitative research [M]. CA: Beverly Hills, 1986.

[102] KLINE, R. B. Principles and practices of structural equation modeling [M]. New York: The Guilford Press, 1998.

[103] KOTLER, ADRIAN. Marketing management: analysis, planning, implementation, and control [M]. New York: Prentice Hall International, 1997.

[104] KRUEGER D. A. Turnarounds and sustainable competitive advantage: an integration and study of decline and recovery [D]. Purdue University, 1997.

[105] KUMAR, N., SCHEER, L. K. & STEENKAMP, J. B. E. M. The effects of supplier fairness on vulnerable resellers [J]. Journal of Marketing Research, 1995, 32 (1).

[106] LAMBERG, PAJUNEN. Beyond the metaphor, the morphology of organizational decline and turnaround [J]. Human Relations, 2005, 58 (8).

[107] LARRY FELDMAN. Successful investment and turnaround strategies for distressed shopping centre properties [J]. Journal of Retail & Leisure Property, 2005, 4 (1).

[108] LAWRENCE W. W. Business turnaround and organizational slack: an empirical investigation [D]. Nova Southeastern: Nova Southeastern University, 1995.

[109] LEE, J. & KIM, Y. Effect of partnership quality on is outsourcing success: conceptual framework and empirical validation [J]. Journal of management Information Systems, 1999, 15 (4).

[110] LEONIDAS C. L. Industrial manufacturer-customer relationships:

The discriminating role of the buying situation [J]. Industrial Marketing Management, 2004, 33 (8).

[111] LEVITT, THEODORE. After the sale is over [J]. Harvard Business Review, 1983, 61 (5).

[112] LILJANDER, VERONICA, STRANDVIK, TORE. The nature of customer relationships in services [M]. London: JAI Press Inc, 1995.

[113] LOHRKE, F. T. The performance effects of strategy, top-management characteristics, and environment: an integrative study of firm decline and turnaround [D]. Louisiana State University, 1996.

[114] LOW CK. Corporate governance: an Asia-pacific critique [M]. Sweet & Maxwell Asia: Hong Kong, 2002.

[115] MAHONEY JT, JR PANDIAN. The resource-based view within the conversation of strategic management [J]. Strategic Management Journal, 1992, 13.

[116] MALCOLM S. & CHRISTOPHER GRAVES. Corporate turnaround and financial distress [J]. Managerial Auditing Journal, 2005, 20 (3).

[117] Managements and Quality [J]. Psychology & Marketing, 1998, 15 (1).

[118] MCCARTHY A. Strategy is personality-driven, strategy is crisis-driven: insights from entrepreneurial firms [J]. Management Decision, 2003, 41 (4).

[119] MELLAHI K., DESAI, FRANCIS. Reclaiming the environment-organization fit: Matching turnaround strategies to environmental exigencies [J]. Journal of Business Strategies, 1999, 16 (1).

[120] M. HANKER. Managing the company turnaround process: a case study of the Australian heavy engineering industry [J]. Journal of Engineering and Technology Management, 1996, 13.

[121] M. HARKER. The role of marketing in the company turnaround

process [J]. Industrial Marketing Management, 1998, 27.

[122] MITCHELL A. & WOOD D. Toward a theory of stakeholder identification and saliente: defining the principal of who and what really counts [J]. Academy of Management Review, 1997, 22 (4).

[123] MICHAEL KUHNDT, JUSTNS VON GEIBLER. 在全球化的世界经济中中小企业所面临的挑战[J]. 产业与环境, 2004, 26 (4).

[124] MICHAEL HARKER, BISHNU SHARMA. Leadership and the company turnaround process [J]. Leadership & Organization Development Journal, 2000, 21 (1).

[125] MICHAEL HARKER, DEBRA HARKER. The role of strategic selling in the company turnaround process [J]. The Journal of Personal Selling & Sales Management, 1998, 18 (2).

[126] MICHAEL HARKER. Market manipulation, a necessary strategy in the company turnaround process [J]. Qualitative Market Research, 2001, 4 (4).

[127] MILGROM, ROBERT. Economics, organization and management [M]. New Jersey: Englewood Cliffs, 1992.

[128] M. J. RUBACH, T. C. SEBORA. Comparative corporate governance: competitive implications of an emerging convergence [J]. Journal of World Business, 1998, 33 (2).

[129] MOHR, J. & SPEKMAN, R. E. Characteristics of partnership success: partnership attributes, communication behavior, and conflict resolution techniques [J]. Strategic Management Journal, 1994, 15 (2).

[130] MONE M., W. MCKINLEY, V BARKER. Organizational decline and innovation: a contingency framework [J]. Academy of Management Review, 1998, 23 (1).

[131] MOON G. Rate of recovery: effects of organizational and industrial variables on the rate of recovery in turnaround [D].

Southern Illinois: Southern Illinois University at Carbondale, 1996.

[132] MORGAN, R. M. & HUNT, S. D. The commitment-trust theory of relationship marketing [J]. Journal of Marketing, 1994, 58 (3).

[133] MORROW J. L., R. A. JOHNSON., L. W. BUSENITZ. The effects of cost and asset retrenchment on firm performance: the overlooked role of a firm's competitive environment [J]. Journal of Management, 2004, 30 (2).

[134] MUKHERJI A., DESAI, J. FRANCIS. Reclaiming the environment-organizational fit: matching turnaround strategies to environmental exigencies [J]. Journal of Business Strategies, 1999, 16 (1).

[135] N. R. PAUDIT. Some recommendations for improved research on corporate turnaround [J]. Management, 2000, 3 (2).

[136] NUNNALLY, J. C. Psychometric theory [M]. New York: McGraw-Hill, 1994.

[137] OLIVER, C. Determinants of interorganizational relationships: integration and future directions [J]. Academy of Management Review, 1990, 15.

[138] O'NEILL, H. M. An analysis of the rurnaround strategy in commercial banking [J]. Journal of Management Studies, 1986, 23.

[139] O'NEILL, H. M. Turnaround and recovery: what strategy do you need? [J]. Long Range Planning, 1986, 19 (1).

[140] PANT L. W. An investigation of industry and firm structural characteristics in corporate turnaround [J]. Journal of Management Studies, 1991, 28 (11).

[141] PANT L. W. Fueling corporate turnaround through sales growth [J]. Journal of Commercial Bank Lending, 1987, 70 (4).

[142] PANT L. W. The determinants of corporate turnaround [D].

Boston: Boston University, 1986.

[143] PARSONS, AMY L. What determines buyer-seller relationship quality? an investigation from the buyer's perspective [J]. Journal of Supply Chain Management, 2002, 38 (2).

[144] PAYNE, ADRIAN. Relationship marketing: a broadened view of marketing [M]. London: Kogan Page Ltd, 1995.

[145] PENG MW. Business strategies in transition economies [M]. Sage: Thousand Oaks, 2000.

[146] PENG MW, HEATH PS. The growth of the firm in planned economies in transition: institutions, organizations, and strategic choice [J]. Academy of Management Review, 1996, 21 (2).

[147] PENG MW, LUO Y. Managerial ties and firm performance in a transition economy: the nature of a micro-macro link [J]. Academy of Management Journal, 2000, 43.

[148] POTER, L. W. , STEER, R. M. , Mowday, R. T. Organizational commitment, job satisfaction and turnover among psychiatric technicians [J]. Journal of Applied Psychology, 1974, 59 (5).

[149] P. VAZ. The turnaround in BT's payphone business [J]. Long Range Planning, 1996, 29 (1).

[150] RAMANUJAM V. Environment context, organizational context, strategy and corporate turnaround [D]. Pittsburgh: the secrets of unleashing corporate potential. Oxford: Blackwell, 1988.

[151] RAMANUJAM V. , VARADARAJAN. Research on corporate diversification: a synthesis [J]. Strategic Management Journal, 1989, 10.

[152] RASHEED, H. S. Turnaround strategies for declining small business: the effects of performance and resources [J]. Journal of Development Entrepreneurship, 2005, 10 (3).

[153] R. BALGOBIN, N. PANDIT. Stages in the turnaround process: the case of IBM UK [J]. Eruopean Management Journal, 2001, 19 (3).

[154] RICHTER FJ. The Asian economic catharsis [M]. London: Quorum, 2000.

[155] ROBBINS D. K., PEARCE J. A. Turnaround: retrenchment and recovery [J]. Strategic Management Journal, 13.

[156] ROBBINS D. K.. Retrenchment and turnaround: an empirical analysis of the interrelationships among problem cause, situation severity in successful turnaround [D]. South Carolina: University of South Carolina, 1990.

[157] ROGOSA D. Comparisons of some procedures for analyzing longitudinal panel data [J]. Journal of Economics and Business, 1980, 32 (2).

[158] ROGOSA D. Myths about longitudinal research [M]. CA: Stanford, 1987.

[159] ROSENBLATT, Z, ROGERS, K. S. and NORD, W. R. Toward a political framework for flexible management of decline [J]. Organization Science, 1993, 4.

[160] RORY A MISHAAR. A narrative inquiring of non-profit organization turnaround: leadership through operant focus [D]. Montana: University of Montana, 2005.

[161] SALANCIK, G. & MEINDL, J. Corporate attributions as strtegies illusions of management control [J]. Administrative Science Quarterly, 1984, 29 (2).

[162] SCHENDEL D, PATTON G. Corporate stagnation & turnaround [J]. Journal of Economics and Business, 1976, 28 (1).

[163] SCHENDEL D, PATTON G, RIGGS J. Corporate turnaround strategies: a study of profit decline [J]. Journal of General Management, 1976, 3 (3).

[164] SCOTT WR. The changing world of Chinese enterprise: an institutional perspective. Management of enterprises in the people's Republic of China [M]. New York: Kluwer, 2002.

[165] SIMERLY R., M LI. Enviromental dynamism, capital structure

and performance: a theoretical integration and an empirical test [J]. Strategic Management Journal, 2000, 21.

[166] SIMON H. A. Administrative behavior [M]. NY, 1985.

[167] SLATTER R. Saving big blue: leadership lessons and turnaround tactics of IBM's Lou Gerstuer [M]. New York: McGraw Hill, 1999.

[168] SLATTER S. S. P. Corporate recovery: a guide to turnaround management [M]. London: Penguin Press, 1984.

[169] SLOMA R. The turnaround manager's handbook [M]. New York: McGien, 1985.

[170] SMITH, J. BROCK. Buyer- seller relationships: similarity, relationship managements and quality [J]. Psychology & Marketing, 1998, 15 (1).

[171] SPREMANN K. Asymmetrische information [J]. Zeitschrift fuer Betriebswirtschaft, 1990, 60.

[172] SPREMANN K. Reputation, garantie, information [J]. Zeitschrift fuer Betriebswirtschaft, 1988, 58.

[173] STANDIFIRD SS, MARSHALL RS. The transaction cost advantage of Guanxi based business practice [J]. Journal of World Business, 2000, 35 (1).

[174] STEADMAN ME. The common stock price effects of bond rationg changes: an examination of asymmetric market reactions using stakeholder theory [D]. NY: Tennessee University, 1990.

[175] STICKNEY C. P. Financial statement analysis: a strategic perspective [M]. New York: Harcourt brace Jovanovich, 1990.

[176] STORBACKA, STRANDVIK, T. & GRONROOS, C. Managing customer relationships for profit: the dynamics of relationship quality [J]. International Journal of Service Industry Management, 1994, 5 (5).

[177] SUDARSANAM S, J LAI. Corporate financial distress and turnaround strategies: an empirical analysis [J]. British Journal

of Management, 2003, 12 (3).

[178] S. WILLIAMS, S. NARENDRAN. Determinants of managerial risk: exploring personality and cultural influences [J]. The Journal of Social Psychology, 1999, 139 (1).

[179] TAN. H, H. SEE. Strategic reorientation and responses to the Asian financial crisis: the case of the manufacturing industry in Singapore [J]. Asia Pacific Journal of Management, 2004, 21 (1).

[180] T. BELCHER, L. NAIL. Integration problem and turnaround strategies in a cross-border merger: a clinical examination of the pharmacia-upjohn merger [J]. International review of financial analysis, 2000, 9 (2).

[181] TUSHMAN M, VIRANY B. Executive succession, strategic reorientations, and organizational evolution [J]. Technology and Society, 1985, 7.

[182] UMA SEKARAN. 企业研究方法 [M]. 祝道松, 林家五, 译. 北京: 清华大学出版社, 2005.

[183] VENKATRAMAN N, V. RAMANUJAM. Measurement of business performance in strategy research: a comparison of approaches [J]. Academy of Management Review, 1986, 11.

[184] WEIDENBAUM. The Chinese family business enterprise [J]. California Management Review, 1996, 38 (4).

[185] WEITZEL W., E JONSSON. Decline in organizations: a literature integration and extension [J]. Administrative Science Quarterly, 1989, 34.

[186] WERNERFELT B. A resource-based view of the firm [J]. Strategic Management Journal, 1984, 5.

[187] WERNERFELT B. From critical resources to corporate strategy [J]. Journal of General Management, 1989, 14.

[188] WHEELER D, MARIA S. Including the stakeholders: the business case [J]. Long Range Planning, 1998, 31 (2).

[189] WILLIAM B, ASTRID LIPP, WATSON. Information requirements of turnaround managers at the beginning of engagements [J]. Journal of Management information system, 1997, 13 (4).

[190] WILLIAMSON O. E. Comparative economic organization: the analysis of discrete structural alternatives [J]. Administrative Science Quarterly, 1991, 36.

[191] WILLIAMSON O. E. Markets and hierarchies [M]. NY: McGraw Hill, 1975.

[192] WILLIAMSON O. E. The economic institutions of capitalism [M]. New York: McGraw Hill, 1985.

[193] WILSON, D. & JANTRANIA, S. Understanding the value of a relationship [J]. Asia-Australia marketing Journal, 1996, 2 (1).

[194] W. T. UMBREIT. Fairmout hotels turnaround strategy [J]. Cornell Hotel and restaurant administration quarterly, 1996, 8.

[195] YASAI-ARDEKANI, M. & AROGYASWAMY, K. Towards a dynamic approach to modelling organizational turnaround [M]. The Annual Academy of Management, San Francisco, California, 1990.

[196] Yin PK. Case study research: design and methods [M]. CA: Thousand Oaks, 1994.

[197] YU J, H COOPER. A quantitative review of research design effects on response rates to questionnaire [J]. Journal of Marketing Research, 1983, 20.

[198] ZEITHAML, V. A., LEONARD BERRY, L. & PARASURAMAN, A. The behavioral consequences of service quality [J]. Journal of Marketing, 1996, 60 (2).

[199] ZUTSHI R. East Asian SMEs: learning the technology [J]. Journal of Enterprising Cultures, 1997, 5 (2).

[200] 艾华. 聚焦中国"纳斯达克"——深交所中小企业板开盘 [J]. 广东审计, 2004, 4.

[201] 白华英,杨亚妮.企业的性质:西方理论的不同解说[J].石油大学学报(社科版),2003,19(2).

[202] 陈宏辉,贾生华.企业利益相关者三维分类的实证分析[J].经济研究,2004(4).

[203] 陈剑锋,唐振鹏.国外企业集群研究综述[J].外国经济与管理,2002(8).

[204] 晨曦,陈轩.关注成长——中小企业板带来机会[J].证券导刊,2004,16.

[205] 陈晓红.我国中小企业的经营模式和产业政策[J].系统工程,2001,19(4).

[206] 陈晓红.中小企业融资[M].北京:经济科学出版社,2001.

[207] 陈晓红,关健.我国中小企业经营模式及政策扶持[J].经济理论与经济管理,2001,10.

[208] 陈晓红等.中小上市公司成长性排行榜[J].证券导刊,2004,34.

[209] 陈晓红,何鹏,张泽京.我国中小上市公司规模及成长率密度及分布研究[J].财经研究,2005,31(5).

[210] 陈晓红,彭佳,吴小瑾.基于突变级数法的中小企业成长性评价模型研究[J].财经研究,2004,30(11).

[211] 陈晓红,佘坚,邹湘娟.基于GPA的中小上市公司成长性评价研究[J].证券市场导报,2005,5.

[212] 陈晓红,邹湘娟,佘坚.中小企业成长性评价方法有效性研究[J].当代经济科学,2005,27(5).

[213] 陈郁.企业制度与市场组织-交易费用经济学文选[M].上海:三联书店,上海人民出版社,1995.

[214] 陈子彤.改制对中小国有企业和乡镇企业发展的理论分析与路径选择[J].乡镇经济,2004,3.

[215] 陈子彤,鲁德银.中小企业发展机制及其政策含义[J].江苏商论,2004,(8).

[216] 池仁勇,郭元源.产业集群发展阶段理论研究[J].软科学,

2005, 5.

[217] 储小平, 李桦. 中小企业集群理论研究述评[J]. 学术研究, 2002 (5).

[218] 邓汉慧, 赵曼. 企业核心利益相关者利益要求实证分析[J]. 中南财经政法大学学报, 2007 (3).

[219] 邓旭东, 江一. 中小型家族企业的经营管理模式[J]. 科技进步与对策, 2005, 6.

[220] 郭银华. 利益相关者共同治理与深化国有企业改革[J]. 理论与改革, 2005, 5.

[221] 高金德. 中小企业与中小企业理论研究[J]. 华东经济管理, 2000, 14 (4).

[222] 郭志刚. 社会统计分析方法 [M]. 北京: 中国人民大学出版社, 1999.

[223] 寒冬、逆境、成长——2009年中小上市公司成长性研究报告 [R]. 中小企业发展研究中心, 2009, 5.

[224] 何杰, 丁智慧. 构建中小企业危机预警系统[J]. 企业改革与管理, 2005, 7.

[225] 赫晓梅, 孙亚红. 网络经济下中小企业理论探索[J]. 华东经济管理, 2001, 15 (1).

[226] 贺云. 公司治理结构对管理模式影响[J]. 国有资产管理, 2003, 5.

[227] 侯杰泰, 温忠麟, 成子娟. 结构方程模型及其应用 [M]. 北京: 教育科学出版社, 2004.

[228] 黄新建. 我国卫星式中小企业集群共生模型分析[J]. 南昌大学学报(社科版), 2005, 5.

[229] 黄芳铭. 结构方程模型理论与应用 [M]. 北京: 中国税务出版社, 2002.

[230] 胡小峰. 中小企业会计发展对策——一个概念框架构建[J]. 北方经贸, 2004, 10.

[231] 贾生华, 陈宏辉, 田传浩. 基于利益相关者理论的绩效评价——一个分析框架和应用研究[J]. 科研管理, 2003, 24 (4).

[232] 贾生华,陈宏辉.利益相关者的界定方法述评[J].外国经济与管理,2002,5(24).

[233] 贾良定.企业是什么——西方企业理论述评兼论现代工商企业的本质[J].南京大学学报(哲学·人文科学·社会科学),2001,38(4).

[234] 贾生华,吴波,王承哲.资源依赖、关系质量对联盟绩效影响的实证研究[J].科学学研究,2007,25(2).

[235] 姜丽春,孙璐.规范中小企业会计信息披露——德国多层次的会计信息披露方式对我国启示[J].当代经济,2004,11.

[236] 金青梅.中国中小企业集群化发展的必然性与可行性分析[J].经济与管理,2005,4.

[237] 金婉珍.上市公司盈利质量的识别方法——现金流量表分析[J].财会通讯,2004,3.

[238] 金雪军,王利刚.基于事件研究法下的独立董事制度的有效性检验[J].浙江统计,2004,(10).

[239] 焦薇,宗文哲.中小企业集群存在原因及形成方式分析[J].经济体制改革,2001,6.

[240] 鞠晓峰,张帅.中小企业集群化发展模式的理论分析及其启示[J].数理经济技术经济研究,2001,6.

[241] 孔小文.上市公司股利政策选择的动因与代理问题分析[J].财经问题研究,2003,6.

[242] 李丹等.中小软件企业可持续经营模式分析:一个系统思考的观点[J].科学学与科学技术管理,2005,(8).

[243] 李庚寅,黄宁辉.中小企业理论演变探析[J].经济学家,2001,3.

[244] 李芬儒.中小企业发展理论分析与提升竞争力[J].生产力研究,2005,7.

[245] 李慧龙.小企业集群理论及其对我国中小企业发展启示[J].黑龙江对外经贸,2005,10.

[246] 李心合.面向可持续发展的利益相关者管理[J].当代财经,

2001, (1).

[247] 林汉川, 魏中奇. 中小企业存在理论[J]. 经济学动态, 2000, 4.

[248] 林筠, 薛岩, 高海玲, 李随成. 企业——供应商关系对企业合作绩效影响的理论研究[J]. 软科学, 2008, 22 (4).

[249] 林思远. 浙江省中小企业集群发展的主流模式研究[J]. 技术经济与管理研究, 2001, 6.

[250] 刘存福, 侯光明, 李存金. 中小民营企业集群的社会网络分析及发展趋势探讨[J]. 科学学与科学技术管理, 2005, 7.

[251] 刘军. 管理研究方法原理与应用[M]. 北京: 中国人民大学出版社, 2008.

[252] 刘辉, 干胜道. 我国中小企业板块上市公司成长性实证研究[J]. 上海金融学院学报, 2005, 10 (4).

[253] 刘庆忠. 中小板 2004 业绩初盘点[J]. 股市动态分析, 2005, 9.

[254] 刘人怀, 姚作为. 关系质量研究述评[J]. 外国经济与管理, 2005, 27 (1).

[255] 刘伟东. 企业与员工关系探析[J]. 财经问题研究, 2003, 7.

[256] 鲁德银等. 中小企业成长中企业制度变迁的作用及借鉴[J]. 财政研究, 2003, 29 (12).

[257] 卢福财, 何炜. 论中国传统关系网络对外部网络的影响[J]. 当代财经, 2005, 2.

[258] 卢艳萍. 我国中小企业板上市公司会计信息披露的改进模式[J]. 海南金融, 2005, 7.

[259] 路易斯·普特曼, 兰德尔·克罗茨纳. 企业的经济性质[M]. 孙经纬, 译. 上海: 上海财经大学出版社, 2000.

[260] 罗哲. 集群视角下的中小企业与大企业共生研究[J]. 开发研究, 2005 (5).

[261] 吕国胜. 中小企业研究[M]. 上海: 上海财经大学出版

社，2000.
- [262] 迈克尔·波特. 簇群与新经济学[J]. 经济社会体制比较，2001，3.
- [263] 迈克尔·古尔德等. 公司层面战略 [M]. 北京：人民邮电出版社，2004.
- [264] 迈克尔·希特等. 战略管理——竞争与全球化 [M]. 北京：机械工业出版社，2002.
- [265] 马庆国. 管理统计 [M]. 北京：科学出版社，2002.
- [266] 宁钟. 国外创新与空间集群理论述评[J]. 经济学动态，2001，3.
- [267] 仇保兴. 小企业集群研究 [M]. 上海：复旦大学出版社，1999.
- [268] 邱皓政，林碧芳. 结构方程模型的原理与应用 [M]. 北京：中国轻工业出版社，2009.
- [269] 区毅勇. 网络化经营——中小企业新经营模式[J]. 预测，2003，22（4）.
- [270] 冉伦，李金林. 因子分析法在中小企业板块上市公司综合业绩评价中的应用[J]. 数理统计与管理，2005，24（2）.
- [271] 宋慧，倪志伟，朱纪忠. 基于虚拟股份的和谐共决制——中国国有企业员工参与公司治理模式[J]. 财会通讯，2009，10.
- [272] 宋永涛，苏秦，李钊. 供应链关系质量对合作行为影响的实证研究[J]. 预测，2009，28（3）.
- [273] 孙璐，刘军琦，罗丁. 利益相关者理论与生产绩效的综合测评体系[J]. 经济体制改革，2001，2.
- [274] 汤姆森，斯迪克兰德. 战略管理——概念与案例 [M]. 北京：北京大学出版社，2000.
- [275] 王方华. 战略管理 [M]. 上海：复旦大学出版社，2000.
- [276] 王辉. 公司治理评价中利益相关者指标[J]. 南开管理评论，2003，3.
- [277] 吴玲，贺红梅. 基于企业生命周期的利益相关者分类及实证研究[J]. 四川大学学报, 2005, 6.

[278] 万建华. 利益相关者管理 [M]. 深圳: 海天出版社, 1998.

[279] 王凌云等. 论外部利益相关者对企业战略成功的影响及其启示[J]. 软科学, 2003, 17 (6).

[280] 王琼. 集群经济与区域发展战略的几点思考[J]. 台声·新视角, 2005, 5.

[281] 魏守华. 产业集群的市场竞争与策略研究——以乘州领带行业为例[J]. 财经论丛, 2002, 5.

[282] 翁晖岚. 中小商业企业集群共生效应[J]. 上海综合经济, 2000, 3.

[283] 吴联生. 利益相关者对会计规则制定的参与特征——基于调查数据的实证分析[J]. 经济研究, 2004, 3.

[284] 吴玲, 陈维政. 企业对利益相关者实施分类管理的定量模式研究[J]. 中国工业经济, 2003, 6.

[285] 肖元涛. 利益相关者参与公司治理研究——来自30家企业的调查 [D]. 杭州: 浙江大学, 2004.

[286] 谢朝斌. 中小企业板制度安排与前景展望[J]. 中国创业投资与高科技, 2004, 7.

[287] 许德音. 中国式管理还未通过检验 [M]. 北京: 北京大学, 2005.

[288] 徐克非. 深圳中小企业板块上市公司价值评估问题探讨 [J]. 特区经济, 2005, 1.

[289] 徐亚明. 产业集群——浙江民营中小企业核心竞争力[J]. 商业研究, 2005, 16.

[290] 亚当·斯密. 国富论 [M]. 杨敬年, 译. 西安: 陕西人民出版社, 2001.

[291] 杨杜. 企业发展论[M]. 北京: 中国人民大学出版社, 1995.

[292] 杨立岩, 王新丽. 现代企业理论述评[J]. 学术月刊, 2003 (4).

[293] 杨小凯. 企业理论的新发展[J]. 经济研究, 1994 (7).

[294] 杨兴君，叶雅，吉江华．中小企业上市公司生存状态分析［R］．深圳证券交易所第七届会员单位与基金公司研究成功评选终评会，2003．

[295] 叶国灿．论我国民营企业管理模式及体制创新［J］．经济师，2004，2．

[296] 岳川．中小企业板块的成长性及制度完善［J］．中国金融，2004，22．

[297] 于唤州，徐余庆．企业理论发展及对中小企业理论的支持［J］．北京工业大学学报（社科版），2005，5（2）．

[298] 张广玲，吴文娟．关系质量评估的研究范畴、方法与展望［J］．武汉大学学报，2005，58（6）．

[299] 张敏，黄继承．政治关联、多元化与企业风险［J］．管理世界，2009，7．

[300] 张文彤．SPSS11统计分析教程［M］．北京：北京希望电子出版社，2002．

[301] 张五常．经济解释——张五常经济论文选［M］．北京：商务印书馆，2000．

[302] 赵固文．中小企业经营模式与所有制形式［J］．华东理工大学学报（社科版），2001，62（2）．

[303] 赵艳萍，韩玉启．基于动态联盟的中小企业组织管理模式［J］．统计与决策，2004，4．

[304] 中国企业家协会，国家发改委，国家统计局，中小企业发展问题研究小组．2003年中国非公经济成长型中小企业发展报告［R］，2004．

[305] 中小企业上市资源调查小组．我国中小企业上市资源调研报告［J］．证券市场导报，2005，（5）．

[306] 邹国庆．从企业理论的发展看企业的经济性质［J］．当代经济研究，2002（4）．

[307] 周鹏，张宏志．利益相关者间的谈判与企业治理结构［J］．经济研究，2002，（6）．

[308] 周兴政，朱劭轩．内地与香港中小上市公司成长性评价研

究［R］．西南证券专题报告，2006，4．
［309］朱和平，王韬．创业板上市公司成长性实证分析［J］．华中科技大学学报（自科版），2004，32（10）．